国家文化产业资金支持媒体融合重大项目

省级教学团队

职业教育教学改革融合创新型教材·会计类

Nashui Chouhua

纳税筹划

张亮 主审 | 宋燕 刘彩霞 主编 | 张娟 汤玉梅 丁婷玉 副主编

东北财经大学出版社
Dongbei University of Finance & Economics Press
大连

图书在版编目（CIP）数据

纳税筹划 / 宋燕，刘彩霞主编．—大连 ：东北财经大学出版社，2019.8
（职业教育教学改革融合创新型教材 · 会计类）
ISBN 978-7-5654-3542-3

Ⅰ．纳… Ⅱ．①宋… ②刘… Ⅲ．税收筹划-高等职业教育-教材
Ⅳ．F810.423

中国版本图书馆CIP数据核字（2019）第099736号

东北财经大学出版社出版
（大连市黑石礁尖山街217号 邮政编码 116025）
网 址：http：//www.dufep.cn
读者信箱：dufep@dufe.edu.cn
大连图腾彩色印刷有限公司印刷 东北财经大学出版社发行

幅面尺寸：185mm×260mm 字数：336千字 印张：14.75 插页：1
2019年8月第1版 2019年8月第1次印刷

责任编辑：张旭凤 田玉海 时 博 刘晓彤 责任校对：田博彤
封面设计：冀贵收 版式设计：钟福建

定价：30.00元

教学支持 售后服务 联系电话：（0411）84710309

如有印装质量问题，请联系营销部：（0411）84710711

富媒体智能型教材出版说明

“财经高等职业教育富媒体智能型教材开发系统工程”入选国家新闻出版广电总局新闻出版改革发展项目库，并获得文化产业专项资金支持，是“国家文化产业资金支持媒体融合重大项目”。项目以“融通”“融合”“共建”“共享”为特色，是东北财经大学出版社积极落实国家推动传统媒体与新媒体融合发展的重要举措之一。

“财道书院”智能教学互动平台是该工程项目建设成果之一。该平台通过系统、合理的架构设计，将教学资源与教学应用集成于一体，具有教学内容多元呈现、课堂教学实时交互、测试考评个性设置、用户学情高效分析等核心功能，是高校开展信息化教学的有力支撑和应用保障。

富媒体智能型教材是该工程项目建设成果之二。该类教材是我社供给侧改革探索性策划的创新型产品，是一种新形态立体化教材。富媒体智能型教材秉持严谨的教学设计思想和先进的教材设计理念，为财经职业教育教与学、课程与教材的融通奠定了基础，较好地避免了传统教学模式和单一纸质教材容易出现的“两张皮”现象，有助于教学质量的提高和教学效果的提升。

从教材资源的呈现形式来说，富媒体智能型教材实现了传统纸质教材与数字技术的融合，通过二维码建立链接，将VR、微课、视频、动画、音频、图文和试题库等富媒体资源丰富呈现给用户；从教材内容的选取整合来说，其实现了职业教育与产业发展的融合，不仅注重专业教学内容与职业能力培养的有效对接，而且很好地解决了部分专业课程学与训、训与评的难题；从教材的教学使用过程来说，其实现了线下自主与线上互动的融合，学生可以在有网络支持的任何地方自主完成预习、巩固、复习等，教师可以在教学中灵活使用随堂点名、作业布置及批改、自测及组卷考试、成绩统计分析等平台辅助教学工具。

富媒体智能型教材设计新颖，一书一码，使用便捷。使用富媒体智能型教材的师生首先下载“财道书院”APP或者进入“财道书院”（www.idufep.com）平台完成注册，然后登录“财道书院”输入教材封四学习卡中的激活码建立或找到班级和课程对应教材，就可以开启个性化教与学之旅。

“重塑教学空间，回归教学本源！”“财道书院”平台不仅仅是出版社提供教学资源和服务的平台，更是出版社为作者和广大院校创设的一个自主选择和自主探究的教与学的空间，作者和广大院校师生既是这个空间的使用者和消费者，也是这个空间的创造者和建设者，在这里，出版社、作者、院校共建资源，共享回报，共创未来。

最后，感谢各位作者为支持项目建设所付出的辛劳和智慧，也欢迎广大院校在教学中积极使用富媒体智能型教材和“财道书院”平台，东北财经大学出版社愿意也必将陪伴广大职业教育工作者走向更加光明而美好的职教发展新阶段。

东北财经大学出版社

前 言

近年来，我国不断加大税收改革力度。在全国范围内推开“营改增”，营业税已成为历史。2018年8月31日，《中华人民共和国个人所得税法》进行了第七次修订，自2019年1月1日起实施，标志着我国的个人所得税由分类征收税制模式转变为综合与分类相结合的税制模式，《中华人民共和国个人所得税法实施条例》也进行了大幅度的修订。2019年，一系列“减税降费”税收政策陆续实施，增值税、企业所得税等先后出台最新政策。本书依据最新的税收政策进行纳税筹划，概括来说，具有以下特点：

第一，依据新。本书依据最新的税收政策编写。本书加入增值税、个人所得税最新政策变化，并体现其他税种的政策新变化。本书重点介绍了企业所得税、个人所得税、增值税、消费税等主要税种的纳税筹划原理，尤其对个人所得税纳税筹划部分从个人和企业两个层面进行，更有操作性，同时阐述了企业投资决策、融资决策等主要经营环节的纳税筹划方案。

第二，案例实。本书案例根据实际业务编写而成。本书以学生日后的纳税筹划工作实际需要为核心，以防范纳税筹划风险和增强纳税筹划能力为两条主线，按照不同税种，编写了纳税筹划具体操作知识点及流程，条理清晰，操作规范，重在提高学生的技能，提升学生的筹划意识及能力。

本书既可作为高职高专财经类专业的教学用书，也可作为成人高等学校、企业财务人员、税务工作人员培训或自学用书。为体现税法内容的先进性，本书以截至2019年5月底的我国税收法律、法规为主要依据进行了编写，若之后税法有调整或变化，应以新法为准。

本书由湖北财税职业学院宋燕、刘彩霞任主编，张娟、汤玉梅、丁婷玉任副主编，刘彩霞、文丹编写项目一，宋燕、沈颖喆编写项目二，张娟、胡蝶、熊矛编写项目三，彭晖、邓晴编写项目四，汤玉梅、丁婷玉编写项目五，宋燕、沈颖喆编写项目六，文丹、黄喆编写项目七，罗旋、李薇编写项目八。全书由张亮主审。

由于编者水平有限，书中不妥之处在所难免，恳请读者在使用教材中提出宝贵意见，以便修订时改进。联系邮箱：18150234@qq.com.

编 者

2019年6月

目 录

项目一

认识纳税筹划

项目知识目标

1.理解纳税筹划的概念、特征、目标；
2.了解纳税筹划与相关概念的区别；
3.掌握纳税筹划的基本方法和技巧。

项目技能目标

1.分清纳税筹划与偷税、避税；
2.制定规范的纳税筹划工作流程。

工作任务一 认识纳税筹划

案例导入

纳税筹划是纳税人在不违反税收法律、法规的前提下，通过对经营、投资、理财活动的安排等进行筹划，尽可能地减轻税收负担，以获取节税的税收利益的行为。纳税筹划可以说很早以前就存在，但是为社会关注和被法律认可，则是20世纪30年代的事。最为典型的是当时英国的一则判例。1935年，英国上议院议员汤姆林爵士针对税务局长诉温斯大公一案，对当事人依据法律进行少缴税款的操作作了法律上的认可，他说：任何个人都有权安排自己的事业，依据法律这样做可以少缴税。为了保证从这些安排中得到利益，不能强迫他多缴税。汤姆林爵士的观点赢得了法律界的认同，这是第一次对纳税筹划作了法律上的认可。之后，英国、澳大利亚、美国在税收判例中经常援引这一原则精神。

纳税筹划是税务咨询的一项重要业务，所以纳税筹划的起源与税务咨询的起源有密切联系。而谈到现代税务咨询，人们一般会想起欧洲税务联合会。该联合会于1959年在法国巴黎由五个欧洲国家的从事税务咨询的专业团体发起成立，其会员是税务顾问和从事税务咨询的专业团体，目前会员有15万，分别来自奥地利、比利时、瑞士、德国、英国、丹麦、西班牙、法国、意大利、卢森堡、荷兰等22个欧洲国家，由于有些是以团体名义加入的，所以参加欧洲税务联合会的税务顾问实际上更多。

欧洲税务联合会明确提出税务专家是以税务咨询为中心开展税务服务，同时从事纳税申报表、财务会计文件的填报和编制，以及对行政机关、法庭和纳税人的代理等业务，这与日本税理士、韩国税务士以及现在中国的税务师把税务代理放在前面不同，从而真正形成了一种独立于税务代理业务之外的新业务，这种新业务的一个重要内容就是纳税筹划。

1947年，在美国也出现类似的判例。在“专员VS.纽曼”一案的辩论中，法官勒纳德·汉德认为，人们“为保持尽可能低的纳税而安排自己的事务是没有什么过错的。每个人，不论是穷人还是富人，他都有权利这么做，因为没有人负有法律规定以外的义务，税收是一种强制课征而不是一种自愿捐款。以道德名义要求多缴税是虚伪的”。之后，其他一些西方国家在以后的税收判例中也经常援引这一思想。

知识导航

一、纳税筹划的含义

“纳税筹划”一词已被越来越多的人所认识和接受，纳税筹划活动正在不断地深入社会经济生活当中，不少纳税人已经将纳税筹划列为企业的日常管理工作内容。纳税筹划的积极作用也逐渐显露出来，其中最重要的一点就是：通过纳税筹划这一正当途径规划经济活动的纳税人越来越多，采取逃税、抗税等非法手段的纳税人越来越少，这已是不争的事实。因此，纳税筹划理应受到社会各界的重视，纳税筹划在我国存在着巨大的发展空间。

人们虽然对纳税筹划有极大的兴趣和需求，但又似乎有所顾忌。国内外对纳税筹划概念的描述不尽一致，本书认为，纳税筹划是纳税人依据所涉及的现行税法，遵守税收国际惯例，在遵守税法、尊重税法的前提下，运用纳税人的权利对企业的经营、投资、筹资和分配等涉税活动的筹划，以期降低税收成本、最大化价值的经济行为。

这一概念主要包括以下要点：

第一，纳税筹划的目的是取得纳税方面的利益、降低纳税风险。

纳税人在纳税方面的利益主要是经济利益，它可分为直接经济利益和间接经济利益。直接经济利益是指纳税人不纳或少纳税款而获得的利益；间接经济利益是指由于纳税人延期纳税、规避纳税风险以及降低纳税成本而获得的经济利益。

第二，纳税筹划的内容是纳税人的涉税行为。

纳税筹划的内容是极其广泛的，可以这样说，纳税人的所有涉税行为都是纳税筹划的内容，从时间上看，它包括从企业设立到企业废业清算的整个过程；从内涵上看，它包括企业的筹资、投资、经营和分配等各方面的活动。

第三，纳税筹划的前提是既不违反国家的法律和政策，又不违背纳税人的整体利益。

纳税筹划是一项合法的理财活动，是纳税人在法律法规及政策允许的范围内科学安排自身的经济活动，它不同于逃税、抗税等违法行为，纳税筹划的首要原则就是合法性。另外，纳税筹划又不能违背纳税人的整体利益，纳税筹划只是财务管理活动的一项内容，当预期的纳税筹划方案与纳税人其他决策因素相冲突的时候，有时需要放弃既定的筹划方案，以适应纳税人整体的财务战略。

纳税筹划是企业对社会赋予其权利的具体运用，属于企业应有的社会权利。它不该因企业的所有制性质、组织形式、经营状况、贡献大小不同而不等。在纳税筹划上，政府不能以外资企业与内资企业划界，对前者采取默许或认同态度，对后者则反对和制止，或者反之。其实，反对企业正当的纳税筹划活动，恰恰助长了逃税及抗税等违法行为的滋生。因此，鼓励纳税人依法纳税、遵守税法的最明智的办法就是让纳税人充分享受其应有的权利（其中包括纳税筹划），而不是剥夺其权利，使其走上违法犯罪的道路。

二、纳税筹划的特征

（一）合法性

首先，纳税筹划的合法性表现在其只能在法律允许的范围内展开。当纳税人依据税法做出多种纳税方案时，纳税人有权利选择税负较低的方案来实现企业的战略目标。其次，纳税筹划的合法性还表现在：纳税筹划行为应符合税收政策导向。因此，那些公开利用税法漏洞而进行的避税行为，不应归属于纳税筹划的范畴，即便是所谓的合理避税，由于其违背了税收的立法精神，也不应包含在纳税筹划的范畴之内。

（二）筹划性

纳税筹划需要事先的规划、设计、安排。在现实经济生活中，纳税义务通常具有滞后性：企业交易行为发生后，才缴纳流转税；收益实现或分配后，才缴纳所得税；财产取得之后，才缴纳财产税，这就在客观上提供了纳税前事先做出筹划的可能性。另外，经营、投资和理财活动是多方面的，税收规定则是有针对性的，纳税人和征税对象不同，税收待遇也往往不同，这就向纳税人表明可以选择较低的税负决策。如果经营活动已经发生，应纳税额已经确定，再去图谋少缴税，就不是纳税筹划，而是逃税了。

（三）目的性

从宏观来看，纳税筹划的最终目标是实现企业价值的最大化。从微观层次考察，纳税筹划的主要目的包括两个方面：一是防范涉税风险；二是使企业实现税收负担最小化、税后利润最大化。实现税收负担最小化通常有两种做法：首先，当企业有多种方案可供选择时，选择税负低而收益高的方案；其次，尽可能实现递延纳税。不管使用哪种方法，其结果都是节约税收成本，以降低企业的经营成本，这就有助于企业取得成本优势，使企业在激烈的市场竞争中得到生存与发展，从而实现长期盈利的目标。

（四）综合性

由于多种税基相互关联，某种税基缩减的同时，可能会引起其他税种税基的增大；某一纳税期限内少缴或不缴税款，则可能会在另外一个或几个纳税期限内多缴。因此，纳税筹划还要综合考虑，不能只注重个别税种税负的降低，或某一纳税期限内少缴或不缴税款，而要着眼于整体税负的轻重，着眼于整体税收负担的轻重和总体效益的高低。只有这样才能实现企业税后利润最大化的终极目标，而不仅仅是一时少纳税金。

（五）风险性

纳税筹划的风险性是指因筹划失败而使纳税人面临税务机关的处罚或承担经济损失的可能性。纳税筹划风险包括两个方面：一是计税上的风险；二是征收管理上的风险。计税上的风险是指纳税人因没有正确计算应纳税额而承担的风险。多计，会使纳税人承担过多的支出；少计，可能会使纳税人受到处罚。征收管理上的风险是指纳税人因违反征收管理法律法规而承担的风险，比如，纳税人没有在规定的期限内办理税务登记而受到税务机关的处罚等。

（六）专业性

纳税筹划的开展，并不是某一家企业、某一人员凭借自己的主观愿望就可以实施的一项计划，而是一门集会计、税法、财务管理、企业管理等各方面知识于一体的综合性业务，专业性很强。一般来讲，在国外，纳税筹划都是由会计师、律师或税务师来完成的；在我国，随着中介机构的建立和完善，它们将承担大量纳税筹划的业务。

那么，企业应当采取何种渠道进行纳税筹划呢？如果企业经营规模比较小，可以把纳税筹划方案的设计交给中介机构来完成；如果规模再大一点儿，考虑到自身发展的要求，可以在财务部下面或与财务部并列设立一个税务部，专门负责纳税筹划。从目前来讲，企业最好还是委托中介机构完成这个筹划，这是与我国实际情况相吻合的。因为我国在税收政策的传递渠道和传递速度方面，还不能满足纳税人进行纳税筹划的要求，也许企业依据的税收政策是一个过时的政策，而实际政策已经做了调整。若不及时地了解这种政策的变化，盲目进行纳税筹划，可能会触犯相关法律。

三、纳税筹划与偷税、避税等相关概念辨析

（一）偷税

根据《中华人民共和国税收征收管理法》（以下简称《税收征管法》）规定："纳税人伪造、变造、隐匿、擅自销毁账簿、记账凭证，或者在账簿上多列支出或者不列、少列收入，或者经税务机关通知申报而拒不申报或者进行虚假的纳税申报，不缴或者少缴应纳税款的，是偷税。"2009年2月28日通过《中华人民共和国刑法》修正案后，逃税罪取代了原来的偷税罪。规定"纳税人采取欺骗、隐瞒手段进行虚假纳税申报或者不申报，逃避缴纳税款数额较大并且占应纳税额百分之十以上的，处三年以下有期徒刑或者拘役，并处罚金；数额巨大并且占应纳税额百分之三十以上的，处三年以上七年以下有期徒刑，并处罚金"。

1.纳税筹划是合法的，逃税是违法的。

纳税筹划在符合税收法律、法规和国家政策导向这个前提下对经营、投资、理财精心安排，才能达到节税目的。利用国家的产业政策和地区政策优惠的纳税筹划，纳税人在追求自身利益最大化的同时也增进了国家或社会公众的利益，而且通过对国家宏观经济结构的合理调整，有利于政府财政收入的长期、稳定增长，对此，各国基本都持引导和鼓励的态度。

逃税则是利用非法手段，欺诈、逃避税法规定的纳税义务的行为。逃税直接导致政府当期预算收入和财政收入的减少，有碍政府职能的实现，因此各国政府对这种行为的态度都是坚决反对的，并给予严厉的法律制裁，是国家坚决予以打击和严惩的。

2.纳税筹划具有事前筹划性，而逃税具有事后补救性。

纳税筹划是通过避免应税行为的发生或事前以轻税行为来代替重税行为，来达到减少税款支出或综合净收益最大化的目的，具有前瞻性。逃税则是在纳税义务已经发生并且能够确定的情况下，采取各种非法的手段来进行所谓的"弥补"和"补救"，通过安排或解释来推迟或逃避纳税义务。

（二）避税

避税，是相对于逃税而言的概念，指纳税人以不违法的手段减轻或消除自己的纳税义务。可分为两类：一类是不可以接受的避税，指纳税人违背国家的课税意图，利用税法上的漏洞和含糊之处，曲解税法、规避纳税义务。另一类是可以接受的避税，指纳税人根据国家的政策导向，通过对纳税方案进行优化选择，精心安排自己的经济事务，以减轻税收负担，取得正当的税收利益。诺贝尔经济学奖获得者、加拿大经济学家罗伯特·芒德尔（R.Mondell）曾指出，任何一个国家，一旦税率超过30%，人们的注意力就会从如何创造更多收入转向如何避税。两者目的都是降低纳税人的税收负担，都强调必须是符合国家法律、法规的事前筹划。但两者也有实质区别。

1.从行为性质上看，避税是一种“借用”或“滥用”税法的行为，纳税人利用税法上的漏洞，在纳税义务发生之后，钻税法空子来谋取不正当的税收利益。尽管在形式上，避税不“违法”，但其行为却违背了税法的立法意图及政府的政策导向，是税收法律法规反对或不支持的行为。而纳税筹划以应纳税义务人的整体经济利益最大化为目标，税收利益只是其考虑的一个因素而已，并且符合国家税收立法或税收政策的意图，是税法支持和鼓励的行为。

2.从行为目的和过程上看，避税的前提是税收法律法规有不完善之处，利用税法漏洞缺陷，注重的是少缴或不缴某一笔税款。而纳税筹划是除了要精通税法，还要通晓投资、经营决策相关的法律法规，它会考虑税收成本的高低，还会考虑非税的成本以及企业活动所涉及的其他税收。

3.从行为结果来看，避税主要是一种短期、单一的行为，是不利于纳税人长期的投资经营活动。而纳税筹划着眼的是长期的利益，对企业活动长期的计划和安排，有利于纳税人合理安排投资、经营和理财活动。

（三）抗税

抗税指以暴力、威胁方法拒不缴纳税款的行为。这里所说的暴力，指对税务人员实施身体强制，包括捆绑、殴打、伤害等手段，使其不能或不敢要求行为人纳税的情况；这里所说的威胁，指以暴力相威胁，对被害人实行精神强制，使其产生恐惧，不敢向行为人收缴税款的情况。有关法律规定，对抗税行为处三年以下有期徒刑或者拘役，并处拒缴税款五倍以下的罚金，情节严重的，处三年以上七年以下有期徒刑，并处拒缴税款五倍以下的罚金；以暴力方法抗税，致人重伤或者死亡的，按照伤害罪、杀人罪从重处罚，并依照前款规定处以罚金。

（四）骗税

骗税是采取弄虚作假和欺骗手段，将本来没有发生的应税行为虚构成发生了应税行为，将小额的应税行为伪造成大额的应税行为，从而从国库中骗取出口退税款的违法行为。有关法律规定，对企事业单位采取对所生产或经营的商品假报出口等欺骗手段，骗取国家出口退税款，数额在五万元以上的，处骗取税款五倍以下的罚金，并对负有直接责任的主管人员或其他直接责任人员，处三年以下有期徒刑或者拘役。

四、纳税筹划的目标

纳税筹划的基本目标，概言之，就是减轻税收负担、争取企业整体利益最大化，其外在表现是纳税最少、纳税最晚，即实现“经济纳税”。为实现纳税筹划的基本目标，可以将纳税筹划目标细化，具体可分为：

（一）纳税成本最低化

纳税人为履行纳税义务，必然会发生相应的纳税成本。纳税成本包括直接纳税成本和间接纳税成本。前者是纳税人为履行纳税义务而付出的人力、物力和财力，后者是纳税人在履行纳税义务过程中所承受的精神负担、心理压力等。直接纳税成本容易确认和计量，间接纳税成本则需要估算或测算。追求纳税成本的最低化，是纳税筹划的一个基本目标。

纳税人纳税成本的降低会使企业利润增加，从而增加了应税所得额，对税务机关来说，可以增加税收收入，这是一种双赢的结果。没有纳税人的纳税成本的降低，也就没有税收收入的增加。

（二）降低涉税风险

涉税风险是指纳税人在对纳税采取各种应对行为时，所可能涉及的风险，包括因为纳税人在与纳税有关的各项工作中的疏漏而致使产生损失或者增加纳税成本的风险，具体包括政策风险、管理风险、权力风险等。其中，政策风险是指纳税人因为对税法缺乏足够了解或理解、对自身权利缺乏足够了解产生的风险；管理风险是指因税务管理部门的原因致使企业自身负担了超过实际应该负担的税负的风险；权力风险是指纳税人通过寻租于权力以求减轻税负，可能引致行政或刑事处罚的风险。

降低涉税风险，对纳税人来说就是账目清楚，纳税申报正确，缴纳税款及时、足额，因此不会出现任何关于税收方面的处罚，即在税收方面没有任何风险，或风险极小可以忽略不计的一种状态。这种状态对企业税务管理来讲是一种最佳状态，因此也是纳税筹划的直接目标。

（三）税收负担最低化

税收负担最低化是纳税筹划的最高目标。它是一种积极的、进取型的纳税筹划目标。实现该目标，一要少交税；二要晚交税。现代纳税筹划应该服从、服务于现代企业的财务目标，从这个角度来说，税收负担最低化是手段，而不是目的。从纳税筹划的角度看，税收负担最低化是实现税后利润最大化的基础和前提。

需要说明的是，并不是每一个纳税筹划方案都包含上述全部目标，一般来说，一个方案中会包含其中的一个或者几个目标，但通常情况下是实现这一目标而不至于严重违背其他目标。如果一个方案能实现其中的一个或几个目标但却严重背离其他目标，就要分析背离的损失与实现的收益对比情况，如果综合分析之下，仍有利于实现企业经营总目标的话，方案就有实施价值。

五、纳税筹划的原理

纳税筹划应包括四个原理：一是采用合法的手段进行的节税筹划；二是采用非违法的

手段进行的避税筹划；三是采用经济手段，特别是价格手段进行的税负转嫁筹划；四是归整纳税人账目，实现涉税零风险。

（一）节税筹划

节税筹划是指纳税人在不违背立法精神的前提下，充分利用税法中固有的起征点、减免税等一系列的优惠政策，通过对筹资、投资和经营等活动的巧妙安排，达到少缴税甚至不缴税目的的行为。

节税有以下几个特征：

（1）合法性。避税不能说是合法的，只能说是非违法的，逃税则是违法的，而节税是合法的。

（2）政策导向性。如果纳税人通过节税筹划最大限度地利用税法中固有的优惠政策来享受其利益，其结果正是税法中优惠政策所要引导的，因此，节税本身正是优惠政策借以实现宏观调控目的的载体。

（3）策划性。节税与避税一样，需要纳税人充分了解现行税法知识和财务知识，结合企业全方位的筹资、投资和经营业务，进行合理合法的策划。没有策划就没有节税。

（二）避税筹划

避税筹划是指纳税人采用非违法手段，即表面上符合税法条文但实质上违背立法精神的手段，利用税法中的漏洞、空白获取税收利益的筹划。避税筹划既不违法也不合法，与纳税人不尊重法律的逃税有着本质区别。对此，国家只能不断地完善税法，填补空白，堵塞漏洞，采取反避税措施加以控制。

其特征有：

（1）非违法性。避税是违背法律精神的，节税是合法的，避税处在逃税与节税之间，属于“非违法”性质。

（2）策划性。逃税属于低素质纳税人的所为，而避税者往往素质较高，通过对现行税法的了解甚至研究，找出其中的漏洞，加以巧妙安排，这就是所谓的策划性。

（3）权利性。避税筹划实质上就是纳税人在履行应尽法律义务的前提下，运用税法赋予的权利，保护既得利益的手段。避税并没有、也不会、也不能不履行法律规定的义务，避税不是对法定义务的抵制和对抗。

（4）规范性。避税者的行为较规范，往往是依据税法的漏洞展开的。

（三）税负转嫁筹划

税负转嫁筹划是指纳税人为了达到减轻税负的目的，通过价格调整将税负转嫁给他人承担的经济行为。

典型的税负转嫁或狭义的税负转嫁是指，商品流通过程中，纳税人提高销售价格或压低购进价格，将税负转移给购买者或供应者。转嫁的判断标准有：①转嫁和商品价格是直接联系的，与价格无关的问题不能纳入税负转嫁范畴。②转嫁是个客观过程，没有税负的转移过程不能算转嫁。③税负转嫁是纳税人的主动行为，与纳税人主动行为无关的价格再分配性质的价值转移不能算转嫁。明确这三点判断标准，有利于明确转嫁概念与逃税、避税及节税的区别。

一般来说，转嫁筹划与逃税、避税、节税的区别主要有：①转嫁不影响税收收入，它只是导致归宿不同，而逃税、避税、节税直接导致税收收入的减少。②转嫁筹划主要依靠价格变动来实现，而逃税、避税、节税的实现途径则是多种多样的。③转嫁筹划不存在法律上的问题，更没有法律责任，而逃税、避税都不同程度地存在法律麻烦和法律责任问题。④商品的供求弹性将直接影响税负转嫁的程度和方向，而逃税、避税及节税则不受其影响。

总之，税负转嫁、避税筹划、节税筹划都属于纳税人为减轻税负而进行的筹划，由于它不涉及法律责任，也不伤害国家利益，因此经常被采用。

（四）涉税零风险

涉税零风险是指纳税人账目清楚，纳税申报正确，缴纳税款及时、足额，不会出现任何关于税收方面的处罚，即在税收方面没有任何风险或风险极小可以忽略不计的一种状态。纳税人及相关单位和个人通过一定的筹划安排，使纳税人处于一种涉税零风险状态，也是纳税筹划应达到的目标之一。

（1）实现涉税零风险可以避免发生不必要的经济损失。虽然这种筹划不会使纳税人直接获取税收上的好处，但由于纳税人经过必要的筹划之后，使自己企业账目清楚，纳税正确，不会导致税务机关的经济处罚，这样实际上相当于获取了一定的经济收益。如果纳税人不进行必要的策划安排，就有可能出现账目不清、纳税不正确的情况，从而很容易被税务机关认定为逃税行为。逃税行为的认定不仅会给纳税人带来一定的经济损失（加收滞纳金及罚款），情节严重者还会被认定为犯罪，主要负责人还会因此遭受刑事处罚。

（2）实现涉税零风险可以避免发生不必要的名誉损失。一旦企业或个人被税务机关认定为逃税，甚至是犯罪，那么该企业或个人的名誉将会因此遭受严重的损害。在商品经济高速发展的今天，人们的名誉意识越来越强，好的名誉便意味着好的经济效益和社会地位，企业的名誉越好，则产品越容易被消费者所接受，个人的名誉越好，则个人越容易被社会所接受。例如，恩威集团以假合资形式逃税的行为被查处之后，其产品的销售量便发生了急剧的下降，这直接影响了企业的经济效益。某些国家对不同名誉的纳税人采用不同的纳税申报条件，这种条件上的限制使得纳税人偷漏税的名誉成本非常之大，因而实现涉税零风险就显得极其必要。

（3）纳税人经过纳税筹划，实现涉税零风险，不仅可以减少不必要的经济和名誉上的损失，还可以使企业账目更加清楚，使得管理更加有条不紊，更利于企业的健康发展，更利于企业的生产经营活动。账目不清不利于企业进行各项成本的核算，当然也不利于企业进行各项成本费用的控制，从而造成不必要的浪费及管理上的混乱。

工作任务二　认识纳税筹划的基本方法和技巧

案例导入

一对英国夫妇有40万英镑的在其丈夫名下的共同财产，他们有一个儿子。丈夫有这样的想法，如果他先去世，要把共同财产留给妻子，因为英国规定，丈夫留给妻子的遗产可享受免税，妻子去世后再将财产留给儿子，财产并没有发生被征两次税的情况。丈夫寻求税务咨询，税务顾问向他建议，正确的做法是丈夫生前就把40万英镑的共同财产分为两部分，自己留下23.1万英镑，把16.9万英镑财产划到妻子名下，在他去世后把他那部分财产留给儿子，妻子去世后再把她那部分财产留给儿子。因为尽管丈夫的财产遗赠给妻子时免税，但妻子去世后留给儿子的遗产超过23.1万英镑的部分要按40%的税率向英国政府缴纳6.76万英镑的遗产税。英国的遗产税是实行夫妇分别申报纳税制度的，在遗产税上每个人都享有23.1万英镑的免税额，每个纳税人也只有23.1万英镑的免税额。所以，丈夫生前就把共同财产分成两个都小于23.1万英镑的部分，由夫妇各自把自己部分的财产留给儿子，可以节减6.76万英镑的遗产税。

知识导航

一、纳税筹划的基本方法

纳税筹划的方法非常多，可以从不同的角度来总结出各种各样的方法。例如，纳税主要是根据收入指标和费用成本指标，通常的筹划方法就是分散收入法、转移收入法、针对费用采用费用分摊法或增加费用法。

从大的方面来讲，纳税筹划的基本方法有以下五种。

（一）税收优惠法

充分利用国家现行的税收优惠政策进行纳税筹划，是纳税筹划方法中最重要的一种。税收优惠政策指国家为鼓励某些产业、地区、产品的发展，特别制定一些优惠条款以达到从税收方面对资源配置进行调控的目的。企业进行纳税筹划必须以遵守国家税法为前提，如果企业运用优惠政策得当，就会为企业带来可观的税收利益。由于我国的税收优惠政策比较多，企业要利用税收优惠政策，就需要充分了解、掌握国家的优惠政策。税收优惠对节税潜力的影响表现为：税收优惠的范围越广、差别越大、方式越多、内容越丰富，则纳税人纳税筹划的活动空间越广阔，节税的潜力也就越大。因此，纳税人进行纳税筹划时必须考虑税收优惠政策。

（二）转让定价法

转让定价法是指两个或两个以上有经济利益的经济实体为了共同获得更多利润而在销售活动中进行的价格转让，通常是以高于或低于市场正常交易价格进行的交易。例如，有两个利益关联企业A和B，A企业的所得税适用税率为25%，B企业为15%，A企业为了减少纳税通过以高于市场的价格购进B企业的原材料，再以低于市场的价格将产品销售给B企业，这样一高一低使企业的利润大部分转移到B企业，从而达到了少纳税的目的。

（三）成本调整法

成本调整法是通过对成本的合理调整，抵消收益，减少利润，从而达到减少纳税的目的。例如，通过改变材料的核算方法，假如近期材料价格上涨，企业材料的核算办法由原来的先进先出法改为后进先出法，从而加大当期成本，减少当期利润。再如，当近几年企业效益较高，此时将固定资产的折旧方法改为加速折旧法，有利于减少当期利润，从而实现少缴税的目的。

（四）分摊费用法

企业生产经营过程中发生的各项费用要按一定的方法摊入成本。费用分摊就是指企业在保证费用必要支出的前提下，想方设法从账目上找到平衡，使费用摊入成本时尽可能地最大摊入，从而实现最大限度的避税。

常用的费用分摊原则一般包括实际费用分摊、平均摊销和不规则摊销等。只要仔细分析一下折旧计算法，我们就可总结出普遍的规律：无论采用哪一种分摊，只要让费用尽早地摊入成本，使早期摊入成本的费用越多，就越能够最大限度地达到避税的目的。至于哪一种分摊方法最能够帮助企业最大限度地避税，需要根据预期费用发生的时间及数额进行计算、分析和比较并最后确定。

（五）税负转嫁法

所谓税负转嫁，就是纳税人不实际负担所纳税收，而通过购入或销出商品价格的变动，或通过其他手段，将全部或部分税收转移给他人负担。税负转嫁并不会影响税收的总体负担，但会使税收负担在不同的纳税人之间进行分配，对不同的纳税人产生不同的经济影响。税负转嫁主要有前转、后转等形式。前转主要是指纳税人通过提高商品的销售价格，把税负向前转嫁给商品的购买者；后转主要是指纳税人通过压低商品的购进价格，把税负向后转嫁给商品的供应者。

前转的筹划方法是纳税人以提高商品或生产要素价格的方式，转移给购买生产要素的下游企业或消费者负担。这种转嫁技术一般适用于市场紧俏的生产要素或知名品牌商品。后转的筹划方法是纳税人通过降低生产要素购进价铬、压低工资或其他转嫁方式，将其税负转移给生产要素的供应商。这种转嫁技术一般适用于生产要素或商品积压时的买方市场。但在交易与结算有时间差时，购买方也可以实现税负转嫁。

（六）临界处理法

税法中存在大量的关于临界点的规定，当突破这些临界点时，该税种所适用的税率和优惠政策就会发生改变，从而为我们进行纳税筹划提供了空间。临界处理法的关键在于寻找临界点。一般而言，临界点上的变化会引起税负的巨大差别，即临界点的边际税率出现递增或递减的变化态势。诸如个人所得税的费用扣除额、个人所得税的税率跳跃临界点、企业所得税的税前扣除限额等，都是典型的税基临界点，对其进行合理筹划，就可以降低税负。在中国现行税制中，税基有临界点，税率分级有临界点，优惠政策也有临界点。所以，临界处理的筹划方法应用得非常广泛。

二、纳税筹划技巧

纳税人的应纳税额（税额）等于计税依据（税基）乘以税率，纳税人筹划的目标在不考虑其他因素的情况下，一般就是应纳税额的最低化，按使应纳税额降低的途径划分，纳税筹划可分为税基式筹划、税率式筹划和税额式筹划3种。这3种筹划都是使应纳税额绝对值减少的纳税筹划。除此之外，还有相对减少税负的纳税筹划和转嫁式纳税筹划。不同类型的纳税筹划有不同的筹划技术和方法，以下从税基、税率、税额、相对减少税负和有效转嫁税负5个方面探讨纳税筹划的技术和方法。

（一）税基式纳税筹划

税基（计税依据）是指税收法律关系中征纳双方权利义务所指向的物或行为，其是决定纳税人税负高低的主要因素之一。税基式纳税筹划是指纳税人通过缩小税基来减少应纳税额，从而达到纳税筹划目标的一种纳税筹划方式。

税基式纳税筹划的基本技术是扣除技术，是指在纳税人收入一定的情况下，使税收“扣除额”、“税额抵扣额”和“税收抵免额”等尽量最大化，从而使税基最小的技术方法。扣除技术在增值税、土地增值税、企业所得税等有扣除项的税种纳税筹划中有广泛运用。

（二）税率式纳税筹划

税率是对征税对象的征收比例或征收额度，其是决定纳税人税负高低的另一个主要因素。税率式纳税筹划是指纳税人在税基一定的情况下，通过合法降低适用税率的方式来减少应纳税额，从而达到纳税筹划目标的一种纳税筹划方法。税率式纳税筹划运用的前提是预计筹划的税种有可供选择的不同税率，最常用的技术有税率差异技术和分割技术。

1.税率差异技术

税率差异技术是指纳税人利用税法中规定的不同地区、不同产品、不同行为等在税率上的差异，在税基一定的情况下，选择低税率，从而实现筹划目标的一种纳税筹划方式，比如利用低税区对企业所得税进行纳税筹划；利用增值税税率的差异对混合销售行为、兼营行为进行纳税筹划。

2.分割技术

分割技术是指在合法和合理的情况下，使所得、财产在两个或多个纳税人之间进行分割而使适用税率最低的纳税筹划策略。比如，在所得税税率采用累进税率且边际税率较高的情况下，计税基础越大，适用的边际税率也就越高，如果能使所得、财产在两个或多个纳税人之间进行分割，就可以减小税基，降低适用税率，从而实现筹划目标。分割技术可运用在增值税和企业所得税的纳税筹划中。因为我国目前增值税有一般纳税人和小规模纳税人划分标准问题，两种纳税人增值税的计算方法不同，税率（小规模纳税人适用征收率）也就不同，尽管税法在设置税率和征收率时已经考虑了纳税人实际税负问题，但两者还是在实际中存在纳税差距。在内资企业所得税率上，我国目前设置10%和15%两档照顾性税率，这样使得所得税税率就具有了全额累进税率的性质，所以纳税人在这两个税种上可以根据自身业务情况利用分割技术进行纳税筹划。

（三）税额式纳税筹划

税额式纳税筹划是纳税人在税基、税率一定的情况下，通过直接减少应纳税额的方式来减轻纳税负担或者解除纳税义务的一种纳税筹划方式。税额式纳税筹划常常与税收优惠中的全部免征或减免征收相联系。税额式纳税筹划常用的技术有免税技术、减税技术和退税技术。

1.免税技术

免税技术是指纳税人利用国家对特定的地区、行业、企业、税目或情况所给予纳税人完全免征税收的优惠政策，使自身成为免税人或使自己从事的活动成为免税活动，或使自己的征税对象成为免税对象，从而减轻纳税负担或者解除纳税义务的一种纳税筹划技术。

这种技术要求纳税人尽量争取更多的免税待遇和延长免税期。

2.减税技术

减税技术是指纳税人利用国家对特定的地区、行业、企业、税目或情况所给予纳税人减征部分税收的优惠政策安排自身的事务，使自身能够享受到减少税负的优惠待遇，从而减轻纳税负担的一种纳税筹划技术。

免税技术和减税技术可以运用到税法设置税收优惠条件的增值税、消费税和企业所得税等税种中，比如我国在《中华人民共和国企业所得税法》（以下简称《企业所得税法》）中就经营地、行业等方面设置很多税收优惠政策，符合条件的企业就可以享受到相应的减免税优惠。

3.退税技术

退税技术是指纳税人利用国家对特定的地区、行业、企业、税目或情况所给予纳税人退税的优惠政策安排自身的事务，使自身能够享受到退税的优惠待遇，从而减轻税收负担的一种纳税筹划技术。退税技术可运用在增值税纳税筹划中。我国在增值税方面规定，符合规定的出口商品予以退税；对于软件开发企业和生产集成产品的企业也有超过3%税负的部分即征即退政策。

（四）相对减少税负的纳税筹划

相对减少税负的纳税筹划是指经过纳税筹划，纳税人一定时期的绝对纳税总额并没有减少，但使各个纳税期的纳税额有所变化，考虑到货币时间价值因素，纳税人因此获得了相对收益的纳税筹划。

相对减少税负的纳税筹划基本技术是延期纳税技术，是指纳税人合法、合理推迟纳税义务，而相对减轻税负的纳税筹划技术。采用延期纳税技术进行纳税筹划不仅使纳税人减少近期现金流出，可以享受通货膨胀的好处，还可以利用缓缴的税款进行经营之用。

延期纳税技术常用的方法是成本（费用）调整法。成本（费用）调整法是指通过对成本（费用）在税收法规范畴内合理调整或分配（摊销），使近期成本（费用）增多、收益减少、应纳税所得额减少，从而达到延期纳税目的的纳税筹划方法。此种方法在企业所得税中运用得最多，如对固定资产折旧的安排、对存货发出计价方法的选择、债券折溢价方法的选择等。

（五）转嫁式纳税筹划

除了上述4类纳税筹划技术方法以外，还有一种转嫁式筹划技术，这种筹划技术主要是针对流转税的，因为流转税在一般情况下都具有税负转嫁的特点，纳税人虽然缴纳流转税，但一般不是流转税的负税人。这种纳税筹划技术不是对纳税义务的回避，也不是对税法不完善或缺陷的利用，而是通过将税负转嫁给他人，最终由他人负担的一种纳税筹划技术。

由于这种技术要通过商品和劳务定价来实现，所以商品及劳务定价是关键。如果商品或劳务价格过低，税负就不能转嫁出去或不能全部转嫁出去。但价格高低受到纳税人所处行业、产品在市场上的竞争能力、价格的需求弹性、成本高低等因素的制约，所以纳税人应将纳税筹划置于企业定价决策之中综合考虑。

由于税负转嫁没有伤害国家利益，也不违法，因此，转嫁式筹划技术受到普遍青睐。

纳税人实施税负转嫁筹划技术时需要注意的是：不要在可能被税务认定为在关联企业间进行，因为根据《中华人民共和国税收征收管理法实施细则》第五十四条、五十五条的规定，纳税人与关联企业之间的购销业务，未按照独立企业之间的业务往来作价的，税务机关可以按照下列方法调整其计税收入额或者所得额，核定其应纳税额：（1）按照独立企业之间进行相同或者类似业务活动的价格；（2）按照再销售给无关联关系的第三者的价格所取得的收入和利润水平；（3）按照成本加合理的费用和利润；（4）按照其他合理的方法。

工作任务三 认识纳税筹划的实施步骤

案例导入

乙公司是一家在新加坡上市的企业，财务人员为了减轻税负，计划将上市前剥离出来的非经营性资产注入上市公司。该非经营性资产12亿元，主要为土地使用权和房产，净资产2.5亿元。若将这笔非经营性资产注入上市公司，则属于资产转让行为，需要缴纳一大笔增值税。该公司的财务人员想通过纳税筹划来规避纳税：先以该非经营性资产中的部分资金注册成立一家资产管理公司，然后再由上市公司将该管理公司的100%股权收购。

该公司的“筹划”被当地主管税务机关揭开了“盖头”，不仅补缴了应当缴纳的税款和滞纳金，还被处以1 000多万元的罚款。

这个失败的纳税筹划案例主要存在两个问题：一是没有掌握好筹划的度，操作方案以“逃避纳税”为目的表现得非常明显；二是操作细节不到位。

在具体的操作过程中，筹划方案设计得“有道理”，却在重要细节上疏忽了，土地使用权没有实际过户，从而使资产重组策划失去了基础。

资产重组筹划业务是一项系统工程，需要考虑的相关因素很多，操作系统性策划业务，单单懂财会、税收不行，即所谓“一着不慎，全盘皆输”。因此，不熟悉企业业务流程不能做策划。现实中，部分财务人员自认为掌握了纳税策划原理，于是就进行大胆“筹划”。但是，他们往往忽视有关企业的生产经营特点和相关业务流程，从而使两方面的知识成为“两张皮”，无法结合起来，最终导致纳税风险。

众所周知，企业盲目进行纳税筹划，其结果可能事与愿违，因此进行纳税筹划必须充分考虑其风险：

（1）要防范未能依法纳税的风险。虽说企业日常的纳税核算是按照有关规定操作，但是由于对相关税收政策精神缺乏准确的把握，容易造成事实上的逃税而受到税务处罚。

（2）如果不能充分把握税收政策的整体性，企业在系统性的纳税筹划过程中极易形成纳税筹划风险。比如有关企业改制、兼并、分设的纳税筹划涉及多种税收优惠，如果不能系统地理解运用，很容易发生筹划失败。

（3）纳税筹划之所以有风险，还与国家政策、经济环境及企业自身活动的不断变化有关。为此企业必须随时做出相应的调整，采取措施分散风险，争取尽可能大的税收收益。

知识导航

一、纳税筹划前期准备

（一）收集信息

纳税筹划很重要的一点是要了解纳税企业的基本情况和纳税企业的要求，不同企业的基本情况及要求有所不同，在实施纳税筹划活动时，要了解的筹划企业的基本情况有：

（1）企业组织形式。对于不同的企业组织形式，其税务待遇不同，了解企业的组织形式可以根据组织形式的不同制订有针对性的纳税筹划方案。

（2）财务情况。企业纳税筹划是要合法、合理地节减税收，只有全面、详细地了解企业的真实财务情况，才能制定合法、合理的企业节税方案。财务情况主要包括企业的财务报告和账簿记录资料。

（3）投资意向。投资有时可享受税收优惠，不同规模的投资额有时又会有不同的税收优惠；投资额与企业规模（包括注册资本、销售收入、利润等）往往有很大的关系，不同规模企业的税收待遇和优惠政策有时也是不同的。

（4）对风险的态度。不同风格的企业领导对节税风险的态度是不同的，开拓型领导人往往愿意冒更大的风险节减最多的税，稳健型企业领导人则往往希望在最小风险的情况下节税。节税与风险并存，节税越多的方案往往也是风险越大的方案，两者的权衡取决于多种因素，包括纳税人对风险的态度这个因素。了解纳税人对风险的态度，可以制订更符合企业要求的纳税筹划方案。

同时，在了解筹划企业基本情况的基础上，还要了解筹划企业的需求，纳税人对纳税筹划的共同要求肯定是尽可能多地节税，节税的目的说到底是增加企业的财务利益，而在这一点上，不同纳税人的要求可能是有所不同的，这也是筹划人员必须了解的。

其一，要求增加所得还是资本增值。企业对财务利益的要求大致有三种：一种是要求最大限度地增加每年的所得；二是要求若干年后企业资本有最大的增值；三是既要求增加所得，也要求资本增值。针对不同的财务要求，制订的纳税筹划方案也应有所不同。

其二，投资要求。有些企业只有一个投资意向和取得更大财务收益的要求，此时筹划者可以根据纳税人的具体情况进行纳税筹划，提出各种投资建议。但有时企业对投资已经有了一定的意向，包括投资项目、投资地点、投资期限等，这时筹划者就必须了解企业的要求，根据企业的要求来进行纳税筹划，提出投资建议或提出修改企业要求的建议，比如，建议投资期限从5年改为3年，以节减更多的税。

（二）盘点相关财税政策

不论是作为企业或税务中介的外部纳税筹划顾问，还是作为纳税企业的内部纳税筹划者，在着手进行纳税筹划之前，都应该对筹划企业相关的财税政策和法规进行梳理、整理和归类。全面了解与筹划企业相关的行业、部门税收政策，理解和掌握国家税收政策及精神。不论是作为纳税人与税务机关中介的外部纳税筹划人，还是作为纳税人的内部纳税筹划人，在着手进行纳税筹划之前，首先都应学习和掌握国家税法精神，争取税务机关的帮助与合作，尤其是对实施跨国纳税筹划业务的筹划人来说，熟悉所在国家的法律环境更为重要。对于承接业务的每一个具体的筹划委托，纳税筹划人都应有针对性地了解所涉及的法律规定的细节。如果有条件，最好建立企业税收信息资源库，以备使用。

至于与筹划企业相关的财税政策和法规的获取，一般有以下渠道：

（1）通过税务机关寄发的免费税收法规资料；

（2）通过到税务机关索取免费税收法规资料；

（3）通过图书馆查询政府机关有关出版物；

（4）通过政府网站或专业网站查询政府机关的免费电子税收资料库；

（5）通过订阅和购买政府机关发行的税收法规出版物；

（6）通过订阅和购买中介机构出于营利目的税收汇编法规资料。

（三）筹划企业纳税评估与剖析

在纳税筹划之前，对筹划企业进行全面的纳税评估极为必要。纳税评估可以了解企业以下方面的涉税信息：

（1）纳税内部控制制度；

（2）涉税会计处理；

（3）涉税理财计划；

（4）主要涉税税种；

（5）近三个年度纳税情况分析；

（6）纳税失误与涉税症结分析；

（7）税收违规处罚记录；

（8）税企关系。

二、纳税筹划方案设计与拟订

纳税筹划方案的设计是纳税筹划的核心，不同的筹划者在方案形式的设计上可能大相径庭，但是在程序和内容方面具有共同之处，即一般的纳税筹划方案由以下几部分构成：

（1）涉税问题的认定。这主要是判断所发生的理财活动或涉税项目属于什么性质，涉及哪些税种，形成什么样的税收法律关系。

（2）涉税问题的分析、判断。涉税项目可能向什么方面发展，会引发什么后果，能否进行纳税筹划，筹划的空间到底有多大，需要解决哪些关键问题。

（3）设计可行的多种备选方案。针对涉税问题，设计若干个可供选择的纳税筹划方案，并对涉及的经营活动、财务运作及会计处理拟订配套方案。

（4）备选方案的评估与选优。对多种备选方案进行比较、分析和评估，然后，选择一个较优的实施方案。

（5）纳税筹划涉税纠纷处理。

在纳税筹划实践活动中，由于筹划者只能根据法律条文和法律实践设计筹划方案并做出判别，而税务机关与筹划者对税法条款的理解可能不同，看问题的角度也可能存在差异，因此，可能会对一项纳税筹划方案形成不同的认识，甚至持截然相反的观点，在纳税筹划方案的认定和实施方面可能会导致涉税纠纷。

在纳税筹划方案的实施过程中，筹划企业应该尽量与税务机关进行充分的交流与沟通，实现税务协调。如果真的导致税收纠纷，筹划企业应该进一步评估筹划方案的合法性，合法的方案要据理力争，不合法的筹划方案要坚决放弃。

要想确认筹划方案的合法性，我们应该关注税务机关对合法性的界定：一方面，税务机关从现行法律角度了解合法性，税务机关的征税和司法机关对税务案件的审理，都必须以立法机关制定的现行法律为依据；另一方面，从行政和司法机关对合法性的法律解释和执法实践角度了解合法性。行政机关依法行政，负责执行法律及法律赋予的权力，它们还往往得到立法机关授权制定执行法律的法规，这些行政法规更具体地体现了国家的政策精神，而司法机关依法审判税务案件，负责维护、保证和监督税收法律的实施，它们的判决使国家政策精神体现得更加明确、清晰。人们可以从税务机关组织和管理税收活动以及司法机关受理和审判税务案件中，具体了解行政和司法机关在执法和司法过程中对合法性的界定。

三、纳税筹划方案实施跟踪与绩效评价

实施纳税筹划方案之后，要不断对筹划方案实施情况和结果进行跟踪，并在筹划方案实施后，对筹划方案进行绩效评价，考核其经济效益和最终效果。纳税筹划人应当通过一定的信息反馈渠道，了解企业实际的经济活动情况以及纳税筹划方案的实施情况。纳税筹划根据这些实际数据计算出纳税筹划方案应该达到的效果，如应该节减的税额等。然后，纳税筹划人将应该达到的标准与实际情况的差距进行比较，确定其差额，发现例外情况。若有较大差异，纳税筹划人应该跟纳税人进行沟通，并进行具体的调查研究，以发现产生差异的具体原因。如果纳税人没有按纳税筹划人的意愿执行纳税筹划方案，纳税筹划人应给予提示，指出其可能产生的后果。如果反馈的信息表明执行的是纳税筹划人设计的税务方案，纳税筹划人应及时修订其设计的纳税筹划方案。

技能训练

参考答案

湖北A容器厂是私营企业，属于增值税一般纳税人，生产石油液化气系列钢瓶，法人代表为李某。该厂是当地政府的税源大户，政府给其下达了每年50万元的税收任务。为了抢占市场份额，该厂采取低价销售方式，而要低价取胜必须降低生产成本。由于原材料购进时不要增值税专用发票的话，进货价格每吨可低100~200元。因此，在购货过程中，该厂有意尽量不索取增值税专用发票，以便压低进货价格，增强市场竞争力。但由于取得的专用发票少，又造成进项税额抵扣不足，增加了税收负担。为了平衡税负，该厂进行了如下安排：一是在市场上购买虚开的增值税专用发票抵扣税款；二是设置两套账，只让当地政府及主管部门知道，不让税务部门知道。为了取得当地政府及主管部门的支持，该企业答应每年完成80万元的税款任务。这种方法使该厂于当年隐瞒应税收入4 158万元，并进行年度虚假抵扣，合计少纳税89.5万元。

问题：

1. 该企业的做法是否合法？

2. 该企业的做法是纳税筹划吗？

3. 该企业的行为是什么性质？应承担怎样的法律责任？

主要税法依据

- 《中华人民共和国税收征收管理法》。
- 《中华人民共和国税收征收管理法实施细则》。

项目二

企业整体纳税筹划

项目知识目标

1. 理解设立组织形式选择、筹资活动、生产经营活动、投资活动、利润分配等纳税筹划的依据；

2. 掌握设立组织形式选择、筹资活动、生产经营活动、投资活动、利润分配等纳税筹划的基本方法和技巧。

项目技能目标

1. 运用设立组织形式选择、筹资活动、生产经营活动、投资活动、利润分配等相关税收政策进行纳税筹划；

2. 制定设立组织形式选择、筹资活动、生产经营活动、投资活动、利润分配等的纳税筹划工作流程。

纳税筹划具有整体性与前瞻性。企业各项活动息息相关，企业设立组织形式选择、筹资活动、生产经营活动、投资活动、利润分配等相互影响，因此在现实纳税筹划中不能以某个环节或者某个税种为筹划对象，而应在筹划中建立起整体观，从而达到企业税后收益的最大化。

工作任务一　企业设立阶段的纳税筹划

案例导入

某公司有500万元的闲置资金，欲寻求新的投资契机。投资何种行业，成立何种组织形式企业，在哪里投资，如要建立分支机构该如何选择。这些问题的解决不但需要做好市场调研，还需要做好纳税筹划，该公司老总找到一家税务师事务所欲咨询这些问题，如果是你接待该老总，你该如何为这位老总筹划呢？

知识导航

一、不同产业税费政策

根据《企业所得税法》和《中华人民共和国个人所得税法》（以下简称《个人所得税

法》）及各项暂行条例的规定，不同产业的主要税费见表2-1：

表2-1 不同产业的主要税费

产业	主要税费
第一产业	增值税、城建税、教育费附加、企业所得税、个人所得税、车船税、房产税、土地使用税
第二产业	增值税、消费税、城建税、教育费附加、企业所得税、个人所得税、车船税、房产税、土地使用税
第三产业	增值税、消费税、土地增值税、契税、城建税、教育费附加、企业所得税、个人所得税、房产税、土地使用税、车船税、车辆购置税

注：①第一产业是指提供生产资料的产业，包括农业、林业、牧业、副业和渔业；第二产业是指加工产业，利用基本的生产资料进行加工并出售，包括制造业、采掘业、建筑业和公共工程、上下水道、煤气、卫生部门；第三产业又称服务业，它是指第一、第二产业以外的其他行业，包括交通运输、仓储和邮政业、批发和零售业、信息传输、计算机服务和软件业、住宿和餐饮业、金融业、房地产业、租赁和商务服务业、居民服务和其他服务业、教育、文化、体育和娱乐业及其他非物质生产部门。

②企业负有代扣代缴或者预扣预缴个人所得税的义务。

税收政策应当总体上坚持“宽税基、低税率”，以促进产业结构优化为导向，为经济发展创造宽松环境。产业结构优化必须以科学的税收政策为先导，税收政策体现国家对不同产业的政策导向，以税收政策为手段促进社会资源的优化配置。

（一）第一产业税收政策

国家对第一产业的税收政策是轻税、减税的政策，主要体现在以下方面：

根据相关规定，国家对从事农、林、牧、渔业项目的所得可以免征、减征企业所得税；对农产品生产者直接生产的农产品实行免征增值税的政策；采取“公司+农户”经营模式从事畜禽饲养，也属于农业生产者销售自产农产品，也免征增值税；自2012年1月1日起，免征蔬菜流通环节增值税；为支持农业发展，对农产品实行9%的增值税低税率。对增值税一般纳税人购进免税农产品实行计算抵扣增值税进项的政策等。

（二）第二产业税收政策

为加快第二产业升级，支持产业技术发展，对于高新技术给予优惠政策，对资源再利用等方面也给予了税收优惠，具体表现以下方面：

《企业所得税法》规定：“国家需要重点扶持的高新技术产业，减按15%的税率征收企业所得税”“企业开发新技术、新产品、新工艺发生的研究开发费用支出，可以在计算应纳税所得额时加计扣除”“符合条件的技术转让所得可以免征、减征企业所得税”。

针对制造业，进行了系列“减税降费”，制造业增值税税率由17%降为16%，2019年4月起又进一步从16%降为13%。

增值税纳税人2011年12月1日以后初次购买增值税税控系统专用设备（包括分开票机）及技术维护费支付的费用，可凭购买增值税税控系统专用设备取得的增值税专用发票，在增值税应纳税额中全额抵减（抵减额为价税合计额），不足抵减的可结转下期继续抵减。

对于再生水及资源再利用给予增值税免税、即征即退等税收优惠政策，如销售再生水及污水处理满足相关条件和技术标准可以享受增值税即征即退，以工业废气为原料生产的高纯度二氧化碳产品实行增值税即征即退政策。

（三）第三产业税收政策

改革第三产业税收政策，完成现代服务业的“营改增”，积极引导完成生活性服务的“营改增”。

自2014年6月1日起，在中华人民共和国境内销售货物、提供加工与修理修配及应税服务的单位和个人，应当缴纳增值税。结合现行规定，第三产业大多适用9%和6%的增值税税率。

软件企业税收优惠政策方面，根据规定，增值税一般纳税人销售其自行开发生产的软件产品，按适用税率征收增值税后，对其增值税实际税负超过3%的部分实行即征即退政策；增值税一般纳税人将进口软件产品进行本地化改造后对外销售，其销售的软件产品可享受增值税即征即退政策。

二、不同组织形式

一般情况下，企业组织形式分为两类，即公司制企业和非公司制企业。其中公司制企业分为股份有限公司和有限责任公司，非公司制企业主要包括合伙企业和独资企业。

（一）公司制企业

1.有限责任公司组织形式

有限责任公司是指股东以其认缴的出资额为限对公司承担责任，公司以其全部财产对公司债务承担责任。有限责任公司具有独立的法人资格，是独立的民事主体，可以取得物权，可以起诉和被诉。有限责任股东具有亲自参与公司经营管理的资格。与股份有限公司相比，有限责任公司的法定约束力较小，创办手续简单，创办费用较少。有限责任公司不公开向外发行股票募集资本，其股票和债券也不可以在证券交易所挂牌公开交易。

作为一个具有法律上独立人格的企业，各国一般对有限责任公司和其股东都要征税。一方面对公司征收企业所得税或公司所得税，另一方面要对股东从公司分得利润的自然人股东征收个人所得税。由于股息是税后利润，一些国家还对有限责任公司的未分配利润按个人所得税税率征收所得税。此外，有限责任公司还可能要缴财产税、增值税、消费税、关税、印花税以及代扣代缴个人所得税等。

2.股份有限公司组织形式

股份有限公司是指将其全部资本分为等额股份，股东以其认购的股份为限对公司承担责任，公司以其全部财产对公司的债务承担责任。股份有限公司是法人实体，是一个独立的民事主体，可以以公司的名义经营、负债、取得和处置物权，可以起诉和被诉。股份有限公司公开对外发行股票募集资本，设立股份有限公司主要是为了募集更多的资本进行经营。上市的股份有限公司的股票和债券可以在证券交易所挂牌公开交易。与有限责任公司类似，大多数国家对股份有限公司和其股东进行双重征税。

《企业所得税法》第一条规定，在中华人民共和国境内，企业和其他取得收入的组织（以下统称企业）为企业所得税的纳税人，依照本法的规定缴纳企业所得税。个人独资企业、合伙企业不适用本法。我国对企业所得税的征收主要有两种方式：查账征收和核定征收。对于企业财务管理比较规范，能够建账建制，准确及时填报资产负债表、利润表、现金流量表，并且能向税务机关提供准确、完整的纳税资料的企业，实行企业自行申报、税务机关查账征收的方式。其基本点就是能计算出应纳税所得额，按税法规定的税率缴纳企业所得税。

（二）非公司制企业

合伙企业是一个契约性的组合，是一种人的联合，而不是公司那样资本的联合。大多数国家（包括中国）不授予合伙企业以法人地位和资格，因此，合伙企业不是一个独立的纳税单位，不缴纳企业所得税。各合伙人以各自的公民或居民身份，按各自的收入缴纳个人所得税。

独资企业是指由一个自然人投资，全部资产为投资人所有的营利性经济组织。独资企业是一种很古老的企业形式，至今仍广泛运用于商业经营中，其典型特征是个人出资、个人经营、个人自负盈亏和自担风险。

个人独资企业和合伙企业每一纳税年度的收入总额减除成本、费用以及损失后的余额，作为投资者个人的生产经营所得，属于个人所得税法的“经营所得”应税项目，适用3%～35%的五级超额累进税率，计算征收个人所得税。

三、注册地问题

企业根据注册地及实际管理机构所在地的不同划分为居民企业与非居民企业，居民企业与非居民企业纳税义务不同，其所得税税率也不同。目前我国还在存在着区域性优惠政策。

（一）居民企业与非居民企业

根据规定，企业分为居民企业和非居民企业。居民企业是指依法在中国境内成立，或者依照外国（地区）法律成立但实际管理机构在中国境内的企业。居民企业应当就其来源于中国境内、境外的所得缴纳企业所得税。适用的企业所得税率为25%。非居民企业，是指依照外国（地区）法律成立且实际管理机构不在中国境内，但在中国境内设立机构、场所的，或者在中国境内未设立机构、场所，但有来源于中国境内所得的企业。非居民企业在中国境内设立机构、场所的，应当就其所设机构、场所取得的来源于中国境内的所得，以及发生在中国境外但与其所设机构、场所有实际联系的所得，缴纳企业所得税。非居民企业所得税税率有基本税率25%和优惠税率20%。

（二）区域优惠

在中国境内注册公司，由于我国税法中还存在区域优惠，所以也要注意区域的选择。

根据规定，民族自治地方的自治机关对本民族自治地方的企业应缴纳的企业所得税中属于地方分享的部分，可以决定减征或者免征。自治州、自治县决定减征或者免征的，须报省、自治区、直辖市人民政府批准。

《财政部、海关总署、国家税务总局关于深入实施西部大开发战略有关税收政策问题的通知》规定：

（1）对西部地区内资鼓励类产业、外商投资鼓励类产业及优势产业的项目在投资总额内进口的自用设备，在政策规定范围内免征关税。

（2）自2011年1月1日至2020年12月31日，对设在西部地区的鼓励类产业企业减按15%的税率征收企业所得税。上述鼓励类产业企业是指以《西部地区鼓励类产业目录》中规定的产业项目为主营业务，且其主营业务收入占企业收入总额70%以上的企业。《西部地区鼓励类产业目录》另行发布。

（3）对西部地区2010年12月31日前新办的、根据《财政部、国家税务总局、海关总署关于西部大开发税收优惠政策问题的通知》规定可以享受企业所得税“两免三减半”优惠的交通、电力、水利、邮政、广播电视企业，其享受的企业所得税“两免三减半”优惠可以继续享受到期满为止。

（4）通知所称西部地区包括重庆市、四川省、贵州省、云南省、西藏自治区、陕西省、甘肃省、宁夏回族自治区、青海省、新疆维吾尔自治区、新疆生产建设兵团、内蒙古自治区和广西壮族自治区。湖南省湘西土家族苗族自治州、湖北省恩施土家族苗族自治州、吉林省延边朝鲜族自治州，可以比照西部地区的税收政策执行。

四、“一带一路”下的税收优惠政策

（一）差额征税

一般纳税人提供国际货物运输代理服务，以其取得的全部价款和价外费用，扣除支付给国际运输企业的国际运输费用后的余额为销售额。

（二）免税政策

以下经营活动免税：提供国际货物运输代理服务；工程或矿产资源在境外的工程勘察服务；境外的会议展览服务；为出口国提供的邮政服务；向单位提供技术方面、信息系统方面、签证方面、无形资产转让以及租赁等一系列劳务。

（三）零税率

向境外提供以下服务，适用零税率。例如：向境外提供研发和设计服务；取得“国际班轮运输经营资格证”或“水路运输许可证”的水路运输服务；向境外提供的文化服务和电信服务以及国家重点鼓励的文化产品出口服务。

五、分支机构问题

当一个企业要进行跨区经营时，其常见的做法就是在其他地区先设立分支机构，分支机构包括：分公司、子公司和办事处。这三种形式的分支机构在税收上待遇不同，各有利弊。从法律上讲，子公司属于独立法人，而分公司和办事处不是独立法人。

（一）子公司与分公司的含义

按照公司之间的控制或从属关系，可将公司分为母公司和子公司。当一个公司拥有另一个公司一定比例的股份并足以控制其股份时，该公司即为母公司；反之，被母公司有效控制的下属公司或者是母公司直接或间接控制的一系列公司中的一家公司即为子公司。就法律地位而言，子公司与母公司均为各自独立的法人，各自以其名义独立对外进行经营活动。在财产责任上，母公司与子公司各自以其独立的财产承担责任，互不连带。母公司在控股权基础上对子公司行使权利，享有对子公司重大事务的决定权，实际上控制子公司的经营。

按照公司分支机构的设置和管辖关系，可将公司分为总公司和分公司。总公司指依法首先设立的管辖全部组织的总机构；分公司则指受总公司管辖的分支机构。分公司可以有自己的名称，但没有法人资格，没有独立的财产，其经营活动所有后果由总公司承担。在国际税收中，它往往与常设机构是同义词。

（二）子公司和分公司的税收政策

从法律上讲，子公司是一个独立的法人，而分公司不是独立法人，这就决定了子公司与分公司在税收待遇上的不同，具体表现为：居民企业在一国境内设立不具有法人资格的营业机构的，应当汇总计算缴纳企业所得税。

筹划思路与演练

一、产业、行业的选择

税收是体现国家产业导向的重要经济杠杆，税收优惠政策则体现了国家的鼓励、刺激的方向。我国的税制构成中，各个税种都有不同的税收优惠政策。对一个企业来说，如何顺应政府的产业方针，充分享受产业性税收优惠，是设立企业的纳税筹划中需要认真考虑的一个重要因素。

我国运用税收政策促进产业转型升级的总体方向是引导企业从事环保、节能、高新技术、资源综合利用、公共基础设施等相关产业，因此企业经营行业的选择要结合国家对不同产业的税收倾斜政策，选择并确定要投资的产业。

利用产业或行业性税收优惠政策必须考虑两个层次的问题：一是在投资地点相同的情况下，选择能享受更大优惠的行业进行投资；二是在投资地点不同的情况下，选择政策扶持的行业进行投资。处于不同经济发展阶段的国家，其税收优惠的行业重点有所差别，在投资行业选择时进行纳税筹划，要充分了解这些优惠政策及其变化，谋取企业利益的最大化。

根据国家对不同产业的税收政策，设立投资企业应选择自己所熟悉的行业，并通过市场调研，投资于有市场、有发展前途的行业。设立企业存在混业、兼营情况时，可通过改变销售行为及结算方式，从而达到减轻税负的目的。

一般来说，一个企业法人在到市场监督管理机关进行注册登记的时候，就已经确定了自己的投资方向，投资方向一旦确定，在以后的经营过程中是很难改变的，所以，企业在设立时就应充分利用好现有的税收优惠政策，精心进行投资产业结构的纳税筹划和测算，使企业在当前及一段时期内的整体税负水平达到最低。企业投资产业结构纳税筹划的基本思路为：

首先，依据所设立企业的具体情况，结合国家对不同产业的税收倾斜政策，选择并确定要投资的产业；

其次，在某一产业内部，利用税收优惠政策，选择不同的行业、商品类别，使企业的经营尽可能地避开一些税种的征税范围；

再次，在某些税种的征税范围之内，选择有优惠政策的税目作为企业的投资方向，并对各种所涉及的税种实际税负情况进行测算，使企业的实际整体税负达到最低；

最后，在企业主要的投资方向确定以后，依据税法对混业和兼营的规定，在经营范围之内，确定合理的混业和兼营行为，避免额外的税收负担。

【案例 2-1】某企业准备投资中药材种植或者茶叶的种植，预计中药材种植前三年每年投资200万元，第四年至第六年每年投资300万元。前三年没有任何收入，第四年至第六年分别获得毛利收入400万元、600万元、700万元（已扣除各项流转税）。以后每年收入保持在600万元左右。如果投资于茶叶的种植，其状况与林木的培育和种植基本相同。现有两个方案，方案一是投资于中药材，方案二是投资于茶叶。

【综合分析】

方案一：投资中药材种植

根据税法的规定，中药材种植免征企业所得税，具体情况如下：

①前六年的总投资=200×3+300×3=1 500（万元）

②毛收入=400+600+700=1 700（万元）

③纯收入=1 700-1 500=200（万元）

④第六年税后纯收入=200（万元）

⑤以后每年的税后纯收入=600万元

方案二：投资茶叶的种植

根据税法的规定，花卉、茶以及其他饮料作物和香料作物的种植减半征收企业所得税，具体情况如下（单位：万元）：

①前六年的总投资=200×3+300×3=1 500（万元）

②毛收入=400+600+700=1 700（万元）

③纯收入=1 700-1 500=200（万元）

④第六年税后纯收入=200-200×25%×50%=175（万元）

⑤以后每年的税后纯收入=600-600×25%×50%=525（万元）

综上可见，投资中药材种植的税后纯收益大于投资茶叶的种植的税收纯收益，假如不考虑其他因素，该企业应选择投资于中药材种植。

二、设立组织形式选择

依照《企业所得税法》和《个人所得税法》，个人独资企业和合伙企业不征收企业所得税，仅对投资者个人征收个人所得税；财税〔2008〕159号文件规定，合伙企业以每一个合伙人为纳税义务人。合伙企业合伙人是自然人的，缴纳个人所得税；合伙人是法人和其他组织的，缴纳企业所得税。而有限责任公司、股份有限公司等具有法人资格的企业，除须缴纳企业所得税以外，投资者个人从公司获得的股息和红利还须缴纳个人所得税。合伙企业还可以通过增加合伙人的数量来节税，但是公司制下增加股东并不能增加费用扣除。从总体税负角度考虑，合伙制一般要低于公司制。

虽然公司设立的成本和经营管理的成本比个人独资企业和合伙企业高，但是《企业所得税法》规定了较多的税收优惠，这些政策仅针对公司，个人独资企业和合伙企业则无法享受。

【案例2-2】2019年1月1日，中国居民张三与他人合伙开了一家清洁企业，中国居民李四也与他人共同投资注册了一家清洁有限责任公司，两家企业都开展对写字楼和商业大厦的外墙清洁服务业务。一年下来，张三和李四的企业都赚了100万元，若两家企业所赚利润均是在合伙人之间平均分配。问张三与李四谁的盈利多？选择什么企业组织形式有利？（假设张三、李四均有综合所得，费用扣除在综合所得中扣除）

【综合分析】

张三的企业：

张三应缴纳的个人所得税=（100÷2）×30%-4.05 =10.95（万元）

税后收益=50-10.95=39.05（万元）

与合伙人共获利=39.05×2=78.1（万元）

李四的企业：

应纳企业所得税=100×25%=25（万元）

应纳个人所得税=（100-25）×20%=15（万元）

税后收益=100-25-15=60（万元）

缴完税后张三与其合伙人净赚了78.1万元，而李四真正拿到手的只有60万元，因此，合伙企业比有限责任公司更节税。

（一）注册地点的选择

企业注册地的选择，受企业整体发展方向、战略目标、生产经营内容和项目、地方政府产业政策导向等因素的影响，而地域性的税收优惠政策仅是因素之一，在能够兼顾的情况下，享受区域性税收优惠，既符合国家的产业政策导向，企业自身也能获得税收利益。

【案例2-3】某投资方欲于2020年投资兴办一家高新技术企业，假设该企业符合高新技术企业的认定指标和管理办法，可以享受相关的税收优惠政策。预计企业2021年开始获得第一笔收入，从2021年起，前五年的应纳税所得额分别为50万元、100万元、200万元、300万元、300万元。企业可以选择在上海浦东新区设立，也可以选择在北京中关村高科技园区设立。

【综合分析】

按照目前的政策规定，企业在北京中关村高科技园区设立，享受15%的税率优惠，五年共计应纳企业所得税142.5万元。

如果选择在上海浦东新区设立，可以享受“两免三减半”的优惠政策，即前两年免征，后三年按照25%法定税率再减半征收，即按照12.5%的税率计缴税款，则前五年实际应纳税额为100万元。

两相对比，选择上海作为投资地点，可以直接节省所得税支出42.5万元。

（二）分支机构设置纳税筹划

企业设立分支机构主要有两种组织形式可供选择，一种是创办子公司（严格来说，子公司并非分支机构，此处采用日常用语，将全资子公司视为分支机构），另一种是创办分公司。因此这两种不同的组织形式在所得税处理方式上是不同的，这种不同也使其在税收方面各有利弊。

创办子公司一般需要许多手续，并需达到当地的公司创办条件，因为子公司具有独立的法人资格，可以独立承担民事责任，在法律上和母公司视为两个主体。在纳税方面，子公司也是同母公司相分离，作为单独的纳税主体独立承担纳税义务，其成本、损失和所得全部独立核算，独立缴纳企业所得税和其他各项税收。

创办分公司不具有独立的法人资格，不可以独立承担民事责任，在法律上和总公司视为一个主体。在纳税方面，同总公司作为一个纳税主体，将其成本、损失和所得并入总公司共同纳税，因而分公司的损失可以抵消总公司的所得，从而降低公司整体的应纳税所得额；另外，总分公司合并纳税要比母子公司分别纳税的税收遵从成本要低。

在具体筹划公司组织形式时，还应考虑其他因素，诸如公司的发展目标、自身的特点、地区间地方税种政策和征管的差异等。

对于分支机构在设立的初期阶段，因为需要大量资金投入，较长时间无法盈利，处于亏损状态，如果采用分公司形式，这样能够利用公司扩张成本冲抵总公司的利润，从而减轻税负。但对于扭亏为盈迅速的行业，条件成熟时则可以设立子公司，这样可以享受税法中的优惠政策，在优惠期内的赢利无须纳税。

【案例2-4】某公司准备设立分支机构，预计该分支机构从2020年到2023年度应纳税所得额分别为：-150万元、-50万元、100万元、300万元。目前该公司有两套方案可供选择：

方案一：设立全资子公司，子公司具有独立法人资格。

方案二：设立分公司，分公司不具有法人资格。

【综合分析】

方案一：因为设立的是全资子公司，且子公司具有独立法人资格，所以应单独承担纳税义务，具体纳税情况如下：

①第一年应纳税所得额=0

②第一年未弥补亏损=-150万元

③第二年应纳税所得额=0

④第二年累计未弥补亏损=-150-50=-200（万元）

⑤第三年应纳税所得额=0

⑥第三年累计未弥补亏损=-200+100=-100（万元）

⑦第四年应纳税所得额=300-100=200（万元）

⑧第四年应纳税额=200×25%=50（万元）

⑨四年累计应纳税额=50万元

方案二：因为设立的是分公司，且分公司不具有法人资格，所以不能成为独立的纳税主体，必须和总公司合并缴纳企业所得税。具体纳税情况如下：

①第一年抵扣总公司企业所得税额=150×25%=37.5（万元）

②第二年抵扣总公司企业所得税额=50×25%=12.5（万元）

③第三年应纳企业所得税额=100×25%=25（万元）

④第四年应纳企业所得税额=300×25%=75（万元）

⑤四年累计应纳税额=75+25-12.5-37.5=50（万元）

通过对比分析，无论选择设立的是全资子公司还是分公司，四年的累计应纳税额都是相同的，但是不同的是，如果设立全资子公司前三年都不必缴纳企业所得税，第四年缴纳50万元企业所得税；如果设立的是分公司，前两年可以帮助总公司分别少缴税37.5万元和12.5万元，第三年和第四年分别缴纳25万元和75万元的企业所得税。相当于获得了37.5万元的两年期无息贷款和12.5万元的两年期无息贷款。

工作任务二　企业融资决策的纳税筹划

案例导入

成立公司后，由于经营规模的扩大，会需要筹集资金增加注册资金。可供选择的融资方式有，利用自有累计利润增加注册资金，向金融机构借款，公司间资金拆借，向公司股东或职工个人筹集资金，向社会发行债券和股票。在以上筹资方式中，你作为纳税筹划人员，将如何为企业分析，采用哪种融资方式呢？

知识导航

融资亦称筹资，是企业根据投资、生产经营等活动的需要，通过各种渠道和方式筹措资金的行为。筹资是企业资金运动的起点，企业筹资手段包括对内筹资和对外筹资。对内筹资又分为企业内部集资、企业自我积累方式，对外筹资又分为商业信用、短期借款等短期融资方式和发行股票、债券、长期借款等长期融资方式。其中，借款又分为向金融机构借款和企业之间相互拆借资金。从纳税角度看，不同的融资渠道产生的税负不尽相同，取得的税收收益也因此受到影响，这便为企业在筹资决策中运用纳税筹划提供了较大的空间。

融资渠道对于任何一个处在生存与发展阶段的企业而言都是至关重要的，融资是其进行一切经营活动的先决条件，如果筹集不到一定数量的资金，也就无法取得预期的经济效益。可以说，不同的融资方式、不同的融资条件会带来不同的税前和税后资本成本，对企业的税收负担而言有较大影响。所以，利用不同融资方式对税收的影响，设计企业的融资项目，以达到企业税后利润或者股东利益最大化，是纳税筹划的任务和目标。

一、债权性投资与权益性投资税收政策

《企业所得税法》规定：“企业实际发生的与取得收入有关的、合理的支出，包括成本、费用、税金、损失和其他支出，准予在计算应纳税所得额时扣除。”“在计算应纳税所得额时，向投资者支付的股息、红利等权益性投资收益款项支出不得扣除。”

由此可以看出，企业借贷的利息支出可以作为费用成本冲减当期的企业利润，而企业发行股票所支付的股息却不能计入当期费用，两者之间的税收待遇差异构成了纳税筹划的基础。

企业从其关联方接受的债权性投资与权益性投资的比例超过规定标准而发生的利息支出，不得在计算应纳税所得额时扣除。债权性投资，是指企业直接或者间接从关联方获得的，需要偿还本金和支付利息或者需要以其他具有支付利息性质的方式予以补偿的融资。

企业间接从关联方获得的债权性投资，包括：

（1）关联方通过无关联第三方提供的债权性投资；

（2）无关联第三方提供的、由关联方担保且负有连带责任的债权性投资；

（3）其他间接从关联方获得的具有负债实质的债权性投资。

所称权益性投资，是指企业接受的不需要偿还本金和支付利息，投资人对企业净资产拥有所有权的投资。

所称标准，由国务院财政、税务主管部门另行规定。

《财政部、国家税务总局关于企业关联方利息支出税前扣除标准有关税收政策问题的通知》规定：

为规范企业利息支出税前扣除，加强企业所得税管理，根据《企业所得税法》第四十六条和《中华人民共和国企业所得税法实施条例》（以下简称《企业所得税法实施条例》）第一百一十九条的规定，现将企业接受关联方债权性投资利息支出税前扣除的政策问题通知如下：

在计算应纳税所得额时，企业实际支付给关联方的利息支出，不超过以下规定比例和企业所得税法及其实施条例有关规定计算的部分，准予扣除，超过的部分不得在发生当期和以后年度扣除。

企业实际支付给关联方的利息支出，除符合本通知第二条规定外，其接受关联方债权性投资与其权益性投资比例为：金融企业，5∶1；其他企业，2∶1。

企业如果能够按照企业所得税法律及其实施条例的有关规定提供相关资料，并证明相关交易活动符合独立交易原则的；或者该企业的实际税负不高于境内关联方的，其实际支付给境内关联方的利息支出，在计算应纳税所得额时准予扣除。

企业同时从事金融业务和非金融业务，其实际支付给关联方的利息支出，应按照合理方法分开计算；没有按照合理方法分开计算的，一律按本通知第一条有关其他企业的比例计算准予税前扣除的利息支出。

企业自关联方取得的不符合规定的利息收入应按照有关规定缴纳企业所得税。

二、同业拆借与自身积累税收政策

《企业所得税法实施条例》规定，企业在生产经营活动中发生的下列利息支出，准予扣除：

（1）非金融企业向金融企业借款的利息支出、金融企业的各项存款利息支出和同业拆借利息支出、企业经批准发行债券的利息支出；

（2）非金融企业向非金融企业借款的利息支出，不超过按照金融企业同期同类贷款利率计算的数额的部分。

被投资企业将股权（票）溢价所形成的资本公积转为股本的，不作为投资方企业的股息、红利收入，投资方企业也不得增加该项长期投资的计税基础。

《国家税务总局关于股权分置改革中上市公司取得资产及债务豁免对价收入征免所得税问题的批复》规定，股权分置改革中，上市公司因股权分置改革而接受的非流通股股东作为对价注入资产和被非流通股股东豁免债务，上市公司应增加注册资本或资本公积，不征收企业所得税。上市公司如果利用这部分资本公积转为股本的，也应不作为投资方企业的股息、红利收入，投资方企业也不得增加该项长期投资的计税基础。属于用非股权溢价形成的资本公积转股的，就与用未非分配利润或盈余公积转股一样，应视同利润分配。

三、向个人借款税收政策

《关于企业向自然人借款的利息支出企业所得税税前扣除问题的通知》规定：

1.企业向股东或其他与企业有关联关系的自然人借款的利息支出，应根据《企业所得税法》第四十六条及《财政部、国家税务总局关于企业关联方利息支出税前扣除标准有关税收政策问题的通知》规定的条件，计算企业所得税扣除额。

2.企业向除第一条规定以外的内部职工或其他人员借款的利息支出，其借款情况同时符合以下条件的，其利息支出在不超过按照金融企业同期同类贷款利率计算的数额的部分，根据《企业所得税法》第八条和《中华人民共和国企业所得税法实施条例》第二十七条规定，准予扣除。

①企业与个人之间的借贷是真实、合法、有效的，并且不具有非法集资目的或其他违反法律、法规的行为；

②企业与个人之间签订了借款合同。

关于企业由于投资者投资未到位而发生的利息支出扣除问题，根据规定，凡企业投资者在规定期限内未缴足其应缴资本额的，该企业对外借款所发生的利息，相当于投资者实缴资本额与在规定期限内应缴资本额的差额应计付的利息，其不属于企业合理的支出，应由企业投资者负担，不得在计算企业应纳税所得额时扣除。

具体计算不得扣除的利息，应以企业一个年度内每一账面实收资本与借款余额保持不变的期间作为一个计算期，每一计算期内不得扣除的借款利息按该期间借款利息发生额乘以该期间企业未缴足的注册资本占借款总额的比例计算，公式为：

企业每一计算期不得扣除的借款利息=该期间借款利息额×该期间未缴足注册资本额÷该期间借款额

企业一个年度内不得扣除的借款利息总额为该年度内每一计算期不得扣除的借款利息额之和。

筹划思路与演练

一、自我积累与银行借款税负比较

企业自我积累是通过自身经营的不断扩大，增加盈利，在实现税后利润的前提之下，将获得的利润逐年用于扩大和增加投资。这种自身积累方式，速度缓慢，通常不适应企业规模的迅速扩大，且存在双重征税的问题，即经过征税的利润再投资获利仍要被征税。另外，由于自我积累的资金不属于负债范畴，不存在利息抵扣应纳税所得额的问题。

向金融机构借款也是企业较常使用融资方式之一，由于这种方式只存在两个主体，即企业和金融机构，如果二者存在一定的关联关系，就可以利用利润的平均分摊来减轻税收负担，但需要控制在合理的范围之内，否则可能受到关联企业转移定价的规制。但对绝大多数企业而言，这种关联关系是不存在的。但由于金融机构的借款利息通常能够在税前冲减企业的利润，从而会减少企业所得税，因此，这一融资方式比企业自我积累资金的方式在税收待遇上要优越。

【案例2-5】某公司计划用以前年度积累的留存收益4 000万元兴建写字楼对外出租，预计每年租金600万元，写字楼预计使用寿命20年。该写字楼建成后：

每年获得租金应纳的企业所得税额=600×25%=150（万元）

20年企业所得税额合计=150×20=3 000（万元）

若该公司不是利用自己的积累资金兴建该写字楼，而是改从银行借款4 000万元兴建写字楼对外出租，假定租金不变，仍为每年600万元，银行贷款利率为8%，贷款期限为20年，假定每年年末支付利息（按规定可以从税前扣除），则有：

公司每年应支付利息=4 000×8%=320（万元）

企业出租业务的净所得=600-320=280（万元）

企业每年应纳企业所得税额=280×25%=70（万元）

20年企业所得税负担=70×20=1 400（万元）

【综合分析】

采用从银行借款的筹资方式将比依靠自身积累节税1 600万元（3 000-1 400）。从税收负担角度，借款方式优于依靠自身积累方式。但从整体财务效果来看，借款方式的税后净利润低于依靠自身积累，借款与动用留存收益对企业财务状况的影响不同。同时，在实际工作中还应该考虑到自有资金的机会成本。企业应统筹考虑各方面因素，选取最优方案进行。

税法规定，企业为购置、建造固定资产、无形资产和经过12个月以上的建造才能达到预定可销售状态的存货发生借款的，在有关资产购置、建造期间发生的合理的借款费用，应当作为资本性支出计入有关资产的成本。本案例中的利息支出不属于在购置建造期间发生的（每年末支付），应可在当期税前扣除。即使将支付银行的利息全部资本化，增加写字楼的固定资产计税基础，相应增加每年的折旧额，在税前扣除时也会起到同样的抵税效果。

二、银行借款与发行股票税负比较

各种融资渠道实际可分为资本金和负债两大类。资本结构的变动与构成主要取决于长期负债与资本的比例构成，而负债比率正是评判资本结构是否合理的关键因素。较大的负债比率将意味企业经营中面临更大的财务风险，但税前扣除额较大，因而效果明显。所以，如何选择融资渠道，构成怎样的资本结构，限定多高的负债比率是一种风险与利润的取舍关系。

【案例2-6】某公司由于业务发展，2020年计划筹资1 000万元，在专业人员的指导下根据目前情况以及新年度发展预测制订了两套方案：

方案一：向银行贷款融资，因企业急需资金，决定同银行协商解决，上一年的贷款年利率为5.60%，筹资费率为1%，以后贷款利率可能会提高，本企业的企业所得税税率为25%。

方案二：发行股票融资，由于公司产品质量享有盛誉，创新性能强大，发行股票有较好的基础。因此，在新的一年里增发股票（普通股），筹资费率4.5%，公司目前普通股市价26.4元，每股股利2.23元，预计股利年增长率为10%。

【综合分析】

由于两种筹资方案都有其资金成本，故而，采取比较资金成本率的方法：

方案一，向银行贷款融资：

贷款资金成本=贷款年利息×（1-企业所得税税率）÷［贷款本金×（1-筹资费用率）］

=1 000×5.60%×（1-25%）÷［1 000×（1-1%）］

=4.24%

方案二，发行股票融资：

普通股资金成本=预期年股利额÷［普通股市价×（1-普通股筹资费用率）］+股利年增长率

=2.23×（1+10%）÷［26.4×（1-4.5%）］+10%

=19.73%

在上述两种方案中，银行贷款的资金成本最低。这是由于贷款的利息支出可以在税前扣除；而发行股票所支付的股利只能在税后利润中分配，从而使股票资金成本大大提高。但并不能据此就判定负债融资是最好的，因为在决策时还要考虑风险因素，负债水平必须保持在适当的水平，以减少企业的财务风险。

权益资金和负债资金有着不同的税收待遇：权益资金需要支付股息，但股息只能从税后利润中支付；负债资金需要支付利息，但利息可以作为费用在税前扣除，可减少所得税负担。这种用政府税收支付部分债务利息的现象称为债务的“税收屏蔽”或“税盾”，它实际上构成了纳税人的额外收益，即负债融资具有节税功能。

三、权益投资与债权性投资税负比较

权益资本通过吸收直接投资和发行股票两种筹资方式取得，具有长期性，无固定利息负担，使用起来较安全；债务资本指公司以负债方式借入，到期要还本付息的资金，若企业到期不能还本付息就有破产危险。若仅从资金成本角度考虑，权益资本的成本是股息，是用企业税后利润支付的；债务资本的成本是利息，可以计入财务费用在税前扣除。只要企业的息税前投资收益率大于负债成本率，那么增加负债额度、提高负债比重，就会导致权益资本收益水平的提升。但随着负债比重的提升，企业面临的风险也越来越大，以至于当负债成本率高于息税前投资收益率时，权益资本收益率就会随着负债额度的提高而下降。因此，应将负债额度控制在一定比例之内。

【案例2-7】某公司计划投资1 000万元于一项新产品的生产，在专业人员的指导下制订了三个方案。假设三个方案的债务利率均为10%，企业所得税税率为25%，那么其权益资本利润率见表2-2。

【综合分析】

通过表2-2中三个方案的对比，在息税前利润和贷款利率不变的前提下，随着企业负债比例的提高，权益资本的收益率在不断提高。通过比较不同资本结构带来的权益资本收益率，选择所要采取的融资组合，实现股东收益最大化。我们可以选择方案A作为最佳的融资方案。

表 2-2　　三个方案权益资本利润率的比较

方　案	A	B	C
债务资本：权益资本	60 : 40	20 : 80	0 : 100
息税前利润（万元）	300	300	300
利率	10%	10%	10%
税前利润（万元）	240	280	300
纳税额（25%）	60	70	75
税后利润（万元）	180	210	225
权益资本收益率	45%	26.25%	22.5%

四、借款利息筹划

对借款利息进行筹划时，应确保利息支出的合法性，应取得合法的凭证，包括借款的合同或协议，其利息支出才准予认定。

利息摊入成本的不同方法、资金往来双方的关系和所处经济活动的地位，往往是筹划的关键。其主要思路是，充分利用借款利息支出抵消应纳所得税额的作用。但税法同时规定，企业从非金融机构借款的利息只能按不超过同期金融机构利率水平扣除，因此操作会受到限制。

为融资方便，关联方之间的借款业务也是纳税筹划应着重考虑的因素。但是税法对关联方借款费用的税前扣除进行了界定，即《企业所得税法》第四十六条的规定，“企业从其关联方接受的债权性投资与权益性投资的比例超过规定标准而发生的利息支出，不得在计算应纳税所得额时扣除”。因为企业的筹资渠道有多种，因此对于限制完全可以绕其道而行之。

【案例 2-8】振华公司现有一投资项目需投资 1 000 万元，该项目寿命期为 5 年，预期第一年可获取息税前利润 180 万元，以后每年增加 60 万元。该投资项目所需的 1 000 万元拟从银行借款取得，银行借款利率为 8%。振华公司的还本付息方式有以下 4 种：

方案一：到期一次还本付息。

方案二：复利年金法，即每年等额偿还本金和利息，金额为 250.44 万元（1 000/3.993）。

方案三：每年等额还本，即每年还本 200 万元，并在每年支付剩余借款的利息。

方案四：每年付息，到期一次还本。

假设银行未限定还本付息方式，现在需要财务管理人员在上述四种方法中进行权衡，确定其一。

【综合分析】

不同的还本付息方式所形成的税后利润的现值计算结果见表 2-3。

表 2-3　　不同方案还本付息情况对比表　　单位：万元

方案	年数	年初所欠金额	当年利息额	当年所还金额	当年所欠金额	当年投资收益	当年税前利润	当年应纳所得税额	当年税后利润	当年税后利润现值
一	1	1 000	80	0	1 080	180	100	25	75	69.44
	2	1 080	86.4	0	1 166.4	240	153.6	38.4	115.2	98.77
	3	1 166.4	93.31	0	1 259.71	300	206.69	51.67	155.02	123.06
	4	1 259.71	100.78	0	1 360.49	360	259.22	64.81	194.42	142.90
	5	1 360.49	108.84	1 469.33	0	420	311.16	77.79	233.37	158.83
	合计		469.33				1 030.67	257.67	773.00	593.00
二	1	1 000	80	250.44	829.56	180	100	25	75	69.44
	2	829.56	66.36	250.44	645.48	240	173.64	43.41	130.23	111.65
	3	645.48	51.64	250.44	446.68	300	248.36	62.09	186.27	147.87
	4	446.68	35.73	250.44	231.97	360	324.27	81.07	243.20	178.76
	5	231.97	18.56	250.53	0	420	401.44	100.36	301.08	204.91
	合计		252.29				1 247.71	311.93	935.78	712.63
三	1	1 000	80	280	800	180	100	25	75	69.44
	2	800	64	264	600	240	176	44	132	113.17
	3	600	48	248	400	300	252	63	189	150.03
	4	400	32	232	200	360	328	82	246	180.82
	5	200	16	216	0	420	404	101	303	206.22
	合计		240				1 260	315	945	719.68
四	1	1 000	80	80	1 000	180	100	25	75	69.44
	2	1 000	80	80	1 000	240	160	40	120	102.88
	3	1 000	80	80	1 000	300	220	55	165	130.98
	4	1 000	80	80	1 000	360	280	70	210	154.36
	5	1 000	80	80	0	420	340	85	255	173.55
	合计		400				1 100	275	825	631.21

注：当年利息额=年初所欠金额×8%

年末所欠金额=年初所欠金额＋当年利息额−当年所还金额

当年税前利润=当年投资收益−当年利息额

当年应纳所得税额=当年税前利润×25%

当年税后利润=当年税前利润−当年应纳所得税额

当年税后利润现值=当年税后利润×现值系数

通过上述计算过程可以看出，方案一税后利润的折现值为593万元，方案二税后利润的折现值为712.63万元，方案三税后利润的折现值为719.68万元，方案四税后利润的折现值为631.21万元。采用方案三的还本付息方式，虽然缴纳的所得税比较多，但税后利润的折现值最大。振华公司应将方案三作为最优方案与银行签订合同。

工作任务三　企业投资决策的纳税筹划

案例导入

公司步入正轨后，经营业绩节节高升，对于公司闲置资金的安排，公司几位投资者召开会议进行商讨，如果你是公司的财务负责人，从税务的角度对投资者应该提出怎样的建议？公司是应该投资于房产等直接性资产，还是将资产购买股票、债券等间接性资产？

知识导航

按照投资者对被投资企业的生产经营控制和管理方式的不同，投资可以分为直接投资和间接投资。直接投资是指投资主体将货币资金、物资、土地、劳动力、技术及其他生产要素直接投入项目，直接进行或参与投资的经营管理，并享有投资项目的经营所得的活动。间接投资是指投资主体不直接开厂设店进行生产建设经营，而是为了取得预期收益，包括利息、股息或者红利，用其货币资金购买债券和股票等有价证券，以期从持有和转让中获取投资收益和资本利得的投资行为，比如股票投资、债券投资和基金投资。

一、直接投资的税收政策

（1）以无形资产、不动产投资入股换取股权行为属于有偿转让无形资产或者不动产，按有偿销售不动产、无形资产行为征收增值税。

（2）非上市企业未公开发行股票，其股权不属于有价证券，转让非上市公司股权不属于增值税征税范围；转让上市公司股权（股票）应按照金融商品转让税目征收增值税。

《财政部、税务总局关于继续实施企业改制重组有关土地增值税政策的通知》规定，单位、个人在改制重组时以房地产作价入股进行投资，对其将房地产转移、变更到被投资的企业，暂不征土地增值税。上述改制重组有关土地增值税政策不适用于房地产转移任意一方为房地产开发企业的情形。

对于一方出地，一方出资金，双方合作建房，建成后按比例分房自用的，暂免征收土地增值税；建成后转让的，应征收土地增值税。

《契税暂行条例实施细则》第十条规定，土地使用权交换、房屋权属交换，交换价格相等的，免缴契税。

《国家税务总局关于个人终止投资经营收回款项征收个人所得税问题的公告》规定：

（1）因各种原因终止投资、联营、经营合作等行为，从被投资企业或合作项目、被投资企业的其他投资者以及合作项目的经营合作人取得股权转让收入、违约金、补偿金、赔偿金及以其他名目收回的款项等，均属于个人所得税应税收入，应按照“财产转让所得”

项目适用的规定计算缴纳个人所得税。

应纳税所得额的计算公式如下：

$$\text{应纳税所得额}=\text{个人取得的股权转让收入、违约金、补偿金、赔偿金及以其他名目收回款项合计数}-\text{原实际出资额(投入额)及相关税费}$$

（2）公告有关个人所得税征管问题：

《企业所得税法》规定，符合条件的居民企业之间的股息、红利等权益性投资收益，在中国境内设立机构、场所的非居民企业从居民企业取得与该机构、场所有实际联系的股息、红利等权益性投资收益属于免税收入。

二、间接投资的税收政策

《企业所得税法》规定，企业对外投资期间，投资资产的成本在计算应纳税所得额时不得扣除。

《企业所得税法实施条例》规定，投资资产，是指企业对外进行权益性投资和债权性投资形成的资产。

企业在转让或者处置投资资产时，投资资产的成本，准予扣除。

投资资产按照以下方法确定成本：

（1）通过支付现金方式取得的投资资产，以购买价款为成本；

（2）通过支付现金以外的方式取得的投资资产，以该资产的公允价值和支付的相关税费为成本。

《企业所得税法》规定，国债利息收入属于免税收入。

《国家税务总局关于企业取得财产转让等所得企业所得税处理问题的公告》规定：企业取得财产（包括各类资产、股权、债权等）转让收入、债务重组收入、接受捐赠收入、无法偿付的应付款收入等，不论是以货币形式还是非货币形式体现，除另有规定外，均应一次性计入确认收入的年度计算缴纳企业所得税。

《国家税务总局关于贯彻落实企业所得税法若干税收问题的通知》规定：

企业转让股权收入，应于转让协议生效且完成股权变更手续时，确认收入的实现。转让股权收入扣除为取得该股权所发生的成本后，为股权转让所得。企业在计算股权转让所得时，不得扣除被投资企业未分配利润等股东留存收益中按该项股权所可能分配的金额。

企业权益性投资取得股息、红利等收入，应以被投资企业股东会或股东大会做出利润分配或转股决定的日期，确定收入的实现。

被投资企业将股权（票）溢价所形成的资本公积转为股本的，不作为投资方企业的股息、红利收入，投资方企业也不得增加该项长期投资的计税基础。

《国家税务总局关于企业国债投资业务企业所得税处理问题的公告》规定：

1.国债利息收入税务处理问题

（1）国债利息收入时间确认。

①根据《企业所得税法实施条例》第十八条的规定，企业投资国债从国务院财政部门（以下简称发行者）取得的国债利息收入，应以国债发行时约定应付利息的日期，确认利息收入的实现。

②企业转让国债，应在国债转让收入确认时确认利息收入的实现。

（2）国债利息收入计算。

企业到期前转让国债或者从非发行者投资购买的国债，其持有期间尚未兑付的国债利息收入，按以下公式计算确定：

国债利息收入=国债金额×（适用年利率÷365）×持有天数

上述公式中的“国债金额”，按国债发行面值或发行价格确定；“适用年利率”按国债票面年利率或折合年收益率确定；企业不同时间多次购买同一品种国债的，“持有天数”可按平均持有天数计算确定。

（3）国债利息收入免税问题。

《企业所得税法》第二十六条规定，对企业取得的国债利息收入，免征企业所得税。具体按以下规定执行：

①企业从发行者直接投资购买的国债持有至到期，其从发行者取得的国债利息收入，全额免征企业所得税。

②企业到期前转让国债或者从非发行者投资购买的国债，其按本公告第一条第（二）项计算的国债利息收入，免征企业所得税。

2.关于国债转让收入税务处理问题

（1）国债转让收入时间确认。

①企业转让国债应在转让国债合同、协议生效的日期，或者国债移交时确认转让收入的实现。

②企业投资购买国债，到期兑付的，应在国债发行时约定的应付利息的日期，确认国债转让收入的实现。

（2）国债转让收益（损失）计算。

企业转让或到期兑付国债取得的价款，减除其购买国债成本，并扣除其持有期间按照本公告第一条计算的国债利息收入以及交易过程中相关税费后的余额，为企业转让国债收益（损失）。

（3）国债转让收益（损失）征税问题。

《企业所得税法实施条例》第十六条规定，企业转让国债，应作为转让财产，其取得的收益（损失）应作为企业应纳税所得额计算纳税。

3.关于国债成本确定问题

（1）通过支付现金方式取得的国债，以买入价和支付的相关税费为成本。

（2）通过支付现金以外的方式取得的国债，以该资产的公允价值和支付的相关税费为成本。

4.关于国债成本计算方法问题

企业在不同时间购买同一品种国债的，其转让时的成本计算方法，可在先进先出法、加权平均法、个别计价法中选用一种。计价方法一经选用，不得随意改变。

筹划思路与演练

在企业不断运营的过程中，投资和再投资是企业生产和扩大再生产所必须经历的阶段。不进行适当的投资活动，企业就无法取得预期的经济效益。

不同的投资方式，不同的投资规模，不同的投资地区、投资产业、投资项目等形成的不同投资结构，都会给企业带来不同的税后收益，对于企业的税收负担有着较大的影响。因此，企业必须进行投资的纳税筹划，以实现税后收益最大化。

一、直接投资与间接投资选择

（一）从被投资企业角度

从被投资企业角度来看，采用固定资产、无形资产等实物资产投资比货币资金投资更有利于节税。因为企业以固定资产投资和无形资产投资，在资产使用期间可以分期计提折旧或进行摊销，固定资产折旧可以作为税前扣除项目，缩小所得税税基；无形资产摊销费也可以作为管理费用税前扣除，减小所得税税基。另外，用固定资产和无形资产投资，其产权变动时，必须进行资产评估。企业可依据资产评估提高设备价值，通过多列折旧费和无形资产摊销费，缩小被投资企业所得税税基，达到节税的目的。

【案例2-9】九江实业发展公司准备与美国达尔顿公司联合投资设立中外合资企业，投资总额为8 000万元，注册资本为4 000万元，中方1 600万元，占40%，外方2 400万元，占60%。中方的投入方式有两种：

方案一：以机器设备作价1 600万元作为注册资本投入，该设备使用年限为20年（税法与会计上均认可）。

方案二：以货币资金1 600万元作为注册资本投入。

作为中外合资企业应选择那种方案？假设不考虑此投资前的中外合资企业的税前利润约为100万元。

【综合分析】

方案一：以设备作为注册资本投入。

中外合资企业需缴纳的企业所得税=（100−1 600÷20）×25%=5（万元）

方案二：以货币资金1 600万元作为注册资本投入。

中外合资企业需缴纳的企业所得税=100×25%=25（万元）

从上述两个方案的对比中可以看到，由于改变了投资方式，最终使被投资单位的税收负担相差较大，从被投资企业角度，更愿意选择方案一。

（二）从投资企业角度

从投资企业的角度考虑，选择实物和有形资产投资方式则要承担更多的税收负担，具体包括：

（1）企业所得税。企业应在投资交易发生时，将该项交易分解为按公允价值销售有形资产或无形资产，以及投资两项业务进行所得税处理，并按规定计算确认资产转让所得和损失。

（2）增值税。如果企业以存货等属于增值税应税范围的有形资产对外投资，根据增值税的有关规定，企业应按视同销售货物的行为缴纳增值税。

因此，直接投资涉及的税收问题更多，需要面对各种流转税、所得税、财产税和行为税等。企业选择直接投资时，还要在货币资金和非货币资金等投资方式上进行比较。对于间接投资，税法规定，买国债取得的利息收入可免缴企业所得税，买企业债券取得的收入需缴纳所得税，持有境内上市公司的股票超过12个月取得的股息红利收入免征企业所得税。

投资企业进行投资时不但要考虑税收负担，同时，要考虑税收收益，选择适当的投资方式。

【案例2-10】甲企业现有闲置资金1 000万元，有两个投资方案可选择：

方案一：与其他企业联营，创建一个新企业乙公司，甲公司拥有20%的股权，乙公司的资本收益率25%，税后利润的50%用于股利分配。

方案二：用1 000万元购买国债，年利率7%，每年可获利70万元。

【综合分析】

方案一：属直接投资。

乙公司税后利润=1 000÷20%×25%×（1-25%）=937.50（万元）

甲公司投资收益=937.50×50%×20%=93.75（万元）

如满足税法上的免税条件，公司取得的投资收益可以作为免税收入。

方案二：属间接投资。

税法规定，投资国债的利息免企业所得税。

甲公司投资收益=70（万元）

从收益角度考虑，甲公司选择方案一可多获利23.75万元。

对企业来说，投资是一项有计划、有目的的行为，税收又是投资过程中必尽的义务，企业越早把投资与税收结合起来规划，就越容易综合考虑税收负担，达到创造最佳经济效益的目的。

二、企业股权投资的纳税筹划

被投资企业保留利润不分配，对投资企业来说，可以不用补税，但在转让该项股权时，却会造成股息性所得转化为投资转让所得，结果是全额并入利润总额征税，使得重复征税不可避免。对此，从纳税筹划角度来考虑，正确的做法是：被投资企业保留利润不分配，但必须在转让之前将累积未分配利润进行分配。这样做，对投资企业来说，可以达到不补税或递延纳税的目的，同时又可以有效避免股息性所得转化为资本利得，从而消除重复纳税。对于被投资企业来说，由于不分配可以减少现金流出，而且这部分资金无须支付利息，等于增加了一笔无息贷款，从而可以充分有效地利用资金，获得资金的时间价值，如果是上市公司，那么不分配股息在规范的证券市场上传递了新的投资机会或项目的信号，这可以起到提高股价的作用。

【案例2-11】AB公司是一家有限责任公司，适用所得税率为25%。AB公司2019年期末财务状况如下：实收资本3 000万元，盈余公积1 500万元，未分配利润4 200万元，所有者权益合计8 700万元。其中，A公司持股比例为85%，企业所得税率为25%，初始投资成本为2 550万元；B公司持股比例为15%，企业所得税率为15%。2020年1月，A公司拟按AB公司每股净资产的1.05倍的价格转让其所持有股份给C公司。AB公司2019年年末每股净资产为2.9元；A公司长期股权投资账面价值为7 395万元，其中初始投资成本为2 550万元，股权投资损益为855万元。现有两个转让方案可供选择。

方案1：A公司直接按AB公司2019年年末每股净资产的1.05倍的价格转让。

方案2：AB公司先将未分配利润全额进行分配，A公司然后再按每股净资产的1.05倍转让85%的股份。

从纳税筹划角度分析哪个方案较为有利。

【综合分析】

方案1：A公司直接按AB公司2019年年末每股净资产的1.05倍的价格转让，即转让总收入为7 764.75万元，转让成本（税前可扣成本）为2 550万元，转让净收益为5 214.75万元。该笔净收益不属于投资收益性质，不适用企业所得税抵减规定，应并入应纳税所得额计缴企业所得税。不考虑其他因素，该笔业务应缴企业所得税1 303.69万元。

方案2：AB公司先将未分配利润全额进行分配，然后再按每股净资产的1.05倍转让85%的股份。利润分配后，A公司可分回利润3 570万元（4 200×85%），按规定A公司收取的股息、红利属于免税所得。分配股利后，AB公司所有权益合计为4 500万元，每股净资产降至1.5元。A公司股权转让税务处理如下：股权转让总收入4 016.25万元；每股转让成本2 550万元；股权转让收益1 466.25万元，应纳所得税366.56万元（1 466.25×25%）。

对比两个方案，方案1中A公司确认转让收益最大，应纳企业所得税也最多，是对A公司最不利的方案；方案2可以实现将股权转让所得变为免税或股息红利所得的目的，因而较为有利。

技能训练

参考答案

【案例】甲公司经营情况良好，准备扩大规模，增设一分支机构乙公司（不考虑小微企业情况）。甲公司和乙公司均适用25%的所得税税率。假设分支机构设立后5年内经营情况预测如下：

（1）甲公司5年内每年均盈利，每年应纳税所得额都为200万元；乙公司经营初期亏损，5年内的应纳税所得额分别为：-50万元、-15万元、10万元、30万元、80万元。具体情况见表2-4：

表2-4 经营情况表（一） 单位：万元

年份		第一年	第二年	第三年	第四年	第五年	合计
甲公司应纳税所得额		200	200	200	200	200	1 000
乙公司应纳税所得额		-50	-15	10	30	80	55
乙公司为分公司	企业集团应纳税所得额	150	185	210	230	280	1 055
	企业集团应纳税额	37.5	46.25	52.5	57.5	70	263.75
乙公司为子公司	乙公司应纳税额	0	0	0	0	13.75	13.75
	企业集团应纳税额	50	50	50	50	63.75	263.75

（2）甲公司5年内每年均盈利，每年应纳税所得额为200万元；乙公司5年内也都盈利，应纳税所得额分别为：15万元、20万元、40万元、60万元、80万元。具体情况见

表2-5：

表2-5 经营情况表（二） 单位：万元

年份		第一年	第二年	第三年	第四年	第五年	合计
甲公司应纳税所得额		200	200	200	200	200	1 000
乙公司应纳税所得额		15	20	40	60	80	215
乙公司为分公司	企业集团应纳税所得额	215	220	240	260	280	1 215
	企业集团应纳税额	53.75	55	60	65	70	303.75
乙公司为子公司	乙公司应纳税额	3.75	5	10	15	20	53.75
	企业集团应纳税额	53.75	55	60	65	70	303.75

（3）甲公司在分支机构设立后头两年亏损，5年内的应纳税所得额分别为：-50万元、-30万元、100万元、150万元、200万元；乙公司5年内都是盈利的，应纳税所得额分别为：15万元、20万元、40万元、60万元、80万元。具体情况见表2-6：

表2-6 经营情况表（三） 单位：万元

年份		第一年	第二年	第三年	第四年	第五年	合计
甲公司应纳税所得额		-50	-30	100	150	200	370
乙公司应纳税所得额		15	20	40	60	80	215
乙公司为分公司	企业集团应纳税所得额	-35	-10	95	210	280	585
	企业集团应纳税额	0	0	23.75	52.5	70	146.25
乙公司为子公司	乙公司应纳税额	3.75	5	10	15	20	53.75
	企业集团应纳税额	3.75	5	15	52.5	70	146.25

（4）甲公司在分支机构设立后头两年亏损，5年内的应纳税所得额分别为：-50万元、-30万元、100万元、150万元、200万元；乙公司经营初期亏损，5年内的应纳税所得额分别为：-50万元、-15万元、10万元、30万元、80万元。具体情况见表2-7：

表2-7 经营情况表（四） 单位：万元

年份		第一年	第二年	第三年	第四年	第五年	合计
甲公司应纳税所得额		-50	-30	100	150	200	370
乙公司应纳税所得额		-50	-15	10	30	80	55
乙公司为分公司	企业集团应纳税所得额	-100	-45	0	145	280	425
	企业集团应纳税额	0	0	0	36.25	70	106.25
乙公司为子公司	乙公司应纳税额	0	0	0	0	13.75	13.75
	企业集团应纳税额	0	0	5	37.5	63.75	106.25

请分析四种情况的企业集团应纳税额，该选择哪种？

主要税法依据

●《财政部、国家税务总局关于全面推开营业税改征增值税试点的通知》（2016年3月23日财税〔2016〕36号）。

●《中华人民共和国增值税暂行条例》（1993年12月13日中华人民共和国国务院令第134号公布，2008年11月5日国务院第34次常务会议修订通过，根据2016年2月6日《国务院关于修改部分行政法规的决定》第一次修订，根据2017年11月19日《国务院关于废止〈中华人民共和国营业税暂行条例〉和修改〈中华人民共和国增值税暂行条例〉的决定》第二次修订）。

●《中华人民共和国企业所得税法》（2007年3月16日第十届全国人民代表大会第五次会议通过，中华人民共和国主席令2007年第63号，根据2017年2月24日第十二届全国人民代表大会常务委员会第二十六次会议《关于修改〈中华人民共和国企业所得税法〉的决定》进行修正，根据2018年12月29日第十三届全国人民代表大会常务委员会第七次会议《关于修改〈中华人民共和国电力法〉等四部法律的决定》修正）。

●《中华人民共和国企业所得税法实施条例》（2007年12月28日中华人民共和国国务院令第512号）。

●《中华人民共和国个人所得税法》（2018年8月31日中华人民共和国主席令第9号发布）。

●《中华人民共和国个人所得税法实施条例》（2018年12月18日中华人民共和国国务院令第707号）。

●《财政部、海关总署国家税务总局关于深入实施西部大开发战略有关税收政策问题的通知》（2011年7月27日财税〔2011〕58号）。

●《财政部、国家税务总局关于企业关联利息支出税前扣除标准有关税收政策问题的通知》的规定（2008年9月23日财税〔2008〕121号）。

●《国家税务总局关于贯彻落实企业所得税法若干税收问题的通知》（2010年2月22日国税函〔2010〕79号）。

●《关于企业向自然人借款的利息支出企业所得税税前扣除问题的通知》（2009年12月31日国税函〔2009〕777号）。

●《财政部、税务总局关于继续实施企业改制重组有关土地增值税政策的通知》（2018年5月16日财税〔2018〕57号）。

●《财政部、国家税务总局关于土地增值税一些具体问题规定的通知》（1995年5月25日财税字〔1995〕48号）。

●《国家税务总局关于个人终止投资经营收回款项征收个人所得税问题的公告》（2011年7月25日国家税务总局公告2011年第41号）。

●《国家税务总局关于企业取得财产转让等所得企业所得税处理问题的公告》（2010年10月27日国家税务总局公告〔2010〕19号）。

●《国家税务总局关于企业国债投资业务企业所得税处理问题的公告》（2011年6月

22日国家税务总局公告2011年第36号）。

●《财政部、税务总局、海关总署关于深化增值税改革有关政策的公告》（2019年3月20日财政部、税务总局、海关总署公告2019年第39号）。

项目三

增值税的纳税筹划

项目知识目标

1.了解增值税筹划的主要思路；
2.掌握增值税纳税人身份选择、销售方式选择的纳税筹划方法；
3.掌握增值税税收征管和优惠政策运用的纳税筹划方法。

项目技能目标

1.运用增值率判断法、抵扣率判断法进行纳税人身份选择的筹划；
2.运用税收征管政策进行筹划；
3.运用税收优惠政策进行筹划。

工作任务一 增值税纳税身份的选择与筹划

案例导入

盛装制造公司属于生产企业，全年应纳增值税的销售额为90万元，会计制度比较健全，属于一般纳税人，适用税率为13%。但是该企业在生产过程中，准予从销项税额中抵扣的进项税额很少，只有销项税额的10%，作为一般纳税人的税负远远大于小规模纳税人。目前，企业有两个纳税筹划方案可供选择：方案一，继续以一般纳税人的身份存在；方案二，将企业一分为二，以两个小规模纳税人的身份存在。此时，企业该如何选择？

知识导航

一、增值税纳税人规定

（一）一般规定

增值税小规模纳税人标准为年应征增值税销售额500万元及以下。

增值税纳税人年应税销售额，超过财政部、国家税务总局规定的小规模纳税人标准的，除特殊规定外，应当向主管税务机关办理一般纳税人登记。

所称年应税销售额，是指纳税人在连续不超过12个月或4个季度的经营期内累计应征增值税销售额，包括纳税申报销售额、稽查查补销售额、纳税评估调整销售额。

销售服务、无形资产或者不动产有扣除项目的纳税人，其应税行为年应税销售额按未扣除之前的销售额计算。

纳税人偶然发生的销售无形资产、转让不动产的销售额，不计入应税行为年应税销售额。

（二）特殊规定

年应税销售额未超过规定标准的纳税人，会计核算健全，能够提供准确税务资料的，可以向主管税务机关办理一般纳税人登记。所称会计核算健全，是指能够按照国家统一的会计制度规定设置账簿，根据合法、有效凭证进行核算。

二、下列纳税人不办理一般纳税人登记

按照政策规定，选择按照小规模纳税人纳税的：

（1）非企业性单位、不经常发生应税行为的企业，可选择按照小规模纳税人纳税；

（2）年应税销售额超过规定标准但不经常发生应税行为的单位和个体工商户，可选择按照小规模纳税人纳税。

年应税销售额超过规定标准的纳税人，选择按照小规模纳税人纳税的，应当向主管税务机关提交书面说明，即提交选择按小规模纳税人纳税的情况说明。

关于年应税销售额超过规定标准的其他个人，规定如下：

纳税人在年应税销售额超过规定标准的月份（或季度）的所属申报期结束后15日内，应当向其机构所在地主管税务机关办理一般纳税人登记手续，即填报“增值税一般纳税人登记表”，如实填写固定生产经营场所等信息，并提供税务登记证件，填报内容与税务登记信息一致的，主管税务机关当场登记；未按规定时限办理的，主管税务机关应当在规定时限结束后5日内制作“税务事项通知书”，告知纳税人应当在5日内向主管税务机关办理相关手续；逾期仍不办理的，次月起按销售额依照增值税税率计算应纳税额，不得抵扣进项税额，直至纳税人办理相关手续为止。

纳税人自一般纳税人身份生效之日起，按照增值税一般计税方法计算应纳税额，并可以按照规定领用增值税专用发票，财政部、国家税务总局另有规定的除外。所称的生效之日，是指纳税人办理登记的当月1日或者次月1日，由纳税人在办理登记手续时自行选择。

纳税人登记为一般纳税人后，不得转为小规模纳税人，国家税务总局另有规定的除外。

筹划思路与演练

纳税人的纳税筹划，其实质是进行纳税人身份的合理界定或转化，使纳税人承担的税收负担尽量减少或降低到最小限度。增值税是对在我国境内销售货物或者提供应税劳务、应税行为以及进口货物的单位和个人，就其销售货物或提供应税劳务、应税行为的销售额以及进口货物金额计税并实行税款抵扣制的一种流转税。我国现行增值税一般纳税人销售或者进口货物，提供加工、修理修配劳务，税率一般为13%；销售或者进口部分低税率货

物，税率为9%；销售服务、不动产以及转让无形资产，税率为9%、6%；增值税小规模纳税人增值税征收率为3%。

增值税一般纳税人的优势在于：增值税一般纳税人可以抵扣增值税进项税额，而增值税小规模纳税人不能抵扣增值税进项税额；增值税一般纳税人销售货物时可以向对方开具增值税专用发票，增值税小规模纳税人虽有部分行业可以自行开具增值税专用发票或者由税务机关代开，但抵扣率较低。增值税一般纳税人和小规模纳税人的差别待遇，以及适用税率和征收方法的不同，为小规模纳税人进行节税筹划提供了可能性。人们通常认为，小规模纳税人的税负重于一般纳税人，但实际并非如此。纳税人可以根据自己的情况，在一般纳税人与小规模纳税人之间做出选择。

一、无差别平衡点毛利率判别法

假定纳税人不含税销售额为S，适用的销售增值税税率为T_1，不含税可抵扣购进金额为P，适用的购进增值税税率为T_2，假设增值税征税率为T_3。假设一般纳税人采用一般计税方法。具体操作如下：

（1）计算毛利率：

毛利率=（不含税销售额−不含税可抵扣购进金额）÷不含税销售额

=（$S-P$）÷S

（2）计算应纳增值税税额：

一般纳税人采用一般计税方法的应纳增值税税额=不含税销售额×销售增值税税率−不含税可抵扣购进金额×购进增值税税率

用公式表示为：

$S\times T_1-p\times T_2$

小规模纳税人应纳增值税税额=不含税销售额×T_3=$S\times T_3$

（3）计算增值税纳税平衡点下的毛利率。令两种纳税人的增值税税负相等，则有：

$S\times T_1-P\times T_2=S\times T_3$

毛利率=（$S-P$）÷S

将$S\times T_1-P\times T_2=S\times T_3$代入毛利率公式中，得：

毛利率=1−（T_1-T_3）/T_2

令×T_1=13%　T_2=13%　T_3 = 3%

毛利率=（$S-P$）÷S=1−（T_1-T_3）/T_2=1−（13%−3%）÷13%=23.08%

由此得出结论：若T_1 = 13%，T_2=13%，T_3 = 3%，当毛利率=18.75%时，两者增值税税负相等，此时既可以选择一般纳税人身份，也可以选择小规模纳税人身份；如果毛利率<18.75时，选择小规模纳税人的身份增值税税负重于一般纳税人身份下的增值税税负，此时选择一般纳税人身份是有利的；当毛利率>18.75%时，一般纳税人身份下额增值税税负重于小规模纳税人身份下的税负，此时选择小规模纳税人身份是有利的。

将增值税税率13%、9%、6%及增值税征收率3%分别代入上述公式计算，可得出两类纳税人在增值税纳税平衡点下的毛利率，具体见表3-1：

表3-1　两类纳税人在增值税纳税平衡点下的毛利率

一般纳税人销售增值税税率	一般纳税人购进增值税税税率	小规模纳税人增值税征收率	增值税纳税平衡点下的毛利率
13%	13%	3%	18.75%
13%	9%	3%	-11.11%
13%	6%	3%	-66.67%
9%	13%	3%	53.85%
9%	9%	3%	33.33%
9%	6%	3%	0%
6%	13%	3%	76.92%
6%	9%	3%	66.67%
6%	6%	3%	50%

二、无差别平衡点增值率判别法

从两类增值税纳税人的计税原理看，一般纳税人的增值税计算是以增值额为计税基础，而小规模纳税人的增值税计算是以全部不含税收入为计税基础。在销售价格相同的情况下，税负的高低取决于增值率的大小。一般来说，对于增值率高的企业，适宜作为小规模纳税人；反之，适宜作为一般纳税人。当增值率达到某一数值时，两类纳税人的税负相同，这一数值称为无差别平衡点增值率。

①当销售额不含税时的无差别平衡点增值率：

$$增值率=\frac{销售额-可抵扣购进项目金额}{销售额}$$

或　$$增值率=\frac{销项税额-进项税额}{销项税额}$$

一般纳税人应纳税额=当期销项税额-当期进项税额

=销售额×增值税税率-销售额×增值税税率×（1-增值率）

=销售额×增值税税率×增值率

小规模纳税人应纳税额 = 销售额×征收率

当一般纳税人销售货物及购进货物的增值税税率均为13%，增值税小规模纳税人征收率为3%。可以计算出应纳税额无差别平衡点：

销售额×增值税税率×增值率 = 销售额×征收率

增值率 = 征收率÷增值税税率=3%÷13%×100%=23.08%

以上计算分析为，当增值率为23.08%时，两者税负相同；当增值率低于23.08%时，小规模纳税人的税负重于一般纳税人，适宜选择作为一般纳税人来纳税；当增值率高于23.08%时，则一般纳税人税负重于小规模纳税人，适宜选择作为小规模纳税人来纳税。

用同样的方法可以计算出一般纳税人增值税税率为13%或小规模纳税人的征收率为

3%或者5%时的无差别纳税平衡点，见表3-2：

表3-2 不含税销售额无差别平衡点增值率

一般纳税人税率	小规模纳税人税率	不含税销售额纳税平衡点增值率
13%	3%	23.08%
9%	3%	33.33%
6%	3%	50%
9%	5%	55.56%

②当销售额含税时的无差别平衡点增值率：

$$含税销售额增值率=\frac{含税销售额-含税购进额}{含税销售额}\times100\%$$

对于一般纳税人来说，则有：

$$\begin{aligned}应纳增值税税额&=\frac{含税销售额}{1+增值税税率}\times增值税税率-\frac{含税购进额}{1+增值税税率}\times增值税税率\\&=\frac{含税销售额-含税购进额}{1+增值税税率}\times增值税税率\\&=\frac{含税销售额}{1+增值税税率}\times增值税税率\times增值率\end{aligned}$$

对于小规模纳税人来说，则有：

$$应纳增值税税额=\frac{含税销售额}{1+征收率}\times征收率$$

若一般纳税人与小规模纳税人应纳增值税税额相同，当一般纳税人的适用税率为13%、小规模纳税人的征收率为3%时，则有：

含税销售额÷（1+13%）×13%×增值率=含税销售额÷（1+3%）×3%

解得：

增值率=25.32%

以上计算分析为，当增值率为25.32%时，两者税负相同；当增值率低于25.32%时，小规模纳税人的税负重于一般纳税人，适宜选择作为一般纳税人；当增值率高于25.32%时，则一般纳税人税负重于小规模纳税人，适宜选择作为小规模纳税人。

用同样的方法可以计算出一般纳税人增值税税率分别为13%、9%以及6%，小规模纳税人的征收率为3%或者5%时的无差别纳税平衡点增值率，见表3-3：

表3-3 含税销售额无差别平衡点增值率

一般纳税人税率	小规模纳税人税率	含税销售额纳税平衡点增值率
13%	3%	25.32%
9%	3%	35.28%
6%	3%	51.46%
9%	5%	57.67%

【案例3-1】某锅炉生产企业，年含税销售额在100万元左右，每年购进含增值税的材

料在90万元左右，该企业会计核算制度健全，在向主管税务机关申请纳税人资格时，既可以申请成为一般纳税人，也可以申请为小规模纳税人，请问企业申请哪种纳税人身份对自己更有利？如果企业每年购进的含税材料在50万元左右，其他条件相同，又应该作何选择？

【综合分析】

第一种情况：

该企业含税销售额增值率为：

（100-90）÷100×100% = 10%

由于10%<25.32%（一般纳税人节税点），所以该企业申请成为一般纳税人有利节税。

企业作为一般纳税人时的应纳增值税额为：

（100-90）÷（1+13%）×13% = 1.150（万元）

企业作为小规模纳税人时的应纳增值税额为：

100÷（1+3%）×3% = 2.913（万元）

所以，企业申请成为一般纳税人可以节税1.763万元。

第二种情况：

该企业含税销售额增值率为：

（100-50）÷100×100% = 50%

由于50%>25.32%，该企业维持小规模纳税人身份有利于节税。

企业作为一般纳税人时的应纳增值税额为：

（100-50）÷（1+13%）×13% = 5.752（万元）

企业作为小规模纳税人时的应纳增值税额为：

100÷（1+3%）×3% = 2.913（万元）

所以，企业保持小规模纳税人身份可以节税2.839万元。

三、无差别平衡点抵扣率判别法

抵扣率是指可抵扣购进额占销售额的比例。在税收实务中，一般纳税人税负高低取决于可抵扣的进项税额的多少。通常情况下，若可抵扣的进项税额较多，则适宜作一般纳税人，反之则适宜作小规模纳税人。当抵扣额占销售额的比重达某一数值时，两种纳税人的税负相等，称为无差别平衡点抵扣率。

①当销售额不含税时，无差别平衡点抵扣率的计算公式如下：

进项税额 = 可抵扣购进项目金额×增值税税率

增值率 = （销售额-可抵扣购进项目金额）÷销售额

= 1-可抵扣购进项目金额÷销售额

= 1-抵扣率

又：一般纳税人应纳税额 = 销项税额-进项税额

= 销售额×增值税税率-销售额×增值税税率×（1-增值率）

= 销售额×增值税税率×增值率

= 销售额×增值税税率×（1-抵扣率）

小规模纳税人应纳税额 = 销售额×征收率

当两种纳税人税负相等时：

销售额×增值税税率×（1-抵扣率）=销售额×征收率

即：抵扣率=1-征收率/税率

当一般纳税人销售货物及购进货物的增值税税率均为13%，增值税小规模纳税人征收率为3%时，可以计算出应纳税额无差别平衡点抵扣率：

抵扣率=1-3%÷13%=76.92%

因此，当企业可抵扣的购进项目金额占其销售额的比重为76.92%时，两种纳税人的税负完全相同。当企业可抵扣的购进项目金额占销售额的比重大于76.92%时，一般纳税人税负轻于小规模纳税人；反之，则一般纳税人税负重于小规模纳税人。用同样的方法可以计算出一般纳税人增值税税率和小规模纳税人的征收率为不同比率时的纳税平衡点，见表3-4：

表3-4 **不含税销售额下两类纳税人纳税无差别平衡点抵扣率**

一般纳税人税率	小规模纳税人税率	不含税销售额纳税平衡点抵扣率
13%	3%	76.92%
9%	3%	66.67%
6%	3%	50%
9%	5%	44.44%

②当销售额含税时的无差别平衡点抵扣率，其计算公式如下：

当两种纳税人税负相等时：

$$\frac{\text{含税销售额}}{1+\text{增值税税率}}\times\text{增值税税率}\times(1-\text{抵扣率})=\frac{\text{含税销售额}}{1+\text{征收率}}\times\text{征收率}$$

$$\text{抵扣率}=1-\frac{(1+\text{增值税税率})\times\text{征收率}}{(1+\text{征收率})\times\text{增值税税率}}$$

当一般纳税人销售货物及购进货物的增值税税率均为13%，增值税小规模纳税人征收率为3%时，可以计算出应纳税额无差别平衡点抵扣率：

$$\text{抵扣率}=1-\frac{(1+13\%)\times3\%}{(1+3\%)\times13\%}=74.68\%$$

因此，当企业可抵扣的购进项目金额占其销售额的比重为74.68%时，两种纳税人的税负完全相同。当企业可抵扣的购进项目金额占销售额的比重大于74.68%时，一般纳税人税负轻于小规模纳税人；反之，则一般纳税人税负重于小规模纳税人。用同样的方法可以计算出一般纳税人增值税税率和小规模纳税人的征收率为不同比率时的纳税平衡点，见表3-5：

表3-5 **含税销售额下两类纳税人纳税无差别平衡点抵扣率**

一般纳税人税率	小规模纳税人税率	纳税平衡点可抵扣购进项目金额占不含税销售额的比重
13%	3%	74.68%
9%	3%	64.72%
6%	3%	48.54%
9%	5%	42.33%

四、增值税纳税人身份选择的纳税筹划

（一）拟由小规模纳税人改变为一般纳税人

纳税人通过平衡点分析以后，若拟由小规模纳税人改变为一般纳税人，该筹划实现的关键在于如何具备成为一般纳税人的条件。相对较易操作的方法是通过健全财务、扩大销售，使小规模纳税人达到税法规定的条件，申请成为一般纳税人，并力争达到平衡点分析法中一般纳税人税负较轻的平衡点。

（二）拟由一般纳税人改变为小规模纳税人

纳税人通过平衡点分析以后，若纳税人拟由一般纳税人改变为小规模纳税人，通常采取的方法是改变销售规模，使销售规模缩小为税法规定的小规模纳税人的销售规模，常用缩小单个销售主体销售规模的方法是分拆机构，即将一个一般纳税人机构拆分为几个小规模纳税人机构；不拆分，通过降低销售规模，在特殊规定中，可以在规定的时间内转登记为小规模纳税人。

【案例3-2】某生产性企业，年销售收入（不含税）为90万元，可抵扣购进价款为45万元。增值税税率为13%。作为增值税一般纳税人年应纳增值税额为5.85万元。

【综合分析】

企业的增值率=［（90-45）÷90］=50%

与表3-2中纳税平衡点增值率比较，大于23.08%，因此企业选择作小规模纳税人税负较轻。

企业可通过将自身分设为两个独立核算的企业，使其销售额都为45万元，各自符合小规模纳税人的标准。分设以后作为小规模纳税人应纳税额为2.7万元（45×3%+45×3%），节约税款3.15万元。

工作任务二　不同销售方式销项税额的筹划

案例导入

“积分换礼品”和“积分换取折扣券”是一样的吗？

万利商场的会员积分回馈方案如下：

①会员累计积满99分，可换价值20元的精美礼品一份；

②会员累计积满199分，可换价值30元的精美礼品一份；

③会员累计积满299分，可换价值40元的精美礼品一份；

④会员累计积满399分，可换价值50元的精美礼品一份；

⑤会员累计积满499分以上时，可换价值60元的精美礼品一份。

由于该商场的积分返利规则中没有明确返利的性质是否为“销售折扣”，而是表达为“积分赠送商品”，因而有可能被税务部门解释为“无偿赠送商品”，按相关规定，必须视同销售缴纳增值税和企业所得税，也即该积分折扣不能扣减商品售价，造成多缴增值税和企业所得税；由于消费者实际消费和获得礼品，不在同一时点，无法做到“折扣和销售在

同一张发票列明”，因而该促销方案的增值税与所得税税负往往会不降反增。

为了规避税务检查风险，可以把会员积分回馈方案进行修改如下：

①会员累计积满99分，可换价值20元的折扣券；

②会员累计积满199分，可换价值30元的折扣券；

③会员累计积满299分，可换价值40元的折扣券；

④会员累计积满399分，可换价值50元的折扣券；

⑤会员累计积满499分以上，可换价值60元的折扣券。

折扣券上注明：顾客使用折扣券购物后，如需要开具发票的，在发票上分行写明“货物原价、折扣金额和实收金额”。

根据规定，纳税人采取折扣方式销售货物，如果销售额和折扣额在同一张发票上分别注明的，可按折扣后的销售额缴纳增值税；如果将折扣额另开发票，不论财务上如何处理，均不得从销售额中减除折扣额。可以认为税务局限定的折扣从税基中扣减的条件是：销售额和折扣额在同一且在发票上分别注明。据此，建议在折扣券的使用范围与原有提货单条件一样，但会员积分的回馈返利性质上却明确属于“折扣销售”，既符合增值税和所得税有关条例，也符合国家税务总局的文件，因此可以扣减应税销售收入以减少相应的增值税额和所得税额。

知识导航

一、对视同销售货物行为的征税规定

对单位或个体工商户的下列行为，视同销售货物，征收增值税：

（1）将货物交付其他单位或者个人代销。

（2）销售代销货物。

（3）设有两个以上机构并实行统一核算的纳税人，将货物从一个机构移送至其他机构用于销售，但相关机构设在同一县（市）的除外。

售货机构的货物移送行为有下述两项情形之一的，应当向所在地税务机关缴纳增值税；未发生下述两项情形的，应由总机构统一缴纳增值税：

①向购货方开具发票；

②向购货方收取货款。

如果售货机构只就部分货物向购买方开具发票或收取货款，则应当区别不同情况计算并分别向总机构所在地或分支机构所在地税务机关缴纳税款。

（4）将自产、委托加工的货物用于集体福利或个人消费。

（5）将自产、委托加工或者购进的货物作为投资，提供给其他单位或者个体工商户。

（6）将自产、委托加工或者购进的货物分配给股东或者投资者。

（7）将自产、委托加工或者购进的货物无偿赠送其他单位或者个人。

（8）视同销售服务、无形资产或者不动产的情况：

①单位或者个体工商户向其他单位或者个人无偿提供服务，但用于公益事业或者以社会公众为对象的除外。

②单位或者个人向其他单位或者个人无偿转让无形资产或者不动产，但用于公益事业或者以社会公众为对象的除外。

③财政部和国家税务总局规定的其他情形。

由于视同销售行为一般不以资金形式反映出来，因而会出现税法视同销售而无现金流、无销售额的情况，还有纳税人销售货物或提供应税劳务的价格明显偏低而无正当理由的情况。针对上述情况，主管税务机关有权按照下列顺序核定其计税销售额：

①按纳税人最近时期同类货物的平均销售价格确定。

②按其他纳税人最近时期同类货物的平均销售价格确定。

③按组成计税价格确定。

不属于征收消费税的货物，其组成计税价格公式为：

组成计税价格=成本×（1+成本利润率）

属于应征消费税的货物，其组成计税价格公式为：

组成计税价格=成本+利润+消费税税额

公式中的成本，是指销售自产货物的为实际生产成本，销售外购货物的为实际采购成本；公式中的成本利润率为10%。但属于应征收消费税的货物，其组成计税价格公式中的成本利润率，为《消费税若干具体问题的规定》中规定的成本利润率（详见消费税组成计税价格的计算）。

《营业税改征增值税试点实施办法》规定，纳税人发生应税行为价格明显偏低或者偏高且不具有合理商业目的的，主管税务机关有权按照下列顺序确定销售额：

（1）按照纳税人最近时期销售同类服务、无形资产或者不动产的平均价格确定。

（2）按照其他纳税人最近时期销售同类服务、无形资产或者不动产的平均价格确定。

（3）按照组成计税价格确定。组成计税价格的计算公式为：

组成计税价格=成本×（1+成本利润率）

成本利润率由国家税务总局确定。

不具有合理商业目的，是指以谋取税收利益为主要目的，通过人为安排，减少、免除、推迟缴纳增值税税款，或者增加退还增值税税款。

纳税人发生《中华人民共和国增值税暂行条例实施细则》规定的固定资产视同销售货物行为，对已使用过的固定资产无法确定销售额的，以固定资产净值为销售额。固定资产净值是指纳税人按照财务会计制度计提折旧后计算的固定资产净值。

二、特殊销售行为增值税规定

（一）对混合销售和兼营行为的征税规定

1.混合销售

根据规定，一项销售行为如果既涉及服务又涉及货物，即为混合销售。从事货物的生产、批发或者零售的单位和个体工商户的混合销售行为，按照销售货物缴纳增值税；其他单位和个体工商户的混合销售行为，按照销售服务缴纳增值税。从事货物生产、批发或者零售的单位和个体工商户，包括以从事货物的生产、批发或者零售为主并兼营销售服务的单位和个体工商户在内。

2.兼营行为

根据规定，纳税人销售货物、加工修理修配劳务、服务、无形资产或者不动产适用不同税率或者征收率的，应当分别核算适用不同税率或者征收率的销售额，未分别核算销售额的，按照以下方法确定适用税率或者征收率：

（1）兼有不同税率的销售货物、加工修理修配劳务、服务、无形资产或者不动产，从高适用税率。

（2）兼有不同征收率的销售货物、加工修理修配劳务、服务、无形资产或者不动产，从高适用征收率。

（3）兼有不同税率和征收率的销售货物、加工修理修配劳务、服务、无形资产或者不动产，从高适用税率。

3.混合销售与兼营的异同

混合销售与兼营既有相同的方面，又有明显的区别。

二者的相同点为：两种行为的经营范围都有销售货物和提供服务这两类经营项目。

二者的区别为：混合销售强调的是在同一项销售行为中存在着两类经营项目，销售货款及服务价款是同时从一个购买方取得的；兼营强调的是在同一纳税人的经营活动中存在着两类经营项目，但这两类经营项目不是在同一项销售行为中发生的。

混合销售与兼营是两个不同的税收概念，因此，它们在税务处理上的规定也不同。混合销售的纳税原则是按"经营主业"划分，分别按照"销售货物"或"销售服务"征收增值税。兼营的纳税原则是分别核算，分别按照适用税率征收增值税；不分别核算的，从高适用税率征收增值税。

纳税人转让土地使用权或者销售不动产的同时一并销售的附着于土地或者不动产上的固定资产中，凡属于增值税应税货物的，应按照《财政部、国家税务总局关于部分货物适用增值税低税率和简易办法征收增值税政策的通知》（财税〔2009〕9号）第二条有关规定，计算缴纳增值税；凡属于不动产的，应按"销售不动产"计算缴纳增值税。

纳税人应分别核算增值税应税货物和不动产的销售额，未分别核算或核算不清的，从高适用税率（征收率）计算缴纳增值税。

4.兼营行为的特殊规定

（1）基本建设单位和从事建筑安装业务的企业附设的工厂、车间在建筑现场制造的预制构件，凡直接用于本单位或本企业建筑工程的，不缴纳增值税。

（2）试点纳税人销售电信服务时，附带赠送用户识别卡、电信终端等货物或者电信服务的，应将其取得的全部价款和价外费用进行分别核算，按各自适用的税率计算缴纳增值税。

（3）在资产重组过程中，通过合并、分立、出售、置换等方式，将全部或者部分实物资产以及与其相关联的债权、负债和劳动力一并转让给其他单位和个人，其中涉及的不动产、土地使用权转让行为，不缴纳增值税。

（二）代购货物行为的增值税

对代购货物行为，凡同时具备以下条件的，不征收增值税：

①受托方不垫付资金；

②销售方将发票开具给委托方，并由受托方将该项发票转交给委托方；

③受托方按销售方实际收取的销售额和销项税额（如系代理进口货物，则为海关代征的增值税税额）与委托方结算货款，并另外收取手续费。

（三）包装物押金的计税问题

包装物是指纳税人包装本单位货物的各种物品。为了促使购货方及早退回包装物以便周转使用，在一般情况下，销货方会向购货方收取包装物押金，如果购货方在规定的期间内归还包装物，销货方则将收取的包装物押金返还。

根据税法的规定，纳税人为销售货物而出租或出借包装物收取的押金，单独记账核算的，时间在1年以内又未逾期的，不并入销售额征税；但对于因逾期未收回包装物不再退还的押金，应按所包装货物的适用税率计算销项税额。其中，“逾期”是指按合同约定实际逾期或以1年（12个月）为期限。对收取1年以上的押金，无论是否退还均并入销售额征税。

根据规定，从1995年6月1日起，对销售除啤酒、黄酒外的其他酒类产品而收取的包装物押金，无论是否返还以及会计上如何核算，均应并入当期销售额征税。对销售啤酒、黄酒所收取的押金，按上述一般押金的规定处理。

在将包装物押金并入销售额征税时，需要先将该押金换算为不含税价格。

另外，包装物押金不应混同于包装物租金，包装物租金在销货时作为价外费用并入销售额计算销项税额。

（四）增值税差额征税规定

1.金融商品转让

转让金融商品，以卖出价扣除买入价后的余额为销售额。不得开具增值税专用发票，只能开具普通发票。

2.经纪代理服务

（1）取得的全部价款和价外费用，扣除向委托方收取并代为支付的政府性基金或者行政事业性收费后的余额为销售额。向委托方收取的政府性基金或者行政事业性收费，不得开具增值税专用发票。

（2）纳税人提供签证代理服务，以取得的全部价款和价外费用，扣除向服务接受方收取并代为支付给外交部和外国驻华使（领）馆的签证费、认证费后的余额为销售额。向服务接受方收取并代为支付的签证费、认证费，不得开具增值税专用发票，可以开具增值税普通发票。

（3）纳税人代理进口按规定免征进口增值税的货物，其销售额不包括向委托方收取并代为支付的货款。向委托方收取并代为支付的款项，不得开具增值税专用发票，可以开具增值税普通发票。

（4）自2018年1月1日起，航空运输销售代理企业提供境外航段机票代理服务，以取得的全部价款和价外费用，扣除向客户收取并支付给其他单位或者个人的境外航段机票结算款和相关费用后的余额为销售额。

3.融资租赁

经中国人民银行、银保监会或者商务部批准从事融资租赁业务的试点纳税人，提供融资租赁服务，以取得的全部价款和价外费用，扣除支付的借款利息（包括外汇借款和人民币借款利息）、发行债券利息和车辆购置税后的余额为销售额。

4.融资性售后回租

经中国人民银行、银保监会或者商务部批准从事融资租赁业务的试点纳税人，提供融资性售后回租服务，以取得的全部价款和价外费用（不含本金），扣除对外支付的借款利息（包括外汇借款和人民币借款利息）、发行债券利息后的余额作为销售额。

提供有形动产融资性售后回租服务，向承租方收取的有形动产价款本金，不得开具增值税专用发票，可以开具普通发票。

5.航空运输

航空运输企业的销售额，不包括代收的机场建设费和代售其他航空运输企业客票而代收转付的价款。

6.一般纳税人提供客运场站服务

一般纳税人提供客运场站服务，以其取得的全部价款和价外费用，扣除支付给承运方运费后的余额为销售额。

7.旅游服务

纳税人提供旅游服务，可以选择以取得的全部价款和价外费用，扣除向旅游服务购买方收取并支付给其他单位或者个人的住宿费、餐饮费、交通费、签证费、门票费和支付给其他接团旅游企业的旅游费用后的余额为销售额。选择上述办法计算销售额的试点纳税人，向旅游服务购买方收取并支付的上述费用，不得开具增值税专用发票，可以开具普通发票。

8.适用简易计税方法的建筑服务

纳税人提供建筑服务适用简易计税方法的，以取得的全部价款和价外费用扣除支付的分包款后的余额为销售额。

9.房地产开发企业销售其开发的房地产项目

房地产开发企业中的一般纳税人销售其开发的房地产项目（选择简易计税方法的房地产老项目除外），以取得的全部价款和价外费用，扣除受让土地时向政府部门支付的土地价款后的余额为销售额。

房地产开发企业中的一般纳税人销售其开发的房地产项目（选择简易计税方法的房地产老项目除外），在取得土地时向其他单位或个人支付的拆迁补偿费用也允许在计算销售额时扣除。

10.纳税人转让不动产（不含自建）

（1）一般纳税人销售其2016年4月30日前取得（不含自建）的不动产，可以选择适用简易计税方法，以取得的全部价款和价外费用减去该项不动产购置原价或者取得不动产时的作价后的余额为销售额，按照5%的征收率计算应纳税额。纳税人应按照上述计税方法在不动产所在地预缴税款后，向机构所在地主管税务机关进行纳税申报。

（2）小规模纳税人销售其取得（不含自建）的不动产（不含个体工商户销售购买的住房和其他个人销售不动产），应以取得的全部价款和价外费用减去该项不动产购置原价或者取得不动产时的作价后的余额为销售额，按照5%的征收率计算应纳税额。纳税人应按照上述计税方法在不动产所在地预缴税款后，向机构所在地主管税务机关进行纳税申报。

（3）其他个人销售其取得（不含自建）的不动产（不含其购买的住房），应以取得的全部价款和价外费用减去该项不动产购置原价或者取得不动产时的作价后的余额为销售额，按照5%的征收率缴纳增值税。

（4）北京市、上海市、广州市和深圳市，个人将购买2年以上（含2年）的非普通住房对外销售的，以销售收入减去购买住房价款后的差额按照5%的征收率缴纳增值税。

11.劳务派遣服务

一般纳税人提供劳务派遣服务可以选择差额纳税，以取得的全部价款和价外费用，扣除代用工单位支付给劳务派遣员工的工资、福利和为其办理社会保险及住房公积金后的余额为销售额，按照简易计税方法依5%的征收率计算缴纳增值税。

选择差额纳税的纳税人，向用工单位收取用于支付给劳务派遣员工工资、福利和为其办理社会保险及住房公积金的费用，不得开具增值税专用发票，可以开具普通发票。

小规模纳税人提供劳务派遣服务，可以按照《财政部、国家税务总局关于全面推开营业税改征增值税试点的通知》（财税〔2016〕36号）的有关规定，以取得的全部价款和价外费用为销售额，按照简易计税方法依3%的征收率计算缴纳增值税；也可以选择差额纳税，以取得的全部价款和价外费用，扣除代用工单位支付给劳务派遣员工的工资、福利和为其办理社会保险及住房公积金后的余额为销售额，按照简易计税方法依5%的征收率计算缴纳增值税

12.安保服务

纳税人提供安全保护服务，比照劳务派遣服务政策执行。

13.人力资源外包服务

纳税人提供人力资源外包服务，按照经纪代理服务缴纳增值税，其销售额不包括受客户单位委托代为向客户单位员工发放的工资和代理缴纳的社会保险、住房公积金。向委托方收取并代为发放的工资和代理缴纳的社会保险、住房公积金，不得开具增值税专用发票，可以开具普通发票。

14.转让土地使用权

纳税人转让2016年4月30日前取得的土地使用权，可以选择适用简易计税方法，以取得的全部价款和价外费用减去取得该土地使用权的原价后的余额为销售额，按照5%的征收率计算缴纳增值税。

15.物业管理服务中收取的自来水水费

提供物业管理服务的纳税人，向服务接受方收取的自来水水费，以扣除其对外支付的自来水水费后的余额为销售额，按照简易计税方法依3%的征收率计算缴纳增值税。

16.中国移动、中国联通、中国电信等接受捐款

中国移动通信集团公司、中国联合网络通信集团有限公司、中国电信集团公司及其成员单位通过手机短信公益特服号为公益性机构接受捐款，以其取得的全部价款和价外费用，扣除支付给公益性机构捐款后的余额为销售额。其接受的捐款，不得开具增值税专用发票。

17.教育中心等考试费收入

境外单位通过教育部考试中心及其直属单位在境内开展考试，教育部考试中心及其直属单位应以取得的考试费收入扣除支付给境外单位考试费后的余额为销售额，按提供“教育辅助服务”缴纳增值税；就代为收取并支付给境外单位的考试费统一扣缴增值税。教育部考试中心及其直属单位代为收取并支付给境外单位的考试费，不得开具增值税专用发票，可以开具增值税普通发票。

18.中国证券登记结算公司

中国证券登记结算公司的销售额，不包括以下资金项目：按规定提取的证券结算风险基金；代收代付的证券公司资金交收违约垫付资金利息；结算过程中代收代付的资金交收违约罚息。

（五）增值税差额征税的扣除凭证

1.基本凭证

差额征税的基本凭证包括：

（1）支付给境内单位或者个人的款项，以发票为合法有效凭证。

（2）支付给境外单位或者个人的款项，以该单位或者个人的签收单据为合法有效凭证，税务机关对签收单据有异议的，可以要求其提供境外公证机构的确认证明。

（3）缴纳的税款，以完税凭证为合法有效凭证。

（4）扣除的政府性基金、行政事业性收费或者向政府支付的土地价款，以省级以上（含省级）财政部门监（印）制的财政票据为合法有效凭证。

（5）国家税务总局规定的其他凭证。纳税人取得的上述凭证属于增值税扣税凭证的，其进项税额不得从销项税额中抵扣。

2.房地产企业扣除拆迁补偿

房地产企业纳税人按规定扣除拆迁补偿费用时，应提供拆迁协议、拆迁双方支付和取得拆迁补偿费用凭证等能够证明拆迁补偿费用真实性的材料。

3.扣除不动产

纳税人按规定从取得的全部价款和价外费用中扣除不动产购置原价或者取得不动产时的作价的，应当取得符合法律、行政法规和国家税务总局规定的合法有效凭证。否则，不得扣除。上述凭证是指：①税务部门监制的发票。②法院判决书、裁定书、调解书，以及仲裁裁决书、公证债权文书。③国家税务总局规定的其他凭证。

纳税人转让不动产，按照有关规定差额缴纳增值税的，如因丢失等原因无法提供取得不动产时的发票，可向税务机关提供其他能证明契税计税金额的完税凭证等资料，进行差额扣除。

4.旅游服务

纳税人提供旅游服务，将火车票、飞机票等交通费发票原件交付给旅游服务购买方而无法收回的，以交通费发票复印件作为差额扣除凭证。

（六）折扣方式销售

纳税人采取折扣方式销售货物，如果销售额和折扣额在同一张发票上分别注明，可按折扣后的销售额征收增值税；如果将折扣额另开发票，不论其在财务上如何处理，均不得从销售额中减除折扣额。

（七）以旧换新方式销售

根据规定，采取以旧换新方式销售货物的，应按新货物的同期销售价格确定销售额，不得扣减旧货物的收购价格。

（八）采取还本销售方式销售

税法规定，采取还本销售方式销售货物，其销售额就是货物的销售价格，不得从销售额中减除还本支出。

（九）以物易物方式销售

税法规定，以物易物双方都应作购销处理，即以各自发出的货物核算销售额并计算销项税额，以各自收到的货物核算购货额并计算进项税额。需要注意的是：在以物易物活动中，应分别开具合法的票据，如果收到的货物不能取得相应的增值税专用发票或其他合法票据，就不能抵扣进项税额。

（十）一般纳税人简易计税的规定

1.公共交通运输服务，包括轮客渡、公交客运、地铁、城市轻轨、出租车、长途客运、班车。

2.经认定的动漫企业为开发动漫产品提供的动漫脚本编撰、形象设计、背景设计、动画设计、分镜、动画制作、摄制、描线、上色、画面合成、配音、配乐、音效合成、剪辑、字幕制作、压缩转码（面向网络动漫、手机动漫格式适配）服务，以及在境内转让动漫版权（包括动漫品牌、形象或者内容的授权及再授权）。

3.电影放映服务、仓储服务、装卸搬运服务、收派服务和文化体育服务。

4.以纳入营改增试点之日前取得的有形动产为标的物提供的经营租赁服务。

5.在纳入营改增试点之日前签订的尚未执行完毕的有形动产租赁合同。

6.建筑、安装服务。

清包工方式、甲供工程提供的建筑服务，可以选择适用简易计税方法计税。

一般纳税人销售自产机器设备的同时提供安装服务，应分别核算机器设备和安装服务的销售额，安装服务可以按照甲供工程选择适用简易计税方法计税。一般纳税人销售外购机器设备的同时提供安装服务，分别核算机器设备和安装服务的销售额，安装服务可以按照甲供工程选择适用简易计税方法计税。

一般纳税人跨县（市）提供建筑服务，选择适用简易计税方法计税的，应以取得的全部价款和价外费用扣除支付的分包款后的余额为销售额，按照3%的征收率计算应纳税额。

7.销售不动产。

（1）一般纳税人销售其2016年4月30日前取得（不含自建）的不动产，可以选择适用简易计税方法，以取得的全部价款和价外费用减去该项不动产购置原价或者取得不动产时的作价后的余额为销售额，按照5%的征收率计算应纳税额。纳税人应按照上述计税方法在不动产所在地预缴税款后，向机构所在地主管税务机关进行纳税申报。

（2）一般纳税人销售其2016年4月30日前自建的不动产，可以选择适用简易计税方法，以取得的全部价款和价外费用为销售额，按照5%的征收率计算应纳税额。纳税人应按照上述计税方法在不动产所在地预缴税款后，向机构所在地主管税务机关进行纳税申报。

（3）房地产开发企业中的一般纳税人，销售自行开发的房地产老项目，可以选择适用简易计税方法按照5%的征收率计税。

8.不动产经营租赁服务。

（1）一般纳税人出租其2016年4月30日前取得的不动产，可以选择适用简易计税方法，按照5%的征收率计算应纳税额。

（2）公路经营企业中的一般纳税人收取试点前开工的高速公路的车辆通行费，可以选择适用简易计税方法，减按3%的征收率计算应纳税额。

（3）一般纳税人出租其2016年5月1日后取得的、与机构所在地不在同一县（市）的不动产，应按照3%的预征率在不动产所在地预缴税款后，向机构所在地主管税务机关进行纳税申报。

9.销售使用过的固定资产。

根据规定，自2016年2月1日起，纳税人销售自己使用过的固定资产，适用简易办法依照3%的征收率减按2%征收增值税政策的，可以放弃减税，按简易办法依照3%征收率缴纳增值税，并可以开具增值税专用发票。

10.销售旧货。

纳税人销售旧货，按照简易办法依照3%的征收率减按2%征收增值税。、

筹划思路与演练

一、混合销售与兼营行为的筹划选择

增值税纳税人的兼营行为，可以选择是否分开核算，来筹划缴纳增值税适用税率；从事发生混合销售行为的增值税纳税人，如果预计当年混合销售行为较频繁，金额较大，企业就有必要通过纳税筹划，调整销售货物和销售服务的占比，以降低混合销售行为的税负，达到节税的目的。

（一）混合销售的特殊规定

1.纳税人销售某些自产货物的同时提供建筑、安装服务

按照相关规定，纳税人销售活动板房、机器设备、钢结构件等自产货物的同时提供建筑、安装服务，不属于混合销售，应分别核算货物和建筑服务的销售额，分别适用不同的税率或者征收率。

2.销售机器设备的同时提供安装服务

一般纳税人销售自产机器设备的同时提供安装服务，应分别核算机器设备和安装服务的销售额，安装服务可以按照甲供工程选择适用简易计税方法计税。一般纳税人销售外购机器设备的同时提供安装服务，分别核算机器设备和安装服务的销售额，安装服务可以按照甲供工程选择适用简易计税方法计税。

3.餐饮服务提供外卖食品

提供餐饮服务的纳税人销售的外卖食品，按照“餐饮服务”缴纳增值税。这里的外卖

食品仅指纳税人参与了制作的食品，而不包括外购纳税人未进行加工的食品。

以上三种情况虽然属于税法中的混合销售，但是给予特殊规定，对于存在如此业务的，就需要做好分别核算，分别按照不同税率或者征收率征税。

【案例3-3】某电器商城销售并安装空调每台收费3 000元，不另收安装费；但如果在合同中列明每台安装费用200元，每台销售单价为2 800元。试分析两种方法下，哪一种更节税？

【综合分析】：

销售并安装空调每台收费3 000元，不另收安装费，应就3 000元一起缴纳增值税，则：

每台应纳增值税销项税额=3 000÷1.13×0.13=345.13（元）

合同中列明每台安装费用200元，每台销售单价为2 800元，此时安装部分可以选择简易计税，则：

每台应纳增值税销项税额=2 800÷1.13×0.13=322.12（元）

每台简易计税应纳增值税=200÷1.03×0.03=5.83（元）

具体的筹划方法是：

（1）价格标签上标注为“3 000元/台（含安装费）”，不能标注为“3 000元/台（免费安装）”；

（2）合同分别注明空调销售价格2 800元/台，安装费200元/台；

（3）分别开具商品零售普通发票2 800元和建筑安装业发票200元；

（4）到建委申请批准获取安装资质。

假设安装耗用的外购材料少，两种方式下可抵扣的进项税额相等，这样，对购买方来说，仍是花费3 000元购买空调并享受安装服务；但对销货方来说，每台空调可成功节税17.18元。

（二）运输费用筹划

1.改变销售关系，将收取运费改为代垫运费

由于企业的销售活动除了销售商品取得销售收入外，往往还会收取一些价外费用。例如用自己的运输工具运送商品收取运费、装卸费、仓储费等。按税法规定，这些价外费用应并入销售额、计征增值税，从而会增加企业的纳税负担。纳税筹划中可以将上述价外费用从销售额中分离出来，采取代垫运费的方式，请注意此时运输公司开出发票的抬头是购货方，从而可降低自己的纳税负担。

2.设立独立核算的专业服务公司，改变混合销售业务的性质

生产企业拥有的自有车辆，可以根据自有车辆的多少及运输业务的规模，从整体收益角度论证，确定是否可以通过单独设立独立核算的运输公司节税，变混合销售为兼营。

（三）变更“经营主业”来选择税负较轻的税种

税法对混合销售行为，是按“经营主业”来确定征税的，只选择一个税率纳税。在实际经营活动中，企业的兼营和混合销售往往同时进行，在纳税筹划时，如果企业选择按照13%缴纳增值税，只要使应税货物的销售额占到总销售额的50%以上；如果企业选择按

照9%或者6%缴纳增值税，只要使应税服务占到总销售额的50%以上。也就是企业完全可以通过控制应税货物和应税服务的所占比例，来达到选择作为低税负税种的纳税人的目的。

企业可以通过变更“经营主业”来选择税负较轻的税种。但在实际业务中，有些企业却不能轻易地变更经营主业，这就要根据企业的实际情况，采取灵活多样的方法来调整经营范围或核算方式，规避高税率增值税的缴纳。

二、一般销售行为销售价款的筹划

增值税一般纳税人用降低销售价款的方法来进行纳税筹划需要具备一定的前提条件。一是因为销售价款的高低将影响到交易双方的利益，销货方降低销售价款，减少了自己的销项税额，获得了税收上的收益，但获得的销售收入也减少了；购货方以较低的价款购进了货物获得了收益，但抵扣的进项税额也被降低了，所以购销双方就降低销售额应达成协议，平衡双方的利益。二是因为税务机关有权对售价明显偏低且无正当理由的进行调整，销售价款不能由纳税人随意制定，所以降低价款的方法只能适用于满足一定条件的交易行为。

三、特殊销售方式的筹划

产品销售过程中，销售方式越来越多样化，如邮寄销售、网上销售等。同时，各种促销方式也是层出不穷，促销可以帮助吸引购买者购买自己的商品，如打折促销、附赠服务等。对采取何种销售方式企业有自主选择权，这就为纳税人利用不同的销售方式进行纳税筹划提供了可能。但是针对不同的销售方式，企业的纳税情况也不同，也就存在着税负的差异。企业在选择促销方式时应如何筹划才能获得最大的收益呢？这里列举的销售方式，根据税法，有不同的计缴增值税规定。

1.折扣销售

折扣销售就是指销售方为达到促销的目的，在向购货方销售货物或提供劳务时，因为购货方购货数额较大等原因而给购货方一定的价格优惠的销售形式。根据税法的规定，采取折扣销售方式，如果销售额和折扣额在同一张发票上注明，那么可以以销售额扣除折扣额后的余额作为计税依据；如果销售额和折扣额不在同一张发票上体现，那么无论企业在财务上如何处理，均不得将折扣额从销售额中扣除。

企业采用折扣销售的方式，购货方可以减少支出，销货方也可按折扣后的金额计税，双方都得到了实惠，实现了双赢。因此，该方式是一种比较理想的促销方式。

【案例3-4】海东家用电器制造公司为增值税一般纳税人，其主要经营业务是生产和销售某品牌的电视机。2019年9月，该公司销售给A商场电视机一批，增值税率13%，不含税价格为100万元，因对方购买量大而给予销售折扣5%。

【综合分析】

方案一：海东家用电器制造公司给予A商场5万元的折扣不在销售发票上注明，而是另外开具红字发票。这种情况下，折扣额不允许从收入中减除，计征增值税时按销售额全额计算增值税销项税额。

A商场共须支付价税合计款项=（100-100×5%）+100×13%=108（万元）

海东家用电器制造公司入账的销售收入净值=100-100×5%=95（万元）

海东家用电器制造公司的增值税销项税额=100×13%=13（万元）

方案二：海东家用电器制造公司将销售折扣额与销售额在同一张增值税专用发票上注明，则可以按照折扣后的销售额95万元计征增值税。

A商场共须支付价税合计款项=95×（1+13%）=107.35（万元）

海东家用电器制造公司的增值税销项税额=95×13%=12.35（万元）

对比以上两种情况，在方案一的销售方式下，海东家用电器制造公司没有将折扣额与销售额在同一张发票上注明，其折扣额不允许从增值税计税收入中减除，从而导致其多缴纳增值税款，购货方多支付价税合计款。

所以，纳税人在采取折扣销售手段时，一定要熟练地掌握其税务处理方式，以免不明不白地多缴纳税款。

2.销售折扣

销售折扣就是指企业在销售货物或提供应税劳务的行为发生后，为尽快收回资金而给予购买方价格上的优惠形式，税法规定销售折扣额不得从销售额中减除。

企业采用销售折扣的方式，购货方可以得到的实惠就是，可以在不考虑资金时间价值的前提下用更少的支出购买同样多的货物。当购货方提前支付货款时，销货方提前获取资金流入，取得资金的时间价值。

3.销售折让

销售折让就是指货物销售后，由于产品质量、性能或规格等方面的原因，购货方虽没有退货，但要求给予的一种价格上的优惠。根据税法的规定，销售折让也可以从货物或应税劳务的销售额中扣除，以其余额计缴增值税。

企业采用销售折让的方式通常是出于务实地解决购、销双方的分歧的目的，使购货方可以实现以质论价，就质量、性能或规格等方面的问题得到应有补偿。销货方也可按折让后的价格计征增值税。

但是从税务机关的角度，销售折让的征税规定有被不法分子用于偷逃税的弊端。当销货方为一般纳税人、购货方为小规模纳税人时，即使并不存在产品质量、性能或规格等方面的原因，销货方也可事先与购货方达成协议，让购货方假借产品质量、性能或规格等方面出现问题的名义到其主管税务机关开具折让证明，这样销货方就可据此开具红字发票，少纳增值税，由于购货方是小规模纳税人，此举并不会影响自己的增值税纳税情况。这样销货方就在购货方的帮助下达到了偷逃税的目的。应注意的是，这种对销售折让的“不法利用”并不是纳税筹划的范畴。

【案例3-5】某商场是增值税一般纳税人，商品进销差价为40%，也就是销售100元商品，其成本是60元，商场购货均取得增值税专用发票。该商场采用以下3种方式：

一是商品以七折销售；

二是“满百送三十”，购物满100元送30元的商品（所购商品成本为18元，均为含税价）；

三是购物满100元返还30元现金。

假定消费者同样是购买一件价值1 000元的商品，分别计算以上3种方式下的应纳税情况及利润情况，借以衡量哪种方式对商家更为有利（由于城建税和教育费附加对结果影响较小，计算时不予考虑）。

【综合分析】

方式一：七折销售。

应纳增值税 = 700÷（1+13%）×13%−600÷（1+13%）×13% = 11.50（元）

利润额 = 700÷（1+13%）−600÷（1+13%）= 88.50（元）

应纳所得税 = 88.50×25% = 22.12（元）

税后净利润 = 88.50−22.12 = 66.38（元）

方式二："满百送三十"。

销售1 000元商品应纳增值税：

应纳增值税 = 1 000÷（1+13%）×13%−600÷（1+13%）×13% = 46.02（元）

赠送300元商品视同销售应纳增值税：

300÷（1+13%）×13%−180÷（1+13%）×13% = 13.81（元）

应纳增值税总额=46.02+13.81 = 59.83（元）

利润额 = 1 000÷1.13−600÷1.13−180÷1.13 = 194.69（元）

所得税=194.69×25% = 48.67（元）

税后利润 = 194.69−48.67 = 146.02（元）

方式三：购物满100元返还30元现金。

销售1 000元商品应纳增值税：

应纳增值税 = 1 000÷（1+13%）×13%−600÷（1+13%）×13% = 46.02（元）

利润额=1 000÷（1+13%）−600÷（1+13%）−300 = 53.98（元）

所得税=53.98×25% = 13.50（元）

税后利润=53.98−13.50 = 40.48（元）

3种方式下企业的税负和利润比较见表3-6。

表3-6 3种方式下企业的税负和利润比较

方　案	总税负	净利润
七折	33.62	66.38
买一赠一	108.50	146.02
返现	59.52	40.48

上述3种方案中，方案二最优，方案一次之，方案三最差。

从以上分析可以看出，顾客购买价值100元的商品，商家同样是让利30元，但对商家来说税负和利润却大不相同。因此，在制定每一项经营决策时，先要进行相关的税务问题筹划，以便降低税收成本，获取最大的经济效益。

4.还本销售

还本销售方式就是指纳税人在销售货物达到一定期限后，将其货物价款的全部或部分一次或分次退还给购货方。税法规定，应以销售额的全额为计税金额。

企业采用还本销售的方式，购货方可以得到的实惠就是，从静态、绝对额的角度来看可以降低购货成本；销货方可以得到的实惠则是可以实现扩大销售。虽然在这种方式下，销货方进行纳税筹划的可能性不大，但是销货方是可以获得税收以外的收益的，即销货方可获得提早融入资金带来的时间价值，以及所融入资金带来的投资价值，前提是提早融入资金的时间价值或投资价值大于等于还本支出额，也就是说，在考虑资金时间价值的情况下，受益的部分投资价值超出实际的还本支出的成本。

5.以旧换新

以旧换新就是指纳税人在销售货物时，以一定的价格同时回收相关的旧货，以达到促销目的。根据税法的规定，纳税人采取以旧换新方式销售货物的，应按新货物的同期销售价格计缴税款。无论纳税人在财务上怎样处理，旧货物的支出均不得从销售额中扣除。

企业采用这种促销方式时，消费者可以得到的实惠就是既能处置废旧货物，又能以较低价格取得新货物，这样就可以吸引消费者购买。但是对销货方来说，扩大销售的同时则可能产生不利的影响。一方面，销货方在销售时只能收回部分款项，但却以全额计征增值税销项税额；另一方面，换回旧货等同于购进存货，企业不允许抵扣增值税进项税额。这种促销方式无形中就增加了企业的税收负担。企业如何才能在采用这种促销方式的时候降低税负呢？

由于税法规定，无论纳税人在财务上怎样处理，旧货物的支出均不得从销售额中扣除，即必须按全额计征增值税销项税额，所以是无法通过按部分款项计征增值税销项税额来降低税负的；但若能让换回的旧货有进项税额可抵扣，则可实现降低税负的目的。

6.以物易物

以物易物是一种较为特殊的购销活动，是指购销双方不是以货币结算，而是以同等价款的货物相互交换，实现货物购销的一种方式。税法规定，以物易物双方都应作购销处理，以各自发出的货物核算销售额并计算销项税额，以各自收到的货物按规定核定购货额并计算进项税额。

企业采用以物易物的销售方式，总体上将会给双方带来减少现金流出的好处。就对销货方应纳税额的影响来说，在不同情况下对双方的影响会略有差异。

当所易入货物均为存货，并且双方都可为对方开具增值税专用发票时，对双方应纳税额不会产生影响，特别是若双方易出易入额相等，便不会新增应纳增值税额。

筹划的具体方法就是：若易入货物均为存货，就应尽量使易入额与易出额相等，并且互开增值税专用发票，这样，增值税销项税额和进项税额相等，企业便不会新增应纳增值税额。

【案例3-6】A企业生产棉布，B企业生产服装，均为一般纳税人。因为市场上棉布价格处于上升趋势，服装价格处于下降趋势，B企业预测未来市场上以棉布加工的休闲装利润较高，但苦于目前资金紧张；而A企业需要一批工作服。

因此，A、B企业签订以物易物协议，A企业以成本为60 000元、市价为90 000元、作价100 000元的棉布交换B企业积压的成本为90 000元、市价为110 000元、作价100 000元的服装。

双方增值税计算的结果为：

A企业：

换出棉布的销项税额=90 000×13%=11 700（元）

换入服装的进项税额=110 000×13%=14 300（元）

该业务应纳增值税=11 700−14 300=−2 600（元）

B企业：

换出服装的销项税额=110 000×13%=14 300（元）

换入棉布的进项税额=90 000×13%=11 700（元）

该业务应纳增值税=14 300−11 700=2 600（元）

【综合分析】

A企业按同类商品的同期售价90 000元计算销项税额，减少销项税额1 300元（100 000×13%−90 000×13%），按B企业同类商品的同期售价110 000元确定进项税额，增加进项税额1 300元（110 000×13%−100 000×13%），当期应纳税额为负数，即留抵税额为2 600元。

B企业按同类商品的同期售价110 000元计算销项税额，增加销项税额1 300元（110 000×13%−100 000×13%），按A企业同类商品的同期售价90 000元确定进项税额，减少进项税额1 300元（100 000×13%−90 000×13%），当期应纳税额为2 600元。

结果：A企业将税负转嫁给了B企业，降低了税负。

假设银行同期贷款利率为5.58%，增值税负税率为3.78%（3 400/90 000×100%），低于银行同期贷款利率5.58%，对B企业也有利。

7.包装物的筹划

包装物是在生产流通过程中，为包装企业产品而随同产品一起出售、出借或出租给购货方作储备的各种包装容器，它包括桶、箱、瓶、坛、袋等用于起存储及保管作用的各类材料。对出租或是出借用途的包装物，销货方为了促使购货方将其尽早退回，通常需要向购货方收取一定金额的押金。现行税法规定，在符合条件的情况下，包装物押金会被征收相应的流转税。关于对包装物征收的流转税主要涉及增值税和消费税两类。对包装物押金的处理，关键是围绕是否逾期的时间界定以及是否区分酒类产品两个方面展开的，见表3−7。

表3−7 包装物押金的税务处理

押金种类	收取时	逾期时
非酒类产品包装物押金	不缴纳增值税	缴纳增值税
啤酒、黄酒包装物押金	不缴纳增值税	缴纳增值税
酒类（不含啤酒、黄酒）	缴纳增值税、消费税	不缴纳增值税、消费税

包装物押金的会计处理方式不同，对企业的税收负担也是不同的。因此，企业在进行产品销售时，应选择合适的包装物押金处理方式，以降低企业的税收成本。

（1）变“包装物作价出售”为“收取包装物押金”的方式。

根据规定，如果将包装物的“出售”改为“收取押金”的形式，而且在税法认可的约定时间内及时返还，则可以合理地避免对包装物部分的税收支出。

【案例3-7】某焰火生产企业为增值税一般纳税人，2019年9月销售焰火50 000件，每件价值200元，另外包装物的价值为每件20元，以上均为不含税价格。那么该企业应该进行怎样的销售处理才能够达到税后利润最大化的目的？（根据现行税法，鞭炮、焰火的消费税税率为15%）

【综合分析】

方案一：采取包装物作价出售的方式（单位：元）

企业当期发生的销项税额=200×50 000×13%+20×50 000×13%=1 430 000（元）

企业当期缴纳的消费税额=200×50 000×15%+20×50 000×15%=1 650 000（元）

方案二：采取包装物押金的形式。这里不妨假设企业对每件包装物单独收取押金20元，显然此项押金将不会并入焰火产品的销售额中征税。

1.若包装物押金在1年内收回

企业当期发生的销项税额=200×50 000×13%=1 300 000（元）

企业应缴纳的消费税税额=200×50 000×15%=1 500 000（元）

较之方案一，该企业可节约增值税支出130 000元，可节约消费税支出150 000元。

2.若包装物押金在1年内未收回

应补交增值税税额=20×50 000×13%=130 000（元）

应补交消费税税额=20×50 000×15%=150 000（元）

虽然，与方案一相比，其税负没有降低，但增值税和消费税的纳税期限延缓了1年，这也充分利用了资金的时间价值，在这一年之中，企业的资金可以用于更多的投资或者流通，创造更多的收益。

从该案例我们可以看出，企业在条件允许的情况下，不应将包装物作价随同主要产品出售，而是应该采用收取包装物押金的方式，而且不论押金是否按期收回，都能够达到税后利润最大化的目的。

（2）变收取“包装物租金”为“包装物押金”的方式。

根据规定，包装物租金属于价外费用，凡随同销售应税消费品向购买方收取的价外费用，无论其会计上如何核算，均应并入销售额计算应纳税额。另外，对增值税一般纳税人向购买方收取的价外费用，均应视为含增值税收入，在征税时要换算为不含税收入再并入销售额。然而，包装物押金则不并入销售额计税：纳税人为销售货物而出租、出借包装物收取的押金，单独计价核算的，不并入销售额征税。但对因逾期未收回包装物不再退还的押金，则需要按所包装货物的适用税率计算应纳税额。因此，企业在进行产品销售时，选择用包装物押金替代包装物租金的处理方式，也能够起到节税的作用。

【案例3-8】某企业2019年10月销售产品10 000件，每件价值500元（不含税价），另外收取包装物租金每件113元。如果该包装物押金在1年内可以收回，那么该企业应该进行怎样的销售处理才能够降低当期增值税税负？

【综合分析】

方案一：采取包装物租金的方式。

企业当期应缴纳增值税的销项税额=10 000×500×13%+10 000×113÷（1+13%）×13%=780 000（元）

方案二：采取包装物押金的方式。显然此项押金不用并入销售额中征税。

企业当期应缴纳的增值税销项税额=10 000×500×13%=650 000（元）

节约增值税税额支出=780 000−650 000=130 000（元）

从该案例我们可以看出，企业在条件允许的情况下，不应采用收取包装物租金的方式，而是应该采用收取包装物押金的方式，这样才能降低企业增值税税负。

8.采用适当调整产品与包装物押金价格分配比例的方式

根据规定，凡随同货物一起出租、出借的包装物，所收取的包装物押金已在规定时间内予以退还的，如果单独核算可不并入销售额征税。除此之外，都应按规定征税。因此，企业应单独核算出租、出借包装物所收取的押金，并在规定时间（一般为1年）内退还。

四、代销行为的筹划

代销行为是视同销售行为中比较典型的特殊销售行为。代销行为通常有两种方式：一是收取手续费，即受托方根据所代销的商品数量向委托方收取手续费，这对受托方来说是一种劳务收入，应缴纳增值税。二是视同买断，即由委托方和受托方签订协议，委托方按协议价收取所代销的货款，实际售价可由双方在协议中明确规定，也可受托方自定，实际售价与协议价之间的差额归受托方所有，委托方不再支付代销手续费。两种代销方式对双方的税务处理及总体税负水平是不相同的，合理选择代销方式可达到节税的目的。

【案例3-9】甲公司和乙公司签订了一项代销协议，由乙公司代销甲公司的产品，该产品成本为800元／件。现有两种代销方式可以选择：

一是收取手续费方式，即乙公司以1 200元／件的价格对外销售甲公司的产品，向甲公司收取200元／件的代销手续费；

二是视同买断方式，乙公司每售出1件产品，甲公司按1 000元／件的协议价收取货款，乙公司在市场上仍要以1 200元／件的价格销售甲公司的产品，实际售价与协议价之差200元／件归乙公司所有。

若甲公司为一般纳税人，则甲公司可抵扣的进项税为100元／件；若甲公司为小规模纳税人，则100元／件计入产品成本后，使产品成本增至900元／件。以上价款均为商品零售价，且城建税税率为7%，教育费附加征收率为3%。

【综合分析】

以下分四种情况对其代销方式的选择进行纳税筹划。

（一）甲公司和乙公司均为一般纳税人

方案一：收取手续费方式。

甲公司应纳增值税＝1 200÷（1+13%）×13%−100＝38.05（元）

甲公司应纳城建税及教育费附加＝38.05×（7%+3%）＝3.81（元）

甲公司所得税税前利润＝1 200÷（1+13%）−800−200−3.81＝58.14（元）

乙公司应纳增值税＝1 200÷（1+13%）×13%−1 200÷（1+13%）×13%+200÷（1+6%）×6%＝11.32（元）

乙公司应纳城建税及教育费附加＝11.32×（7%+3%）＝1.13（元）

乙公司所得税税前利润＝200÷（1+6%）−1.13＝187.55（元）

方案二：视同买断方式。

甲公司应纳增值税＝1 000÷（1+13%）×13%−100＝15.04（元）

甲公司应纳城建税及教育费附加＝15.04×（7%+3%）＝1.50（元）

甲公司所得税税前利润＝1 000÷（1+13%）－800－1.50=83.46（元）

乙公司应纳增值税＝1 200÷（1+13%）×13%－1 000÷（1+13%）×13%＝23.01（元）

乙公司应纳城建税及教育费附加＝23.01×（7%+3%）＝2.30（元）

乙公司所得税税前利润＝1 200÷（1+13%）－1 000÷（1+13%）－2.30＝174.69（元）

可见，采用方案二，甲公司每件多获取所得税税前利润25.32元，但乙公司每件减少所得税税前利润12.86元，从税后利润角度来看，选择何种代销方式，双方需要根据实际情况达成一致。

（二）甲公司为一般纳税人，乙公司为小规模纳税人

方案一：收取手续费方式。

甲公司应纳增值税＝1 200÷（1+13%）×13%－100＝38.05（元）

甲公司应纳城建税及教育费附加＝38.05×（7%+3%）＝3.81（元）

甲公司所得税税前利润＝1 200÷（1+13%）－800－200－3.81＝58.14（元）

乙公司应纳增值税＝1 200÷（1+3%）×3%+200÷（1+3%）×3%＝40.78（元）

乙公司应纳城建税及教育费附加＝40.78×（7%+3%）＝4.08（元）

乙公司所得税税前利润＝200÷（1+3%）－4.08＝190.09（元）

方案二：视同买断方式。

甲公司应纳增值税＝1 000÷（1+13%）×13%－100＝15.04（元）

甲公司应纳城建税及教育费附加＝15.04×（7%+3%）＝1.50（元）

甲公司所得税税前利润＝1 000÷（1+13%）－800－1.50＝83.46（元）

乙公司应纳增值税＝1 200÷（1+3%）×3%＝34.95（元）

乙公司应纳城建税及教育费附加＝34.95×（7%+3%）＝3.50（元）

乙公司所得税税前利润＝1 200÷（1+3%）－1 000－3.50＝161.55（元）

可见，采用方案二，甲公司每件多获取所得税税前利润25.32元，乙公司每件少获取所得税税前利润28.54元，从税后利润角度来看，选择何种代销方式，双方需要根据实际情况达成一致。

（三）甲公司为小规模纳税人，乙公司为一般纳税人

方案一：收取手续费方式。

甲公司应纳增值税＝1 200÷（1+3%）×3%＝34.95（元）

甲公司应纳城建税及教育费附加＝34.95×（7%+3%）＝3.50（元）

甲公司所得税税前利润＝1 200÷（1+3%）－900－200－3.50＝61.55（元）

乙公司应纳增值税＝1 200÷（1+13%）×13%－1 200÷（1+3%）×3%+200÷（1+6%）×6%＝114.42（元）

乙公司应纳城建税及教育费附加＝114.42×（7%+3%）＝11.44（元）

乙公司所得税税前利润＝1 200÷（1+13%）－1 200÷（1+3%）+200－1.15＝291.66（元）

方案二：视同买断方式。

甲公司应纳增值税＝1 000÷（1+3%）×3%＝29.13（元）

甲公司应纳城建税及教育费附加＝29.13×（7%+3%）＝2.91（元）

甲公司所得税税前利润＝1 000÷（1+3%）－900－2.91＝67.96（元）

乙公司应纳增值税＝1 200÷（1+13%）×13%－1 000÷（1+3%）×3%＝108.93（元）

乙公司应纳城建税及教育费附加＝108.93×（7%+3%）＝10.89（元）

乙公司所得税税前利润＝1 200÷（1+13%）－1 000÷（1+3%）－10.89＝80.10（元）

可见，采用方案二，甲公司每件多获取所得税税前利润6.41元，乙公司每件少获取所得税税前利润18.19元，从税后利润角度来看，选择何种代销方式，双方需要根据实际情况达成一致。

（四）甲、乙公司均为小规模纳税人

方案一：收取手续费方式。

甲公司应纳增值税＝1 200÷（1+3%）×3%＝34.95（元）

甲公司应纳城建税及教育费附加＝34.95×（7%+3%）＝3.50（元）

甲公司所得税税前利润＝1 200÷（1+3%）−900−200−3.50＝61.55（元）

乙公司应纳增值税＝1 200÷（1+3%）×3%+200÷（1+3%）×3%＝40.78（元）

乙公司应纳城建税及教育费附加＝40.78×（7%+3%）＝4.08（元）

乙公司所得税税前利润＝200−4.08＝195.92（元）

方案二：视同买断方式。

甲公司应纳增值税＝1 000÷（1+3%）×3%＝29.13（元）

甲公司应纳城建税及教育费附加＝29.13×（7%+3%）＝2.91（元）

甲公司所得税税前利润＝1 000÷（1+3%）−900−2.91＝67.96（元）

乙公司应纳增值税＝1 200÷（1+3%）×3%＝34.95（元）

乙公司应纳城建税及教育费附加＝34.95×（7%+3%）＝3.50（元）

乙公司所得税税前利润＝1 200÷（1+3%）−1 000−3.50＝161.55（元）

可见，采用方案二，甲公司每件多获取所得税税前利润6.41元，乙公司每件少获取所得税税前利润34.37元，从税后利润角度来看，选择何种代销方式，双方需要根据实际情况达成一致。

工作任务三　进货渠道选择的筹划

案例导入

某商业企业预计2019年应纳税销售额达100万元，按规定可能要转为一般纳税人，由于企业的进货渠道均是从小规模纳税人购进，无法取得增值税专用发票或取得由税务机关代开的增值税专用发票，毫无疑问，该企业增值税税负增加。对此，企业面临着两种选择：要么加价（这意味着客户流失），要么减少收入。请问：你有何良策？

知识导航

一、发票的相关规定

（一）专用发票的开具范围

一般纳税人销售货物、提供应税劳务和服务，应向购买方开具专用发票。自2014年8月1日起，成品油经销企业应通过增值税防伪税控系统汉字防伪版开具增值税专用发票或增值税普通发票。

一般纳税人有下列销售情形，不得开具专用发票：

1.商业企业一般纳税人零售的烟、酒、食品、服装、鞋帽（不包括劳保专用部分）、化妆品等消费品不得开具专用发票。

2.销售免税货物不得开具专用发票，法律、法规及国家税务总局另有规定的除外。

3.销售自己使用过的下列不得抵扣进项税额的固定资产：

（1）用于简易计税项目、免征增值税项目、集体福利或者个人消费的购进固定资产。

（2）非正常损失的购进固定资产。

（3）国务院财政、税务主管部门规定的纳税人自用消费品。

增值税小规模纳税人需要开具专用发票的，可向主管税务机关申请代开。

（二）专用发票的开具要求

1.项目齐全，与实际交易相符。

2.字迹清楚，不得压线、错格。

3.发票联和抵扣联加盖财务专用章或者发票专用章。

4.按照增值税纳税义务的发生时间开具。

对不符合上列要求的专用发票，购买方有权拒收。

一般纳税人销售货物或者提供应税劳务，可汇总开具专用发票，同时使用防伪税控系统开具“销售货物或者提供应税劳务清单”，并加盖财务专用章或者发票专用章。

二、进项税额相关规定

进项税额，是指纳税人购进货物或者接受加工修理修配劳务和应税服务，支付或者负担的增值税额。

（一）准予从销项税额中抵扣的进项税额

根据税法的规定，准予从销项税额中抵扣的进项税额，限于下列增值税扣税凭证上注明的增值税税额和按规定的扣除率计算的进项税额。

1.从销售方或者提供方取得的增值税专用发票（含货物运输业增值税专用发票、税控机动车销售统一发票）上注明的增值税额。

2.从海关取得的完税凭证上注明的增值税额。

上述规定说明，纳税人在进行增值税账务处理时，每抵扣一笔进项税额，就要有一份记录该进项税额的法定扣税凭证与之相对应；没有从销售方或海关取得注明增值税税额的法定扣税凭证，就不能抵扣进项税额。

3.购进农产品进项税额的确定与抵扣。

购进农产品，准予按照农产品收购发票或者销售发票上注明的农产品买价和10%或9%的扣除率计算进项税额，即“进项税额＝买价×扣除率”。

（二）不得从销项税额中抵扣的进项税额

按《中华人民共和国增值税暂行条例》（以下简称《增值税暂行条例》）的规定，下列项目的进项税额不得从销项税额中抵扣：

1.纳税人购进货物或应税劳务，没有按照规定取得并且保存增值税抵扣凭证或增值税扣税凭证上未按规定注明增值税额及其他有关事项的。

2.一般纳税人有下列情形之一者，应按销售额依照增值税税率计算应纳税额，不得抵扣进项税额，也不得使用专用发票：

（1）会计核算不健全或者不能够提供准确税务资料的。

（2）除另有规定外，纳税人销售额超过小规模纳税人标准，未申请一般纳税人认定手续的。

3.用于适用简易计税项目、免征增值税项目、集体福利或者个人消费的购进货物、接受加工修理修配劳务或者应税服务。

4.非正常损失的购进货物及相关的加工修理修配劳务和交通运输业服务。非正常损失，是指因管理不善造成被盗、丢失、霉烂变质的损失，以及被执法部门依法没收或者强令自行销毁的损失。

5.非正常损失的在产品、产成品所耗用的购进货物（不包括固定资产）、加工修理修配劳务或者交通运输业服务。

筹划思路与演练

一、进货对象的选择

根据税法的规定，增值税纳税人可以凭票进行增值税进项税额抵扣的一般只有两种情况：一是从销售方取得的增值税专用发票上注明的增值税额，二是从海关取得的完税凭证上注明的增值税额。但是只有一般纳税人才能开具增值税专用发票，小规模纳税人是不能开具增值税专用发票的。也就是说，从一般纳税人处购进货物和从小规模纳税人处购进货物的税收负担是不一样的。因此，纳税人在选择进货对象的时候也应该根据自己的情况进行筹划。

一般情况下，作为一般纳税人的购买方，从小规模纳税人处购得货物是不划算的。这里所谓的“一般情况”，是指来自纳税人与来自小规模纳税人的价税款总额相同时。因为，在以含税价购进货物以后，价款中支付了增值税款，但却不能取得增值税专用发票，进项税额不能得到抵扣，直接增大了自己的实际税负。但如果小规模纳税人将商品的价格降得低一些，并能提供由其主管税务机关代开的增值税专用发票，则从小规模纳税人处购买也是可行的。这仅从税收角度考虑，在实际中购买方还应对小规模纳税人的信誉、产品质量等因素进行综合考虑，以做出最优的判断。

一般情况下，作为小规模纳税人的购买方从小规模纳税人处购货是划算的。这里所谓的“一般情况”，是指来自小规模纳税人与来自一般纳税人的“价款”相同、“税款”不同。因为小规模纳税人即使取得了增值税专用发票，也不能用于抵扣，如果从一般纳税人购买货物，其购进货物的总支付额中已包含了一般纳税人收取的销项税额，而自己又无法进行进项税额抵扣，直接增大了自己的实际税负。但考虑到其他因素，比如一般纳税人信誉较好、货物质量有保证、供货及时、能够提供信贷支持等，则从一般纳税人处购进货物也可考虑。

因此，在一般情况下，选择进货对象的时候应尽量坚持进货对象的身份应保持与进货方的身份一致的原则，即进货方为一般纳税人，进货对象也应为一般纳税人；进货方为小规模纳税人，进货对象也应为小规模纳税人。当然，也可综合其他因素进行选择。

由于增值税实行的是发票抵扣制度，只有一般纳税人才能使用增值税专用发票，这样供货方的纳税人身份就直接影响到了购货方的增值税税负。一般纳税人购货方主要有两种不同进货渠道的选择：一是选择一般纳税人作为供货方，可以取得税率为13%或9%的增值税专用发票。二是选择小规模纳税人为供货方，如果能够取得由税务机关代小规模纳税人开具的3%的增值税专用发票，购货方就可按照3%的税率作进项税额抵扣；如果取得的是小规模纳税人出具的增值税普通发票，购货方不能进项抵扣。对于购货方来说，如果从一般纳税人和小规模纳税人那里购货后的净利润相等，那么选择哪一方都可以；如果两方竞价基础带给购货方纳税人的净利润不同，应该选择给购货方带来净利润较大的供货方作为货物来源方，这样就存在一个价格折让率。这时应该如何选择呢？

设一般纳税人含税销售额为S，其从一般纳税人的供货方购进货物的含税购进额为P，可抵扣比例为T，从小规模纳税人的供货方购进货物的含税价之折扣比为R，可抵扣比例为T'。城建税税率为7%，教育费附加率为3%，所得税税率为25%，那么现金流量计算公式为：

现金净流量=现金流入量-现金流出量

=含税销售额-（含税购进额+应纳增值税+应纳城市维护建设税+应纳教育费附加+应纳所得税）

我们可得出从一般纳税人购进货物后销售的税后现金净流量为：

$$S-P-[S/(1+0.13)\times0.13-P/(1+T)\times T]\times(1+3\%+7\%)-\{S/(1+0.13)-P/(1+T)-[S/(1+0.13)\times0.13-P/(1+T)\times T]\times(3\%+7\%)\}\times25\%$$

从小规模纳税人购进货物后销售的税后现金流量为：

$$S-P\times R-[S/(1+0.13)\times0.13-P\times R/(1+T')\times T']\times(1+3\%+7\%)-\{S/(1+0.13)-P\times R/(1+T')-[S/(1+0.13)\times0.13-P\times R/(1+T')\times T']\times(3\%+7\%)\}\times25\%$$

令两个等式相等，简化为：

$$(1-R)+(1.075T'+0.25)R/(1+T')-(1.075T+0.25)/(1+T)=0$$

分别令T为13%、9%，T'为3%、0时，使得两者税后现金净流量相等，可得折扣率临界点，见表3-8。根据表3-8中数据可得，当从小规模纳税人处购进货物和从一般纳税人处购进货物的价格的百分比为表中临界点数据时，从一般纳税人和小规模纳税人处购进货物收益形态一致。当小规模纳税人提供的折扣率高于临界点时，从小规模纳税人处购货不利。

对于小规模纳税人而言，由于无论从一般纳税人处购货，还是从小规模纳税人处购货，都不能进行抵扣，所以只需比较供货方给出的含税价格，从中选择出价格较低者即可。

在城建税税率为7%、教育费附加率为3%、所得税税率为25%情况下，不同组合下的价格折让临界点见表3-8：

表3-8　**不同组合下的价格折让临界点**

一般纳税人适用的增值税税率	小规模纳税人适用的征收率	价格折让临界点
13%	3%	90.23%
13%	0	87.35%
9%	3%	93.94%
9%	0	90.91%
6%	3%	96.89%
6%	0	93.77%

【案例3-10】环宇机器制造企业属于一般纳税人，使用的原材料有两种进货渠道：方案一：从一般纳税人处进货，价格为每件12元，可以开具增值税专用发票；方案二：从小规模纳税人处进货，价格为每件9元，不能开具增值税专用发票。该企业2019年总共需要此种原材料15万件。

【综合分析】

方案一：

进货总价款 = 12×15 = 180（万元）

进项税额为 = 180×13% = 23.4（万元）

进货成本为 = 180-23.4 = 156.6（万元）

方案二：

进货总价款即为进货成本，即135万元（9×15）。可见，应该选择小规模纳税人作为供应商。

【案例3-11】某生产企业为增值税一般纳税人，适用增值税税率为13%，向外购进原材料一批，现有A、B、C3个厂家供应该材料，其中A为一般纳税人，能够开具增值税专用发票，适用税率13%；B为小规模纳税人，能够委托主管税务机关代开专用发票，增值税税率为3%；C为个体户，只能提供普通发票。A、B、C3个企业所提供的原材料质量相同，收款方式一致，含税价格不同，分别为500 000元、455 000元、418 750元。试问该企业应该从哪个厂家购货。

【综合分析】

由表3-8可得，当从一般纳税人购进货物的抵扣率为13%、小规模纳税人的抵扣率为0时，此时的含税购货价格折扣率临界点为87.35%，即含税价格为436 750元，而本题中小规模纳税人提供的价格为418 750元，低于临界点的价格436 750元，是以从A处购货不如C处划算。再来看，当从B处购货时，还由表3-8得，当一般纳税人抵扣率为13%、小规模纳税人抵扣率为3%时，含税价格的临界点为90.23%，即含税价格为451 150元，本例中B出价为455 000元，高于临界点的价格451 150元，所以此时应从A处购货。综上，C厂家给出的折让幅度最大，应该从C厂家购货。

总之，无论是购货方还是采购方，无论是一般纳税人还是小规模纳税人，都应该认识到含税价格折扣率的临界点的重要意义，把握好价格折让与税款抵扣的浮动关系，从而为购销决策活动的进行提供有意义的参考。

【案例3-12】甲公司为增值税一般纳税人，适用增值税税率为13%，购买原材料时，有几种方案可供选择：一是从一般纳税人A公司购买，每吨含税价格为11 000元，A公司适用增值税税率为13%；二是从小规模纳税人B公司购买，则可取得由税务所代开的征收率为3%的专用发票，每吨含税价格为10 000元；三是从小规模纳税人C公司购买，只能取得普通发票，每吨含税价格为9 000元。

甲公司用此原材料生产的产品每吨不含税销售额为20 000元，其他相关费用为3 000元。假设甲公司以利润最大化为目标，请对甲公司购货对象选择进行纳税筹划。

【综合分析】

方案一：从一般纳税人A公司购买。

净利润 = {20 000−11 000÷（1+13%）−3 000−［20 000×13%−11 000÷（1+13%）×13%］×（7%+3%）}×（1−25%）
= 5 349.03（元）

方案二：从小规模纳税人B公司购买。

净利润 = {20 000−10 000÷（1+3%）−3 000−［20 000×13%−10 000÷（1+3%）×3%］×（7%+3%）}×（1−25%）
= 5 295.29（元）

方案三：从小规模纳税人C公司购买。

净利润 = ［20 000−9 000−3 000−20 000×13%×（7%+3%）］×（1−25%）= 5 805（元）

可见，方案三的净利润最大，所以方案三为最优方案，其次是方案一，最后是方案二。

税收负担是企业购货成本的重要组成部分，从不同的供货方购买原材料等货物，企业的负担是不一样的。一方面，企业所需的物资既可以从一般纳税人采购，也可以从小规模纳税人处采购，但由于取得的发票不同，导致了可以扣除的进项税额的不同。

如果从一般纳税人购入，取得增值税专用发票，可以按买价的13%抵扣进项税；而如果从小规模纳税人处购入，则不能抵扣进项税，即便能够经税务机关开票，也只能按买价的3%抵扣进项税。不同的扣税额度，会影响企业的税负，最终会影响到企业的净利润及现金净流量。另一方面，若小规模纳税人的货物比一般纳税人的货物便宜，企业从小规模纳税人处采购也可能更划算。因此，采购时要从供货方纳税人身份、货物的价格等方面进行考虑，最终选择使得企业净利润或现金净流量最大的方案。

二、企业采购过程中发票的纳税筹划技巧

发票管理方面，要注意以下三点：

①在购买商品、接受服务以及从事其他经营活动支付款项时，应当向收款方取得符合规定的发票；不符合规定的发票，不得作为财务报销凭证。

②特殊情况下由付款方向收款方开具发票（即收购单位和扣缴义务人支付个人款项时开具的发票，如产品收购凭证），开具发票时，必须按号码顺序填开，填写项目齐全，内容真实，字迹清楚，全部联次一次复写、打印，内容完全一致，并在有关联次加盖财务印章或者发票专用章；采购物资时必须严格遵守《发票管理办法》及其实施细则以及税法关于增值税专用发票管理的有关规定。

③收购免税农产品应按规定填开“农产品收购凭证”。

【案例3-13】2019年9月，某企业采购部为了为公司节省2万元的材料费，没有向采购单位索取发票，只拿了一张收据。结果财务部一算，不但没有节省成本，还让公司实际损失了1.8万元。这包括价值10万元材料本可以抵扣的进项税额1.3万元，以及缴纳企业所得税时，由于没有合法凭证的成本10万元，企业要多交所得税2.5万元，原来以为是节省了2万元，实际上损失了1.8万元。

【综合分析】由案例可知，若企业要缴纳增值税，专用发票可以用来抵扣所采购原材料的进项税额；在缴纳企业所得税时，有发票也可以使这部分材料的成本在税前扣除，况且发票是消费的合法凭证，有什么消费纷争可以发票为凭据。

【案例3-14】某建材公司在年度税务检查中被查出有价值1 000万元的进货发票不符

合要求，这些发票存在同一个问题：销售方名称与发票章公司名称不一致。据建材公司交代，这些发票出自同一供应商，但该供应商经常更换名字，并开具其他公司名称的发票来延期缴纳税款，但建材公司认为发票不是假的并可以获得一定“好处”，于是发票照收不误。结果税务机关做出决定：建材公司取得的该部分货物的发票全部不在税前作为成本。

其实生活中这种案例有很多，有些企业平时规规矩矩，认真纳税，结果因为做生意交往的供应商漏税而多缴许多冤枉税。其实，主要问题在于对方提供的发票可能违反税务法规，企业取得的发票不符合规定，不能抵扣增值税，不能在税前作为成本费用。

在收取发票时，要重点留意的事情有五项：①发票是否真实；②发票上所列金额是否属实；③发票上所列货物名称是否属实；④发票抬头是否正确；⑤发票专用章是否正确。

企业采购时要综合关注销售方企业产品的价格、质量、付款时间和方式等，并且需要弄清楚采购进项税能否抵扣，所以选择商家属于采购环节中的重要一环。按照会计核算规范程度和经营规模大小的不同，企业在增值税上可以分为增值税一般纳税人和小规模纳税人两类，两类企业分别采取不同的增值税计税方法。从小规模纳税人处购进货物，采购方的进项税额不能抵扣（由税务机关代开的除外）；从一般纳税人处购进货物，采购方的进项税额能抵扣。如果是管理科学、核算精确的小规模纳税人，其专用发票可由税务机关核准后代开，此时的进项税额也可以抵扣，税率为3%，因此，企业在采购时会倾向于选择从增值税一般纳税人处采购，但盲目地选择增值税一般纳税人不一定能节税，就算有时能节税，但从企业整体来看未必是最好选择。

工作任务四　增值税征收管理过程中的筹划

案例导入

某企业属增值税一般纳税人，当月发生销售业务5笔，共计应收货款1 800万元（含税价。其中，有3笔共计1 000万元，货款两清；一笔300万元，两年后一次付清；另一笔500万元，一年后付250万元，一年半后付150万元，余款100万元两年后结清。试问该企业应采用直接收款方式还是应采取赊销和分期收款方式？如何通过筹划为企业获得资金的时间价值，节约流动资金？

知识导航

关于增值税纳税义务发生时间，有以下规定。

一、一般规定

发生应税销售行为，为收讫销售款项或者取得索取销售款项凭据的当天；先开具发票的，为开具发票的当天。

按销售结算方式的不同，具体为：

（1）采取直接收款方式销售货物，不论货物是否发出，均为收到销售款或者取得索取销售款凭据的当天；

（2）采取托收承付和委托银行收款方式销售货物，为发出货物并办妥托收手续的当天；

（3）采取赊销和分期收款方式销售货物，为书面合同约定的收款日期的当天，无书面合同的或者书面合同没有约定收款日期的，为货物发出的当天；

（4）采取预收货款方式销售货物，为货物发出的当天，但生产销售生产工期超过12个月的大型机械设备、船舶、飞机等货物，为收到预收款或者书面合同约定的收款日期的当天；

（5）委托其他纳税人代销货物，为收到代销单位的代销清单或者收到全部或者部分货款的当天，未收到代销清单及货款的，为发出代销货物满180天的当天；

（6）销售应税劳务，为提供劳务同时收讫销售款或者取得索取销售款凭据的当天；

（7）纳税人发生《中华人民共和国增值税暂行条例实施细则》第四条第（三）项至第（八）项所列视同销售货物行为，为货物移送的当天。

进口货物缴纳增值税的时间，为报关进口的当天。增值税扣缴义务发生时间为纳税人增值税纳税义务发生的当天。

二、“营改增”纳税人规定

增值税纳税义务、扣缴义务发生时间为：

（1）纳税人发生应税行为并收讫销售款项或者取得索取销售款项凭据的当天；先开具发票的，为开具发票的当天。

收讫销售款项，是指纳税人销售服务、无形资产、不动产过程中或者完成后收到款项。

取得索取销售款项凭据的当天，是指书面合同确定的付款日期；未签订书面合同或者书面合同未确定付款日期的，为服务、无形资产转让完成的当天或者不动产权属变更的当天。

（2）纳税人提供租赁服务采取预收款方式的，其纳税义务发生时间为收到预收款的当天。

（3）纳税人从事金融商品转让的，为金融商品所有权转移的当天。

（4）纳税人发生视同销售服务、无形资产或者不动产规定情形的，其纳税义务发生时间为服务、无形资产转让完成的当天或者不动产权属变更的当天。

（5）增值税扣缴义务发生时间为纳税人增值税纳税义务发生的当天。

筹划思路与演练

一、结算方式的筹划

税法规定，采用直接收款方式销售货物，不论货物是否发出，均为收到销售额或取得索取销售额的凭据，并将提货单交给买方的当天。如果货物不能及时收现而形成赊销，销售方还需承担相关税费。而采用赊销和分期收款方式销售货物，以合同约定的收款日期的当天为纳税义务发生时间。如果纳税人能够准确预计客户的付款时间，采用签订合同赊销或分期收款方式销售货物，虽然最终缴税金额相同，却可以推迟纳税。

【案例3-15】2020年3月6日，A企业与B企业签订了一份购销合同，A企业向B企业销售某种型号的推土机，总价值2 000万元，合同规定采取委托银行收款方式结算税款。A企业于当日向B企业发货，并到当地某银行办理了托收手续。4月15日，B企业收到A企业的全部推土机，对其进行技术检测后，认为不符合合同的要求，拒绝付款，并将全部推土机退回。

【综合分析】依据税法的规定，采取托收承付和委托银行收款方式销售货物，其销售额的确认时间为发出货物并办妥托收手续的当天，因此，A企业3月6日在未收到货款的情况下，应当确认并垫付销项税额260万元（2 000×13%）。虽然这笔税款可以在退货发生的当期销项税额中抵扣，但这种抵扣与以前的垫付是有一定时间间隔的，相当于企业占用了一部分资金用于无回报的投资，而且还要承担资金成本1.534万元（260×5.31%÷360×40，设2020年我国银行贷款利率为5.31%），对于资金比较紧张的企业而言，这无疑是一种损失。因此，在销售结算时应当慎重选择托收承付或委托收款结算方式。

二、进项税额抵扣票据管理的筹划

2019年税率下调后，可以作为进项税额抵扣的票据凭证主要有以下七类：

第一类：增值税专用发票。

从销售方取得的增值税专用发票上注明的增值税额，准予从销项税额中抵扣。

第二类：机动车销售统一发票。

从销售方取得的税控机动车销售统一发票上注明的增值税额，准予从销项税额中抵扣。

第三类：海关进口增值税专用缴款书。

从海关取得的海关进口增值税专用缴款书上注明的增值税额，准予从销项税额中抵扣。

第四类：农产品收购发票或销售发票。

购进农产品，除取得增值税专用发票或者海关进口增值税专用缴款书外，按照农产品收购发票或者销售发票上注明的农产品买价和扣除率计算的进项税额。计算公式为：

进项税额=买价×扣除率

买价，是指纳税人购进农产品在农产品收购发票或者销售发票上注明的价款和按照规定缴纳的烟叶税。

购进农产品，按照《农产品增值税进项税额核定扣除试点实施办法》抵扣进项税额的除外。

第五类：解缴税款完税凭证。

从境外单位或者个人购进服务、无形资产或者不动产，自税务机关或者扣缴义务人取得的解缴税款的完税凭证上注明的增值税额，准予从销项税额中抵扣。

第六类：道路、桥、闸通行费。

通行费，是指有关单位依法或者依规设立并收取的过路、过桥和过闸费用。

自2019年1月1日起，纳税人支付的高速公路道路通行费，按照通行费增值税电子普通发票上注明的增值税额抵扣进项税额。

第七类：旅客运输凭证。

纳税人购进国内旅客运输服务，其进项税额允许从销项税额中抵扣。纳税人未取得增值税专用发票的，暂按照以下规定确定进项税额：

（1）取得增值税电子普通发票的，为发票上注明的税额。

（2）取得注明旅客身份信息的航空运输电子客票行程单的，为按照下列公式计算的进项税额：

航空旅客运输进项税额=（票价+燃油附加费）÷（1+9%）×9%

（3）取得注明旅客身份信息的铁路车票的，为按照下列公式计算的进项税额：

铁路旅客运输进项税额=票面金额÷（1+9%）×9%

（4）取得注明旅客身份信息的公路、水路等其他客票的，按照下列公式计算进项税额：

公路、水路等其他旅客运输进项税额=票面金额÷（1+3%）×3%

旅客运输服务自2019年4月1日起可以抵扣进项税额，以下几点提请注意：

（1）如果取得是充值的“不征税”增值税电子普通发票，发票上没有税额，也就不能抵扣进项税额。

（2）一般纳税人取得符合规定的通行费电子发票后，应当自开具之日起360日内登录本省（自治区、直辖市）增值税发票选择确认平台，查询、选择用于申报抵扣的通行费电子发票信息。

（3）取得的机票（行程单）、火车票、公路水路等其他客票，不需要勾选认证，也没有360日的限制。

（4）机票（行程单）、火车票、公路水路等其他客票可以单独复印一张和增值税抵扣凭证一起装订，原件作为报销凭证装订在相关凭证后面。

作为购货方的增值税一般纳税人要加强票据管理，可以通过筹划进项税额的抵扣时间，达到延期纳税的目的。如果取得的是防伪税控的增值税专用发票，应尽快认证，认证通过的当月核算当期进项税额并申报抵扣，降低当期的增值税税负。

三、合同定价方式筹划

在税率变更期，还应注意合同定价方式的选择，合同总价是否含增值税会对企业税负产生较大影响。因此，企业应完善合同定价方式，为应对国家对增值税税率由三档简并至两档的政策预期变化，企业应及时修改采购制度，除国家有特殊规定外，拟采购项目招标的标书等可以不含增值税的报价为基础进行比价。在过渡期内，因增值税税率的降低，税改前以含增值税价格为标的签订的合同，在税改后对销售方而言获利多些，对购进方而言获利要少些。因为此次税改从2019年4月1日起实施，在实施前，即2019年3月这个过渡期内实施的合同，如果是以含增值税价格作为合同标的的采购事项，应尽量执行，避免税改后执行，导致出现可抵扣的进项税额减少且购进成本增加的不利现象。反之，对于销售合同，如果购进方许可，可考虑适度延后。

【案例3-16】甲公司为从事货物加工的增值税一般纳税人，加工的货物及采购的原材料适用增值税率为16%，城建税税率为7%，教育费附加的征收率为3%，地方教育费附加的征收率为2%，企业未享受企业所得税优惠，适用企业所得税率为25%。根据2019年度财务预算，甲公司4—12月销售收入100 000万元，销售成本80 000万元。为简化分析，假定企业当月购进原材料全部加工成产品并销售，在销售成本中人工成本占总成本的比重为20%，暂不考虑其他费用因素的影响。本案例分析企业经营中购销合同标的分别是否含增值税，按税改前后（增值税税率从16%降至13%）两种情形进行比较。

【综合分析】情形一：以不含增值税价格作为标的签订合同。

这种情形即企业签订购销合同均以不含增值税价格作为合同标的，且合同期限覆盖2019年全年，预计税改后仍按原合同继续执行。

1.按税改前政策。2019年4—12月，实现销售收入100 000万元，销项税额16 000万元（100 000×16%）。相应发生销售成本80 000万元。其中，人工成本16 000万元（80 000×20%），扣除人工成本后的原材料成本64 000万元（80 000-16 000）；因企业未采取劳务派遣等外包用工方式，人工成本不涉及进项税额抵扣，故进项税额为10 240万元（64 000×16%）。这期间应缴纳增值税为5 760万元（16 000-10 240）。

2.按税改后政策。2019年4—12月，实现销售收入100 000万元，销项税额13 000万元（100 000×13%）。相应发生销售成本80 000万元，扣除人工成本后的原材料成本64 000万元，进项税额8 320万元（64 000×13%）。这期间应缴纳增值税为4 680万元（13 000-8 320）。

3.增值税变化。税改后政策与税改前政策相比较，甲公司应缴纳增值税减少了1 080万元（5 760-4 680）。

4.利润变化。因企业签订购销合同均以不含增值税价格作为合同标的，故销售收入、销售成本在税改前后不会发生变化。但是由于应缴纳的增值税减少，其相应的城建税及附加税费减少了129.6万元［1 080×（7%+3%+2%）］，故该期间利润增加129.6万元。

情形二：以含增值税价格作为标的签订合同。

这种情形即企业签订的购销合同均以含增值税价格作为标的，且合同期限覆盖2019年全年，预计税改后仍按原合同继续执行。

1.按税改前政策。与情形一的计算相同，即应缴纳增值税为5 760万元。

2.按税改后政策。由于以含增值税价格作为标的签订合同，在货物适用的增值税率发生变化时，其对应的收入和成本会发生变化。

2019年4—12月，按照税改前所签订的合同约定以含税价作为标的，则含税销售额在税改前后均不变，为116 000万元［100 000×（1+16%）］，税改后实现的销售收入将变为102 654.87万元［116 000÷（1+13%）］，销项税额为13 345.13万元（102 654.87×13%）。发生的销售成本中，人工成本在税改前后均不变，为16 000万元，扣除人工成本后原材料成本的含税金额在税改前后均不变，为74 240万元［64 000×（1+16%）］，税改后将变为65 699.12万元［74 240÷（1+13%）］，则发生的销售成本将变为81 699.12万元（16 000+65 699.12），进项税额为8 540.89万元（65 699.12×13%）。应缴纳增值税4 804.24万元（13 345.13-8 540.89）。

3.增值税变化。税改后政策与税改前政策相比较，甲公司应缴纳增值税减少了955.76万元（5 760-4 804.24）。

4.利润变化。相比于税改前，税改后销售收入增加了2 654.87万元（102 654.87-100 000），销售成本增加了1 699.12万元（81 699.12-80 000）。因应缴纳的增值税减少，其相应的城建税及附加税费也减少了114.69万元［955.76×（7%+3%+2%）］，故该期间利润增加了1 070.44万元（2 654.87-1 699.12+114.69）。

对处于增值税抵扣链条中间环节的甲公司而言，相比于情形一，情形二获利更多。

工作任务五　税收优惠政策的运用及筹划

案例导入

某水泥厂是个生产普通硅酸盐水泥的中型企业。由于近几年水泥行业竞争激烈，全行业出现了效益下滑的局面。另外，增值税政策实施以来，由于其原材料大多为泥土、砂石及工业企业的废物如粉煤灰，在购进时大都获取不到增值税专用发票，因而无法抵扣进项税额，税负较高。当了解到有关资源综合利用税收优惠政策之后，水泥厂专门成立了资源综合利用办公室进行水泥配方的革新。企业在资金本来就不富裕的情况下投入资金、人力、物力，认认真真开始攻关了。通过研究，在生产水泥过程中，用粉煤灰代替以前使用的玄武岩，用煤矸石代替部分黏土，用煤泥代替部分燃煤等，通过多次实验，终于研制成功了以废渣为原料的新型水泥。经测试利用这些废物生产出的水泥在质量上比以前的还好，完全达到合格产品的标准。水泥厂这么做可以运用哪些税收优惠政策？可以降低企业税负吗？

知识导航

一、“营改增”相关增值税优惠政策

（一）以下项目免征增值税

1.托儿所、幼儿园提供的保育和教育服务。

托儿所、幼儿园，是指经县级以上教育部门审批成立、取得办园许可证的实施0～6岁学前教育的机构，包括公办和民办的托儿所、幼儿园、学前班、幼儿班、保育院。

公办托儿所、幼儿园免征增值税的收入，是指在省级财政部门和价格主管部门审核报省级人民政府批准的收费标准以内收取的教育费、保育费。

民办托儿所、幼儿园免征增值税的收入，是指在报经当地有关部门备案并公示的收费标准范围内收取的教育费、保育费。

超过规定收费标准的收费，以开办实验班、特色班和兴趣班等为由另外收取的费用以及与幼儿入园挂钩的赞助费、支教费等超过规定范围的收入，不属于免征增值税的收入。

2.养老机构提供的养老服务。

养老机构，是指依照民政部《养老机构设立许可办法》（民政部令第48号）设立并依法办理登记的为老年人提供集中居住和照料服务的各类养老机构；养老服务，是指上述养老机构按照民政部《养老机构管理办法》（民政部令第49号）的规定，为收住的老年人提

供的生活照料、康复护理、精神慰藉、文化娱乐等服务。

3.残疾人福利机构提供的育养服务。

4.婚姻介绍服务。

5.殡葬服务。

殡葬服务，是指收费标准由各地价格主管部门会同有关部门核定，或者实行政府指导价管理的遗体接运（含抬尸、消毒）、遗体整容、遗体防腐、存放（含冷藏）、火化、骨灰寄存、吊唁设施设备租赁、墓穴租赁及管理等服务。

6.残疾人员本人为社会提供的服务。

7.医疗机构提供的医疗服务。

医疗机构，是指依据国务院《医疗机构管理条例》（国务院令第149号）及卫生部《医疗机构管理条例实施细则》（卫生部令第35号）的规定，经登记取得《医疗机构执业许可证》的机构，以及军队、武警部队各级各类医疗机构。其具体包括：各级各类医院、门诊部（所）、社区卫生服务中心（站）、急救中心（站）、城乡卫生院、护理院（所）、疗养院、临床检验中心，各级政府及有关部门举办的卫生防疫站（疾病控制中心）、各种专科疾病防治站（所），各级政府举办的妇幼保健所（站）、母婴保健机构、儿童保健机构，各级政府举办的血站（血液中心）等医疗机构。

本项所称的医疗服务，是指医疗机构按照不高于地（市）级以上价格主管部门会同同级卫生主管部门及其他相关部门制定的医疗服务指导价格（包括政府指导价和按照规定由供需双方协商确定的价格等）为就医者提供《全国医疗服务价格项目规范》所列的各项服务，以及医疗机构向社会提供卫生防疫、卫生检疫的服务。

8.从事学历教育的学校提供的教育服务。

学历教育，是指受教育者经过国家教育考试或者国家规定的其他入学方式，进入国家有关部门批准的学校或者其他教育机构学习，获得国家承认的学历证书的教育形式。

其具体包括：

（1）初等教育：普通小学、成人小学。

（2）初级中等教育：普通初中、职业初中、成人初中。

（3）高级中等教育：普通高中、成人高中和中等职业学校（包括普通中专、成人中专、职业高中、技工学校）。

（4）高等教育：普通本专科、成人本专科、网络本专科、研究生（博士、硕士）、高等教育自学考试、高等教育学历文凭考试。

从事学历教育的学校，是指：

（1）普通学校。

（2）经地（市）级以上人民政府或者同级政府的教育行政部门批准成立、国家承认其学员学历的各类学校。

（3）经省级及以上人力资源社会保障行政部门批准成立的技工学校、高级技工学校。

（4）经省级人民政府批准成立的技师学院。

上述学校均包括符合规定的从事学历教育的民办学校，但不包括职业培训机构等国家不承认学历的教育机构。

提供教育服务免征增值税的收入，是指对列入规定招生计划的在籍学生提供学历教育服务取得的收入，具体包括：经有关部门审核批准并按规定标准收取的学费、住宿费、课本费、作业本费、考试报名费收入，以及学校食堂提供餐饮服务取得的伙食费收入。除此之外的收入，包括学校以各种名义收取的赞助费、择校费等，不属于免征增值税的范围。

学校食堂是指依照《学校食堂与学生集体用餐卫生管理规定》（教育部令第14号）管理的学校食堂。

9.学生勤工俭学提供的服务。

10.农业机耕、排灌、病虫害防治、植物保护、农牧保险以及相关技术培训业务，家禽、牲畜、水生动物的配种和疾病防治。

农业机耕，是指在农业、林业、牧业中使用农业机械进行耕作（包括耕耘、种植、收割、脱粒、植物保护等）的业务；排灌，是指对农田进行灌溉或者排涝的业务；病虫害防治，是指从事农业、林业、牧业、渔业的病虫害测报和防治的业务；农牧保险，是指为种植业、养殖业、牧业种植和饲养的动植物提供保险的业务；相关技术培训，是指与农业机耕、排灌、病虫害防治、植物保护业务相关以及为使农民获得农牧保险知识的技术培训业务；家禽、牲畜、水生动物的配种和疾病防治业务的免税范围，包括与该项服务有关的提供药品和医疗用具的业务。

11.纪念馆、博物馆、文化馆、文物保护单位管理机构、美术馆、展览馆、书画院、图书馆在自己的场所提供文化体育服务取得的第一道门票收入。

12.寺院、宫观、清真寺和教堂举办文化、宗教活动的门票收入。

13.行政单位之外的其他单位收取的符合试点实施办法第十条规定条件的政府性基金和行政事业性收费。

14.个人转让著作权。

15.个人销售自建自用住房。

16.2018年12月31日前，公共租赁住房经营管理单位出租公共租赁住房。

公共租赁住房，是指纳入省、自治区、直辖市、计划单列市人民政府及新疆生产建设兵团批准的公共租赁住房发展规划和年度计划，并按照《关于加快发展公共租赁住房的指导意见》（建保〔2010〕87号）和市、县人民政府制定的具体管理办法进行管理的公共租赁住房。

17.台湾航运公司、航空公司从事海峡两岸海上直航、空中直航业务在大陆取得的运输收入。

台湾航运公司，是指取得交通运输部颁发的“台湾海峡两岸间水路运输许可证”且该许可证上注明的公司登记地址在台湾的航运公司。

台湾航空公司，是指取得中国民用航空局颁发的“经营许可”或者依据《海峡两岸空运协议》和《海峡两岸空运补充协议》的规定，批准经营两岸旅客、货物和邮件不定期（包机）运输业务，且公司登记地址在台湾的航空公司。

18.纳税人提供的直接或者间接国际货物运输代理服务。

纳税人提供直接或者间接国际货物运输代理服务，向委托方收取的全部国际货物运输代理服务收入，以及向国际运输承运人支付的国际运输费用，必须通过金融机构进行结算。

纳税人为大陆与香港、澳门、台湾地区之间的货物运输提供的货物运输代理服务参照国际货物运输代理服务有关规定执行。

委托方索取发票的，纳税人应当就国际货物运输代理服务收入向委托方全额开具增值税普通发票。

19.符合条件的利息收入。

①2016年12月31日前，金融机构农户小额贷款。

小额贷款，是指单笔且该农户贷款余额总额在10万元（含本数）以下的贷款。

所称农户，是指长期（一年以上）居住在乡镇（不包括城关镇）行政管理区域内的住户，还包括长期居住在城关镇所辖行政村范围内的住户和户口不在本地而在本地居住一年以上的住户、国有农场的职工和农村个体工商户。位于乡镇（不包括城关镇）行政管理区域内和在城关镇所辖行政村范围内的国有经济的机关、团体、学校、企事业单位的集体户；有本地户口，但举家外出谋生一年以上的住户，无论是否保留承包耕地均不属于农户。农户以户为统计单位，既可以从事农业生产经营，也可以从事非农业生产经营。农户贷款的判定应以贷款发放时的承贷主体是否属于农户为准。

②国家助学贷款。

③国债、地方政府债。

④人民银行对金融机构的贷款。

⑤住房公积金管理中心用住房公积金在指定的委托银行发放的个人住房贷款。

⑥外汇管理部门在从事国家外汇储备经营过程中，委托金融机构发放的外汇贷款。

⑦统借统还业务中，企业集团或企业集团中的核心企业以及集团所属财务公司按不高于支付给金融机构的借款利率水平或者支付的债券票面利率水平，向企业集团或者集团内下属单位收取的利息。

统借方向资金使用单位收取的利息，高于支付给金融机构借款利率水平或者支付的债券票面利率水平的，应全额缴纳增值税。

统借统还业务，是指：企业集团或者企业集团中的核心企业向金融机构借款或对外发行债券取得资金后，将所借资金分拨给下属单位（包括独立核算单位和非独立核算单位，下同），并向下属单位收取用于归还金融机构或债券购买方本息的业务。

企业集团向金融机构借款或对外发行债券取得资金后，由集团所属财务公司与企业集团或者集团内下属单位签订统借统还贷款合同并分拨资金，并向企业集团或者集团内下属单位收取本息，再转付企业集团，由企业集团统一归还金融机构或债券购买方的业务。

20.被撤销金融机构以货物、不动产、无形资产、有价证券、票据等财产清偿债务。

21.保险公司开办的一年期以上人身保险产品取得的保费收入。

22.符合条件的金融商品转让收入。

23.金融同业往来利息收入。

24.同时符合条件的担保机构从事中小企业信用担保或者再担保业务取得的收入（不含信用评级、咨询、培训等收入）3年内免征增值税。

25.国家商品储备管理单位及其直属企业承担商品储备任务，从中央或者地方财政取得的利息补贴收入和价差补贴收入。

26.纳税人提供技术转让、技术开发和与之相关的技术咨询、技术服务。

27.符合条件的合同能源管理服务。

28.2017年12月31日前，科普单位的门票收入，以及县级及以上党政部门和科协开展科普活动的门票收入。

29.政府举办的从事学历教育的高等、中等和初等学校（不含下属单位），举办进修班、培训班取得的全部归该学校所有的收入。

30.政府举办的职业学校设立的主要为在校学生提供实习场所，并由学校出资自办、由学校负责经营管理、经营收入归学校所有的企业，从事《销售服务、无形资产或者不动产注释》中“现代服务”（不含融资租赁服务、广告服务和其他现代服务）、“生活服务”（不含文化体育服务、其他生活服务和桑拿、氧吧）业务活动取得的收入。

31.家政服务企业由员工制家政服务员提供家政服务取得的收入。

32.福利彩票、体育彩票的发行收入。

33.军队空余房产租赁收入。

34.为了配合国家住房制度改革，企业、行政事业单位按房改成本价、标准价出售住房取得的收入。

35.将土地使用权转让给农业生产者用于农业生产。

36.涉及家庭财产分割的个人无偿转让不动产、土地使用权。

37.土地所有者出让土地使用权和土地使用者将土地使用权归还给土地所有者。

38.县级以上地方人民政府或自然资源行政管理主管部门出让、转让或收回自然资源使用权（不含土地使用权）。

39.随军家属就业。

40.军队转业干部就业。

（二）下列项目实行增值税即征即退

1.一般纳税人提供管道运输服务，对其增值税实际税负超过3%的部分实行增值税即征即退政策。

2.经中国人民银行、银保监会或者商务部批准从事融资租赁业务的试点纳税人中的一般纳税人，提供有形动产融资租赁服务和有形动产融资性售后回租服务，对其增值税实际税负超过3%的部分实行增值税即征即退政策。

（三）扣减增值税规定（重庆范围）

对自主就业退役士兵以及持“就业创业证”或2015年1月27日前取得“就业失业登记证”的人员从事符合规定条件的个体经营，在3年内按每户每年9 600元为限额依次扣减其当年实际应缴纳的增值税、城市维护建设税、教育费附加、地方教育附加和个人所得税。

对符合条件的企业实体，在新增加的岗位中，当年新招用在人力社保部门公共就业服务机构登记失业半年以上且持“就业创业证”的人员，与其签订1年以上期限劳动合同并依法缴纳社会保险费的，在3年内按实际招用人数每人每年5 200元定额依次扣减当年实际应缴纳的增值税、城市维护建设税、教育费附加、地方教育附加和个人所得税。

二、资源税综合利用产品和劳务增值税优惠政策

1.纳税人销售自产的资源综合利用产品和提供资源综合利用劳务（以下称销售综合利用产品和劳务），可享受增值税即征即退政策。具体综合利用的资源名称、综合利用产品和劳务名称、技术标准和相关条件、退税比例等按照《资源综合利用产品和劳务增值税优惠目录》的相关规定执行。

2.纳税人从事目录所列的资源综合利用项目，其申请享受规定的增值税即征即退政策时，应同时符合下列条件：

（1）属于增值税一般纳税人。

（2）销售综合利用产品和劳务，不属于国家发展改革委《产业结构调整指导目录》中的禁止类、限制类项目。

（3）销售综合利用产品和劳务，不属于环境保护部《环境保护综合名录》中的“高污染、高环境风险”产品或重污染工艺。

（4）综合利用的资源，属于环境保护部《国家危险废物名录》列明的危险废物的，应当取得省级及以上环境保护部门颁发的《危险废物经营许可证》且许可经营范围包括该危险废物的利用。

（5）纳税信用等级不属于税务机关评定的C级或D级。纳税人在办理退税事宜时，应向主管税务机关提供其符合规定的上述条件及目录规定的技术标准和相关条件的书面声明材料，未提供书面声明材料或出具虚假材料的，税务机关不得给予退税。

3.已享受即征即退规定的增值税即征即退政策的纳税人，自不符合规定条件以及目录规定的技术标准和相关条件的次月起，不再享受规定的增值税即征即退政策。

4.已享受即征即退规定的增值税即征即退政策的纳税人，因违反税收、环境保护的法律法规受到处罚（警告或单次1万元以下罚款除外）的，自处罚决定下达的次月起36个月内，不得享受规定的增值税即征即退政策。

5.纳税人应当单独核算适用增值税即征即退政策的综合利用产品和劳务的销售额及应纳税额。未单独核算的，不得享受规定的增值税即征即退政策。

三、其他税收政策

1.对煤层气抽采企业的增值税一般纳税人抽采销售煤层气实行增值税先征后退政策。

2.软件产品。

（1）对增值税一般纳税人销售其自行开发生产的软件产品，按17%的法定税率征收增值税后，对其增值税实际税负超过3%的部分实行即征即退政策。

（2）一般纳税人将进口软件进行本地化改造后（不包括单纯地进行汉字化处理）对外销售的，可享受上述第（1）点的即征即退政策。

3.农业生产者销售的自产农产品免征增值税。

农业是指种植业、养殖业、林业、牧业、水产品；从事农业生产是直接从事农业的种植、收割、饲养、捕捞等；自产自销是自己生产，并且自己销售的一种行为，而对于通过

收购、生产并加工出售的农业产品，则不在免税的行列。同时，需要特别注意的是，免税的农业产品必须是初级农业产品，即只是通过简单的晒干、腌制、切片等粗略的方式制成的农业产品。

4.蔬菜（部分鲜活肉蛋）流通环节免税政策。

（1）对从事蔬菜批发、零售的纳税人销售的蔬菜免征增值税。

蔬菜是指可作副食的草本、木本植物，包括各种蔬菜、菌类植物和少数可作副食的木本植物。蔬菜的主要品种参照《蔬菜主要品种目录》执行。

经挑选、清洗、切分、晾晒、包装、脱水、冷藏、冷冻等工序加工的蔬菜，属于有关文件所述蔬菜的范围。

各种蔬菜罐头不属于有关文件所述蔬菜的范围。蔬菜罐头是指蔬菜经处理、装罐、密封、杀菌或无菌包装而制成的食品。

（2）自2012年10月1日起，免征部分鲜活肉蛋产品流通环节增值税。

免征增值税的鲜活肉产品，是指猪、牛、羊、鸡、鸭、鹅及其整块或者分割的鲜肉、冷藏或者冷冻肉，内脏、头、尾、骨、蹄、翅、爪等组织。

免征增值税的鲜活蛋产品，是指鸡蛋、鸭蛋、鹅蛋，包括鲜蛋、冷藏蛋以及对其进行破壳分离的蛋液、蛋黄和蛋壳。

（3）上述产品中不包括《中华人民共和国野生动物保护法》所规定的国家珍贵、濒危野生动物及其鲜活肉类、蛋类产品。

（4）纳税人既销售蔬菜（部分鲜活肉蛋）又销售其他增值税应税货物的，应分别核算；未分别核算的，不得享受免税政策。

四、农产品进项税额加计扣除

纳税人购进农产品，原适用10%扣除率的，扣除率调整为9%。纳税人购进用于生产或者委托加工13%税率货物的农产品，按照10%的扣除率计算进项税额。

五、增值税进项税额加计抵减政策

自2019年4月1日至2021年12月31日，允许生产、生活性服务业纳税人按照当期可抵扣进项税额加计10%，抵减应纳税额（以下称加计抵减政策）。

1.所称生产、生活性服务业纳税人，是指提供邮政服务、电信服务、现代服务、生活服务（以下称四项服务）取得的销售额占全部销售额的比重超过50%的纳税人。四项服务的具体范围按照《销售服务、无形资产、不动产注释》（财税〔2016〕36号文件）执行。

2019年3月31日前设立的纳税人，自2018年4月至2019年3月期间的销售额（经营期不满12个月的，按照实际经营期的销售额）符合上述规定条件的，自2019年4月1日起适用加计抵减政策。

2019年4月1日后设立的纳税人，自设立之日起3个月的销售额符合上述规定条件的，自登记为一般纳税人之日起适用加计抵减政策。

纳税人确定适用加计抵减政策后，当年内不再调整，以后年度是否适用，根据上年度销售额计算确定。

纳税人可计提但未计提的加计抵减额，可在确定适用加计抵减政策当期一并计提。

2.纳税人应按照当期可抵扣进项税额的10%计提当期加计抵减额。按照现行规定不得从销项税额中抵扣的进项税额，不得计提加计抵减额；已计提加计抵减额的进项税额，按规定作进项税额转出的，应在进项税额转出当期，相应调减加计抵减额。计算公式如下：

当期计提加计抵减额=当期可抵扣进项税额×10%

当期可抵减加计抵减额=上期末加计抵减额余额+当期计提加计抵减额−当期调减加计抵减额

3.纳税人应按照现行规定计算一般计税方法下的应纳税额（以下称抵减前的应纳税额）后，区分以下情形加计抵减：

（1）抵减前的应纳税额等于零的，当期可抵减加计抵减额全部结转下期抵减；

（2）抵减前的应纳税额大于零，且大于当期可抵减加计抵减额的，当期可抵减加计抵减额全额从抵减前的应纳税额中抵减；

（3）抵减前的应纳税额大于零，且小于或等于当期可抵减加计抵减额的，以当期可抵减加计抵减额抵减应纳税额至零。未抵减完的当期可抵减加计抵减额，结转下期继续抵减。

4.纳税人出口货物劳务、发生跨境应税行为不适用加计抵减政策，其对应的进项税额不得计提加计抵减额。

纳税人兼营出口货物劳务、发生跨境应税行为且无法划分不得计提加计抵减额的进项税额，按照以下公式计算：

$$\text{不得计提加计抵减额的进项税额}=\text{当期无法划分的全部进项税额}\times\text{当期出口货物劳务和发生跨境应税行为的销售额}\div\text{当期全部销售额}$$

5.纳税人应单独核算加计抵减额的计提、抵减、调减、结余等变动情况。骗取适用加计抵减政策或虚增加计抵减额的，按照《税收征管法》等有关规定处理。

6.加计抵减政策执行到期后，纳税人不再计提加计抵减额，结余的加计抵减额停止抵减。

六、增值税期末留抵税额退税制度

自2019年4月1日起，试行增值税期末留抵税额退税制度。

1.同时符合以下条件的纳税人，可以向主管税务机关申请退还增量留抵税额：

（1）自2019年4月税款所属期起，连续6个月（按季纳税的，连续两个季度）增量留抵税额均大于零，且第六个月增量留抵税额不低于50万元；

（2）纳税信用等级为A级或者B级；

（3）申请退税前36个月未发生骗取留抵退税、出口退税或虚开增值税专用发票情形的；

（4）申请退税前36个月未因偷税被税务机关处罚两次及以上的；

（5）自2019年4月1日起未享受即征即退、先征后返（退）政策的。

2.所称增量留抵税额，是指与2019年3月底相比新增加的期末留抵税额。

3.纳税人当期允许退还的增量留抵税额，按照以下方法计算：

进项构成比例，为2019年4月至申请退税前一税款所属期内已抵扣的增值税专用发票（含税控机动车销售统一发票）、海关进口增值税专用缴款书、解缴税款完税凭证注明的增值税额占同期全部已抵扣进项税额的比重。

4.纳税人应在增值税纳税申报期内，向主管税务机关申请退还留抵税额。

5.纳税人出口货物劳务、发生跨境应税行为，适用免抵退税办法的，办理免抵退税后，仍符合规定条件的，可以申请退还留抵税额；适用免退税办法的，相关进项税额不得用于退还留抵税额。

6.纳税人取得退还的留抵税额后，应相应调减当期留抵税额。按照本条规定再次满足退税条件的，可以继续向主管税务机关申请退还留抵税额，但本条第1项第（1）点规定的连续期间，不得重复计算。

7.以虚增进项、虚假申报或其他欺骗手段，骗取留抵退税款的，由税务机关追缴其骗取的退税款，并按照《税收征管法》等有关规定处理。

8.退还的增量留抵税额中央、地方分担机制另行通知。

筹划思路与演练

一、税率的筹划

由于增值税存在优惠税率的产品，在税率的筹划中，企业应充分利用低税率，特别是关注低税率的适用范围。对于兼营不同税率产品的增值税纳税人，一定要分别核算不同税率的应税产品，避免从高适用税率而增大税收负担。

【案例3-17】某钢材厂属增值税一般纳税人，月零售钢材90万元，同时又获得零售农机收入10万元。该钢材厂应如何筹划？

【综合分析】

方案一：未分别核算，应纳增值税＝（90+10）÷（1+13%）×13%＝11.50（万元）

方案二：分别核算，应纳增值税＝90÷（1+13%）×13%+10÷（1+9%）×9%＝11.18（万元）

分别核算可以为该钢材厂减轻0.32万元（11.50−11.18）税负。

二、免税优惠选择权的筹划

目前，我国增值税计算方法是购进扣税法，属于间接计税。纳税人应纳的增值税税额等于销项税额减进项税额。而用于免税项目的购进货物或者应税劳务，其进项税额不得从销项税额中抵扣，销售时也一律不得开具增值税专用发票。

政策规定，适用一般计税方法的纳税人，兼营简易计税方法计税项目、免征增值税项目而无法划分不得抵扣的进项税额，按照以下公式计算不得抵扣的进项税额：

$$\text{不得抵扣的进项税额}=\text{当期无法划分的全部进项税额}\times\left(\text{当期简易计税方法计税项目销售额}+\text{免征增值税项目销售额}\right)\div\left(\text{当期全部销售额}+\text{当期全部营业额}\right)$$

政策规定，纳税人发生应税行为适用免税、减税规定的，可以放弃免税、减税，依照本办法的规定缴纳增值税。放弃免税、减税后，36个月内不得再申请免税、减税。

对于销售免税产品的纳税人，如果其客户需要索取增值税专用发票，或者该纳税人兼营应税产品，且免税产品所涉及的进项税额转出比重较大，此时，享受免税优惠对该企业不一定有利。

放弃免税权需注意六点：

第一，放弃免税权不能随意选择。要书面提交声明，由纳税人主动提出。纳税人不申请，税务机关不能主动要求纳税人放弃。

第二，要及时报税务机关备案。税务机关接受备案从形式上表明税务机关已认可纳税人的声明，从时间上已确认放弃免税权的起始时间。

第三，纳税人销售免税货物，不得开具增值税专用发票。

第四，放弃免税权的纳税人符合一般纳税人认定条件尚未认定为增值税一般纳税人的，应当按现行规定认定为增值税一般纳税人。其销售的货物或劳务可开具增值税专用发票。

第五，放弃免税权后，不能在限定期限和限定范围随意变更。一是从时间上必须保证36个月不能变更，并且纳税人在免税期内购进用于免税项目的货物或者应税劳务所取得的增值税扣税凭证，一律不得抵扣。二是不得根据不同的销售对象选择部分货物或劳务放弃免税权，不能因为部分销售对象不索取专用发票就按免税申报。

第六，需要引起纳税人注意的是，如果企业有多种免税项目，有的免税项目能准确分开核算，有的不能准确分开核算，在计算免税还是应税划算时，不能只计算某一类免税项目放弃后的利润流入，而要计算所有的免税权都放弃的情况下是否划算，不能误以为放弃一部分免税权后可以继续享受其他免税项目的免税权。统筹考虑免税项目是选择可否放弃免税权的关键。

【案例3-18】某面粉加工企业为增值税一般纳税人，主要产品为面粉和麸皮，麸皮为免税的饲料类产品。2020年面粉销售收入（含税）为1 500万元，麸皮销售收入为2 000万元，当期进项税为1 000万元，且所有进项税无法准确划分免税与应税项目。

【综合分析】

方案一：享受免税

如果麸皮销售收入做免税处理的话，当期不得抵扣的进项税额为：

1 000×2 000÷［2 000+1 500÷（1+9%）］＝592.39（万元）

应纳税款=1 500÷（1+9%）×9%－（1 000－592.39）＝－283.76（万元）

方案二：放弃免税

如果麸皮销售收入做应税处理的话，则：

应纳税款=（1 500+2 000）÷（1+9%）×9%－1 000＝－711.01（万元）

显然放弃免税好。

三、进项加计抵减的筹划

由于政策规定自2019年4月1日至2021年12月31日，允许提供邮政服务、电信服务、现代服务、生活服务取得的销售额占全部销售额的比重超过50%的纳税人按照当期可抵扣进项税额加计10%抵减应纳税额，因此，该四项服务的纳税人应通过提高符合条件的销售额、压缩非范围内的销售额，让销售额占比尽早符合条件，这样即可在2019年享受进项税额加计抵减的优惠。

【案例3-19】 某租赁公司于2019年5月4日注册成立，该公司会计制度核算健全，主营服装租赁和场地租赁，服装租赁月收入略低于场地租赁月收入，试问该公司如何筹划能享受进项税额加计抵减的优惠？

【综合分析】 政策规定，2019年4月1日后设立的纳税人，自设立之日起3个月的销售额符合上述规定条件的，自登记为一般纳税人之日起适用加计抵减政策。

服装租赁是有形动产租赁，属于四项服务的范畴；而场地租赁属于不动产租赁，不属于加计抵减四项服务的范畴。

因此，对于同时有服装租赁和场地租赁需求的客户，该公司在签订合同时可通过适度提高服装租赁销售额、降低场地租赁销售额，使前3个月服装租赁销售额占比超过50%；或者该公司通过与客户签订3个月短期场地租赁合同（注明前3个月租金享受折扣），降低前3个月场地租赁租金销售额、提高后期场地租金销售额，使前3个月服装租赁销售额占比超过50%。那么该公司自登记为一般纳税人之日起可适用加计抵减政策。

技能训练

参考答案

【案例1】某公司为一个年含税销售额在80万元左右的生产企业，公司每年购进材料的含税价格约为45万元左右。如果为增值税一般纳税人，适用税率均为17%；如果为小规模纳税人，则适用3%的征收率。该公司会计核算健全，有条件被认定为一般纳税人。问该公司应该如何选择？小规模纳税人好还是一般纳税人好？

【案例2】某公司为一个年含税销售额在80万元左右的生产企业，公司每年购进材料的含税价格约为45万元左右。如果为增值税一般纳税人，适用税率均为13%；如果为小规模纳税人，则适用3%的征收率。该公司会计核算健全，有条件被认定为一般纳税人。问该公司应该如何选择？小规模纳税人好还是一般纳税人好？

【案例3】某商场是增值税一般纳税人，商品进销差价为40%，也就是销售100元商品，其成本60元，商场购货均取得增值税专用发票。该商场采用以下两种方式：

一是买一赠一：买满1 000元的商品，送价值200元的同类商品。

二是抽奖：买满1 000元的商品，可抽奖一次，中奖率为25∶1，中奖即得价值5 000元的彩电。

假定消费者同样是购买价值1 000元的商品，现分别进行计算分析，借以衡量哪种方式对商家更为有利（由于城建税和教育费附加对结果影响较小，计算时不予考虑）。

主要税法依据

- 《财政部　国家税务总局关于全面推开营业税改征增值税试点的通知》（2016年3月23日 财税（2016）36号）。
- 《中华人民共和国增值税暂行条例》第十九条。
- 《中华人民共和国增值税暂行条例实施细则》第三十八条。
- 《财政部　税务总局关于建筑服务等营改增试点政策的通知》（财税〔2017〕58号）。
- 《财政部　税务总局关于租入固定资产进项税额抵扣等增值税政策的通知》（财税

〔2017〕90号）。

●《关于深化增值税改革有关政策的公告》（财政部　税务总局 海关总署公告2019年第39号）。

●《关于深化增值税改革有关事项的公告》（国家税务总局公告2019年第14号）。

项目四

消费税的纳税筹划

项目知识目标

1. 了解消费税筹划的基本思路，掌握消费税筹划的基本方法；
2. 掌握消费税纳税人和征税范围的规定，学会利用纳税人和征税范围的筹划方法；
3. 掌握消费税计税依据的规定，学会对计税依据进行筹划。

项目技能目标

1. 利用纳税人和征税范围进行筹划；
2. 利用计税依据进行筹划；
3. 利用征收管理政策进行筹划。

工作任务一　征税范围与纳税义务人的筹划

案例导入

宝丽化妆品集团公司是生产销售高档化妆品的企业，该企业把生产的高档化妆品包装物放在销售公司，销售公司对完工的高档化妆品进行包装后再出售。销售公司新任的会计小张对公司销售高档化妆品到底要不要申报缴纳消费税很迷惑。

知识导航

一、生产应税消费品

根据规定，纳税人生产的应税消费品，于纳税人销售时纳税。纳税人自产自用的应税消费品，用于连续生产应税消费品的，不纳税；用于其他方面的，于移送使用时纳税。

所称销售，是指有偿转让应税消费品的所有权。所称有偿，是指从购买方取得货币、货物或者其他经济收益。

所称用于连续生产应税消费品，是指纳税人将自产自用的应税消费品作为直接材料生产最终应税消费品，自产自用应税消费品构成最终应税消费品的实体。

用于其他方面，是指纳税人将自产自用应税消费品用于生产非应税消费品、在建工程、管理部门、非生产机构、提供劳务、馈赠、赞助、集资、广告、样品、职工福利、奖励等方面。

二、委托加工应税消费品

根据规定，委托加工的应税消费品，除受托方为个人外，由受托方在向委托方交货时代收代缴税款。

所称委托加工的应税消费品，是指由委托方提供原料和主要材料，受托方只收取加工费和代垫部分辅助材料加工的应税消费品。对于由受托方提供原材料生产的应税消费品，或者受托方先将原材料卖给委托方，然后再接受加工的应税消费品，以及由受托方以委托方名义购进原材料生产的应税消费品，不论在财务上是否作销售处理，都不得作为委托加工应税消费品，而应当按照销售自制应税消费品缴纳消费税。

三、进口应税消费品

根据规定，进口的应税消费品，于报关进口时纳税。进口的应税消费品的消费税由海关代征。

进口应税消费品，应按组成计税价格确定应纳税额，组成计税价格的计算公式为：

组成计税价格＝（关税完税价格+关税）/（1-消费税税率）

四、零售应税消费品

根据规定，经国务院批准，自1995年1月1日起，金银首饰消费税由生产销售环节征收改为零售环节征收。改在零售环节征收消费税的金银首饰仅限于金基、银基合金首饰以及金、银和金基、银基合金的镶嵌首饰。零售环节适用税率为5%，在纳税人销售金银首饰、钻石及钻石饰品时征收。其计税依据是不含增值税的销售额。

对既销售金银首饰，又销售非金银首饰的生产、经营单位，应将两类商品划分清楚，分别核算销售额。凡划分不清楚或不能分别核算的，在生产环节销售的，一律从高适用税率征收消费税；在零售环节销售的，一律按金银首饰征收消费税。金银首饰与其他产品组成成套消费品销售的，应按销售额全额征收消费税。

金银首饰连同包装物销售的，无论包装物是否单独计价，也无论会计上如何核算，均应并入金银首饰的销售额，计征消费税。

带料加工的金银首饰，应按受托方销售同类金银首饰的销售价格确定计税依据征收消费税。没有同类金银首饰销售价格的，按照组成计税价格计算纳税。

纳税人采用以旧换新（含翻新改制）方式销售的金银首饰，应按实际收取的不含增值税的全部价款确定计税依据征收消费税。

五、纳税义务人筹划

根据规定，在中华人民共和国境内生产、委托加工和进口《消费税暂行条例》规定的消费品的单位和个人，以及国务院确定的销售《消费税暂行条例》规定的消费品的其他单位和个人，为消费税纳税人，应当依照《消费税暂行条例》缴纳消费税。

所称单位，是指企业、行政单位、事业单位、军事单位、社会团体及其他单位。

所称个人，是指个体工商户及其他个人。

所称在中华人民共和国境内，是指生产、委托加工和进口属于应税消费品的起运地或者所在地在境内。

筹划思路与演练

一、生产应税消费品筹划

税法规定：生产应税消费品的于销售时纳税，因此纳税人可以通过分设独立核算的销售部门（公司），降低生产环节应税消费品的售价，其独立核算的分部、公司再按正常的市价对外销售，此环节只缴纳增值税，不缴纳消费税。这样可使集团消费税的整体税负下降，但增值税税负不变。

注意：（1）生产环节的定价不能太低，否则主管税务机关有权进行转让定价的纳税调整；（2）设立独立核算的销售部门（公司），必然增加部分支出，需要比较降低的税负与增加的支出的大小，最终做出有利的决策。

【案例4-1】某酒厂主要生产白酒，每年都有一批老客户到工厂直接购买，销售量大约有5 000箱（每箱12瓶，每瓶500克），每箱对外销售价格500元。该厂如何降低消费税的税负？

【综合分析】

如果该厂设立一个独立核算的经销部，该厂按销售给其他批发商的产品价格与经销部结算，每箱450元，经销部再以每箱500元的价格对外销售，则应纳消费税税额=5 000×12×0.5+5 000×450×20% = 480 000（元）。

注意防范转让定价面临被纳税调整的风险。

二、委托加工应税消费品筹划

委托加工应税消费品在税法中已明确委托加工的形式，且受托方只履行代扣代缴的义务（除受托方为个体经营者外）；如不属于税法中所认定的委托加工形式，受托方应按销售自产的应税消费品缴纳消费税。因此，受托方在选择委托加工形式时一定要注意根据税法的规定，方可少纳税。

【案例4-2】A卷烟厂兼营加工烟丝，10月份发生如下业务：

1.金沙卷烟厂委托A卷烟厂加工一批雪茄烟烟丝，金沙卷烟厂提供原材料成本价11万元，A卷烟厂收取加工费3万元；

2.承接一外地某卷烟厂的委托加工烟丝业务，因运输原因，由A卷烟厂在当地购买原材料，外地某卷烟厂将原材料款付给A卷烟厂，同时收取加工费8万元。

请对A卷烟厂当月发生的两笔业务进行消费税的纳税筹划。

【综合分析】

A卷烟厂第2笔业务需计征消费税，如在委托加工合同上注明由外地卷烟厂自行提供原材料，且注明原材料的成本，A卷烟厂当月即可不缴纳消费税。

三、进口应税消费品筹划

从组成计税价格的公式中可以看出关税完税价格越小，对企业的节税越有利。因此，对进口应税消费品的纳税筹划，应尽可能降低到岸价格以及其他组成关税完税价格的因素并获得海关认可。

【案例4-3】飞驰汽车公司是一家跨国企业，其生产的汽车在世界汽车市场占有一席之地。2012年8月该公司希望扩大中国市场销路，于是决定利用我国汽车进口关税税率从30%下降到25%的有利时机，降低中国国内售价，从而占有中国市场。该公司汽车的消费税税率为12%，以前的到岸价格为80万元（不含税），该公司如何降低消费税的税负？

【综合分析】

关税税率降低前，该公司汽车进口时应纳关税及消费税税额为：应纳关税税额＝80×30%＝24（万元），应纳消费税税额＝（80+24）÷（1−12%）×12%＝14.18（万元）。关税税率降低后，该公司汽车进口时应纳关税及消费税为：应纳关税税额＝80×25%＝20（万元），应纳消费税税额＝（80+20）÷（1−12%）×12%＝13.64（万元）。该公司汽车缴纳的税款减少了4.54万元（24+14.18−20−13.64）。

如果该公司在中国找一个销售公司作为合约经销商，公司以60万元的价格将汽车销售给销售公司，然后由销售公司在国内进行销售。该公司与其合作伙伴之间签订相关协议，销售价格减少的20万元由合作伙伴以加盟费、管理费等其他方式返还给飞驰汽车公司。经过此筹划，该公司汽车进口时应纳关税及消费税为：应纳关税税额＝60×25%＝15（万元），应纳消费税税额＝（60+15）÷（1−12%）×12%＝10.23（万元）。这样，飞驰汽车公司在进口环节缴纳的税款较关税税率降低前减少了12.95万元（24+14.18−15−10.23）。如果考虑增值税的因素，减少的税款会更多。因此，可以在保证公司利润不减少的情况下，将汽车的市场价格下降15万元，从而可降低进口关税和消费税，大幅度提高该汽车的市场竞争力。当然，在采用类似方法进行纳税筹划时，关税完税价格的调整应在税法许可的范围内。

四、零售应税消费品筹划

由于首饰及珠宝玉石消费税的征收范围及对象采用的是列举法，换而言之，就是非列举的首饰是在其他环节计征消费税或者不计征消费税。对新型产品迭出的首饰行业来说可以利用税收规定的差别，避开高税率，选择低税率。

【案例4-4】某品牌黄金经销商，其产品有黄金饰品、黄金镶嵌宝石类的饰品、纯金条，为了方便顾客还兼营高档首饰包装收藏盒。那么，该纳税人如何申报缴纳消费税？

【综合分析】

根据税法的相关规定，黄金镶嵌宝石类的饰品和纯金条不需在零售环节缴纳消费税，仅黄金饰品和首饰包装收藏盒是在零售环节缴纳消费税的，注意要分别核算各商品的销售额（零售环节的税率为5%，生产环节的税率为10%），否则从高税率计征。

五、纳税义务人筹划

由于消费税是针对特定的纳税人，因此可以通过企业的新设合并、分立，递延纳税时间。使原企业间的购销环节转变为新企业内部的原材料转让环节，从而递延部分消费税税款。而且如果后一环节的消费税税率较前一环节低的话，则可直接减轻企业的消费税税负。

【案例4-5】A酒厂是一家以生产药酒为主的企业，适用消费税税率为10%，其生产药酒的原材料为白酒，均从B酒厂购入。每年B酒厂向A酒厂提供白酒500万千克，售价为4 000万元。A酒厂销售药酒取得收入6 000万元，数量为5 000万千克。如何减少B白酒生产企业的消费税？

【综合分析】

A酒厂应纳消费税税额＝6 000×10％＝600（万元）；由于以外购的白酒为原材料生产酒类产品的其已纳税额不能予以抵扣，支付的消费税直接计入原材料的成本中。

B酒厂应纳消费税税额＝4 000×20％+500×2×0.5＝1 300（万元）。

筹划思路：如果A企业将B企业吸收合并成一家集团公司，使B酒厂成为A酒厂的一个生产车间，其应纳消费税税额＝6 000×10％＝600（万元）。

注意：企业的兼并行为不能只考虑消费税税负的大小，还应考虑自身有无兼并能力及对企业未来发展的影响等多重因素。

工作任务二　税目与税率筹划

案例导入

春珍公司生产的某保健酒以黄酒工艺发酵而成，各种药材在发酵过程中添加进去，请问是按其他酒还是按黄酒征收消费税。

知识导航

一、税目

我国现行消费税设置了15个税目，有的税目还进一步划分了若干子目。

（一）烟

凡是以烟叶为原料加工生产的产品，不论使用何种辅料，均属于本税目的征收范围，包括卷烟（进口卷烟、白包卷烟、手工卷烟和未经国务院批准纳入计划的企业及个人生产的卷烟）、雪茄烟和烟丝。卷烟的分类见表4-1。

表4-1　卷烟的分类

类　别	标　准	税　率
甲类卷烟	每标准条（200支）调拨价格（不含增值税）≥70元	56%加0.003元/支
乙类卷烟	每标准条调拨价格（不含增值税）<70元	36%加0.003元/支

（二）酒

酒是酒精度在1度以上的各种酒类饮料，包括白酒、黄酒、啤酒和其他酒。

白酒是指以高粱、玉米、大米、糯米、大麦、小麦、青稞等各种粮食为原料，经过糖化、发酵后，采用蒸馏方法酿制的酒。

黄酒是指以糯米、粳米、籼米、大米、黄米、玉米、小麦、青稞等各种粮食为原料，经过加温、糖化、发酵、压榨酿制的酒。黄酒的征收范围包括各种原料酿制的黄酒和酒精度超过12度（含12度）的土甜酒。

啤酒是指以大麦或其他粮食为原料，加入啤酒花，经糖化、发酵、过滤酿制的含有二氧化碳的酒。对饮食业、商业、娱乐业举办的啤酒屋（啤酒坊）利用啤酒生产设备生产的啤酒，应当征收消费税。果啤属于啤酒（参见国税函〔2005〕333号）。

啤酒的分类见表4-2。

表4-2 **啤酒的分类**

甲类啤酒 （税额：250元/吨）	每吨不含增值税出厂价格（含包装物及包装物押金）≥3 000元
乙类啤酒 （税额：220元/吨）	每吨不含增值税出厂价格（含包装物及包装物押金）<3 000元

其他酒是指除白酒、黄酒、啤酒以外，酒精度在1度以上的各种酒，包括糠麸白酒、其他原料白酒、土甜酒、复制酒、果木酒、汽酒、药酒。国税函〔2008〕742号文件规定，对调味料酒不征收消费税。

（三）高档化妆品

本税目的征收范围包括高档美容及修饰类化妆品、高档护肤类化妆品和成套化妆品。

高档美容及修饰类化妆品和高档护肤类化妆品是指生产（进口）环节销售（完税）价格（不含增值税）在10元/毫升（克）或15元/片（张）及以上的美容、修饰类化妆品和护肤类化妆品。

舞台、戏剧、影视演员化妆用的上妆油、卸装油、油彩不属于本税目的征收范围。

（四）贵重首饰及珠宝玉石

凡以金、银、白金、宝石、珍珠、钻石、翡翠、珊瑚、玛瑙等高贵稀有物质及其他金属、人造宝石等制作的各种金银首饰，以及镶嵌首饰和经采掘、打磨、加工的各种珠宝玉石，都属于本税目的征收范围。

（五）鞭炮、焰火

各种鞭炮、焰火属于本税目的征收范围。

体育上用的发令纸、鞭炮药引线，不按本税目征收。

（六）成品油

本税目包括汽油、柴油、石脑油、溶剂油、航空煤油、润滑油、燃料油7个子目。

橡胶填充油、溶剂油原料属于溶剂油征收范围。

润滑油包括矿物性润滑油、植物性润滑油、动物性润滑油和化工原料合成润滑油。

《国家税务总局关于催化料、焦化料征收消费税的公告》（国家税务总局公告2012年第46号）规定，自2012年11月1日起，催化料、焦化料属于燃料油的征收范围，应当征收消费税。

《关于对成品油生产企业生产自用油免征消费税的通知》（财税〔2010〕98号）规定，从2009年1月1日起，对成品油生产企业在生产成品油过程中，作为燃料、动力及原材料消耗掉的自产成品油，免征消费税。对用于其他用途或直接对外销售的成品油照章征收消费税。

（七）小汽车

汽车是指由动力驱动，具有4个或4个以上车轮的非轨道承载的车辆。

包括：乘用车、中轻型商用客车、超豪华小汽车。

要求：含驾驶员座位在内的座位数≤23座。

不包括：

（1）电动汽车。

（2）车身长度≥7米、座位10~23座（含）以下的商用客车。

（3）沙滩车、雪地车、卡丁车、高尔夫车。

（八）摩托车

摩托车包括轻便摩托车和摩托车两种。

对最大设计车速不超过50千米/时，发动机汽缸总工作容量不超过50毫升的三轮摩托车不征收消费税。对气缸容量小于250毫升的小排量摩托车不征收消费税。

（九）高尔夫球及球具

高尔夫球及球具是指从事高尔夫球运动所需的各种专用装备，包括高尔夫球、高尔夫球杆及高尔夫球包（袋）等。高尔夫球杆的杆头、杆身和握把也属于本税目的征收范围。

高尔夫球是指重量不超过45.93克、直径不超过42.67毫米的高尔夫球运动比赛、练习用球；高尔夫球杆是指被设计用来打高尔夫球的工具，由杆头、杆身和握把三部分组成；高尔夫球包（袋）是指专门用于装高尔夫球及球杆的包（袋）。

（十）高档手表

高档手表是指销售价格（不含增值税）每只在10 000元（含）以上的各类手表。

本税目的征收范围包括符合以上标准的各类手表。

（十一）游艇

游艇是指长度大于8米（含8米）小于90米（含90米），船体由玻璃钢、钢、铝合金、塑料等多种材料制作，可以在水上移动的水上浮载体。游艇按照动力可分为无动力艇、帆艇和机动艇。

本税目的征收范围包括艇身长度大于8米（含8米）小于90米（含90米），内置发动机，可以在水上移动，一般为私人或团体购置，主要用于水上运动和休闲娱乐等非谋利活动的各类机动艇。

（十二）木制一次性筷子

木制一次性筷子，又称卫生筷子，是指以木材为原料经过锯段、浸泡、旋切、刨切、烘干、筛选、打磨、倒角、包装等环节加工而成的各类一次性使用的筷子。

本税目的征收范围包括各种规格的木制一次性筷子。

未经打磨、倒角的木制一次性筷子也属于本税目的征收范围。

（十三）实木地板

实木地板是指以木材为原料，经锯割、干燥、刨光、截断、开榫、涂漆等工序加工而成的块状或条状的地面装饰材料。实木地板按生产工艺的不同，可分为独板（块）实木地板、实木指接地板、实木复合地板三类；按表面处理状态的不同，可分为未涂饰地板（白坯板、素板）和漆饰地板两类。

本税目的征收范围包括各种规格的实木地板、实木指接地板、实木复合地板及用于装饰墙壁、天棚的侧端面为榫、槽的实木装饰板。未经涂饰的素板也属于本税目的征收范围。

（十四）电池

电池是一种将化学能、光能等直接转换为电能的装置，一般由电极、电解质、容器、极端，通常还有隔离层组成的基本功能单元，以及用一个或多个基本功能单元装配成的电池组。范围包括：原电池、蓄电池、燃料电池、太阳能电池和其他电池。

对无汞原电池、金属氢化物镍蓄电池（又称“氢镍蓄电池”或“镍氢蓄电池”）、锂原电池、锂离子蓄电池、太阳能电池、燃料电池和全钒液流电池免征消费税。

（十五）涂料

涂料是指涂于物体表面能形成具有保护、装饰或特殊性能的固态涂膜的一类液体或固体材料之总称。

涂料由主要成膜物质、次要成膜物质等构成。按主要成膜物质，涂料可分为油脂类、天然树脂类、酚醛树脂类、沥青类、醇酸树脂类、氨基树脂类、硝基类、过滤乙烯树脂类、烯类树脂类、丙烯酸酯类树脂类、聚酯树脂类、环氧树脂类、聚氨酯树脂类、元素有机类、橡胶类、纤维素类、其他成膜物类等。

二、税率

消费税采用比例税率、定额税率和复合税率三种形式，以适应不同应税消费品的实际情况。消费税税率的形式见表4-3。

表4-3 消费税税率的形式

消费品	税率形式
啤酒、黄酒、成品油	定额税率
卷烟、白酒	复合税率
其他应税消费品	比例税率

消费税根据不同的税目或子目确定相应的税率或单位税额。现行消费税税目税率（税额）表见表4-4。

表4-4　　消费税税目税率（税额）表

税　目	税　率
一、烟	
1.卷烟	
（1）甲类卷烟	56%加0.003元/支
（2）乙类卷烟	36%加0.003元/支
（3）商业批发	11%加0.005元/支
2.雪茄烟	36%
3.烟丝	30%
二、酒	
1.白酒	20%加0.5元/500克（或者500毫升）
2.黄酒	240元/吨
3.啤酒	
（1）甲类啤酒	250元/吨
（2）乙类啤酒	220元/吨
4.其他酒	10%
三、高档化妆品	15%
四、贵重首饰及珠宝玉石	
1.金银首饰、铂金首饰、钻石及钻石饰品	5%
2.其他贵重首饰和珠宝玉石	10%
五、鞭炮、焰火	15%
六、成品油	
1.汽油	1.52元/升
2.柴油	1.20元/升
3.航空煤油（暂缓征收）	1.20元/升
4.石脑油	1.52元/升
5.溶剂油	1.52元/升
6.润滑油	1.52元/升
7.燃料油	1.20元/升

续表

税　目	税　率
七、摩托车	
1.气缸容量（排气量，下同）在250毫升的	3%
2.气缸容量在250毫升以上的	10%
八、小汽车	
1.乘用车	
（1）气缸容量（排气量，下同）在1.0升（含1.0升）以下的	1%
（2）气缸容量在1.0升以上至1.5升（含1.5升）的	3%
（3）气缸容量在1.5升以上至2.0升（含2.0升）的	5%
（4）气缸容量在2.0升以上至2.5升（含2.5升）的	9%
（5）气缸容量在2.5升以上至3.0升（含3.0升）的	12%
（6）气缸容量在3.0升以上至4.0升（含4.0升）的	25%
（7）气缸容量在4.0升以上的	40%
2.中轻型商用客车	5%
3.超豪华小汽车（零售环节）	10%
九、高尔夫球及球具	10%
十、高档手表	20%
十一、游艇	10%
十二、木制一次性筷子	5%
十三、实木地板	5%
十四、电池	4%
十五、涂料	4%

根据《国家税务总局关于配制酒消费税适用税率问题的公告》（国家税务总局公告2011年第53号）的规定，配制酒的适用税率见表4-5。

表4-5　配制酒的适用税率

（1）以蒸馏酒或食用酒精为酒基，具有国家相关部门批准的国食健字或卫食健字文号并且酒精度≤38度的配制酒	按“其他酒”10%适用税率征收消费税
（2）以发酵酒为酒基，酒精度≤20度的配制酒	
（3）其他配制酒	按“白酒”适用税率征收消费税

筹划思路与演练

一、税目筹划

同一税目下的应税消费品，属于不同子目时，税率也有不同的规定。改变应税消费品的形态，使其适用较低的税率，可以达到节税的目的。

【案例4-6】甲酒业公司将散装白酒50吨加工成药酒后销售。散装白酒的售价为42万元（不含税），加工成药酒后的售价为62万元。白酒定额税率为0.5元/斤，比例税率为20%，其他酒税率为10%。如何筹划可以减轻税负？

【综合分析】

在直接销售白酒的情况下，应纳消费税税额＝42×20%＋50×2 000×0.5÷10 000＝13.4（万元）；在加工成药酒后销售的情况下（药酒属于其他酒，税率为10%），应纳消费税税额＝62×10%＝6.2（万元）。可见加工成药酒后销售可以节税7.2万元（13.4－6.2）。

二、税率筹划

1.当企业兼营多种不同税率的应税消费品时，应当分别核算不同税率应税消费品的销售额、销售数量；

2.将不同税率的应税消费品组成成套消费品销售的，从高适用税率；

3.根据税法的有关规定，对不同等级的应税消费品进行定价筹划，即利用“税收临界点”进行纳税筹划。在消费税的税目税率表中，有一些税目对于同一种产品根据价格或成分、容量等的差异制定了不同的税率（额），如卷烟、啤酒、汽油和小汽车。对于这一类应税产品，当企业的销售价格位于《消费税暂行条例》中规定的临界价格附近时，税率变化会形成实质上的全额累进税，税后存在较大的差异。如果企业的产品定价刚刚在临界价格上，不妨考虑将价格适当调整，使价格降低到临界价格以下，征税可以适用低税率，从而取得更高的税收收益。

【案例4-7】A市区的某卷烟厂为增值税一般纳税人，当月生产销售卷烟4 000标准条，每条调拨价格为75元（不含增值税），适用消费税比例税率为56%，定额税率每支0.003元，每标准箱50 000支，即250标准条，则当月应纳消费税税额为170 400元（75×4 000×56%＋4 000×200×0.003），试分析如何可以减轻企业的税负？

【综合分析】

每标准条调拨价格超过70元，则适用56%的高税率，如果将调拨价格降为70元以下，则适用36%的低税率。若卷烟厂将每标准条调拨价格降为65元，则当月应纳消费税税额＝65×4 000×36%＋4 000×200×0.003＝96 000（元）。通过筹划，收入减少额＝（75－65）×4 000＝40 000（元），消费税减少额＝170 400－96 000＝74 400（元），如果考虑减少的增值税和城市维护建设税及教育费附加，经济利益将增加更多。

工作任务三　计税依据筹划

案例导入

某品牌手表厂将凡是出厂售价在10 000元以上的手表都随赠一个精致的包装盒，每个包装盒的成本200元，请判断随赠包装盒要不要并入销售额中作为税基呢？

知识导航

一、从价计征方式

根据规定，销售额为纳税人销售应税消费品向购买方收取的全部价款和价外费用。

所称销售，是指有偿转让应税消费品的所有权。价外费用，是指价外向购买方收取的手续费、补贴、基金、集资费、返还利润、奖励费、违约金、滞纳金、延期付款利息、赔偿金、代收款项、代垫款项、包装费、包装物租金、储备费、优质费、运输装卸费以及其他各种性质的价外收费。但下列项目不包括在内：

1.同时符合以下条件的代垫运输费用：

（1）承运部门的运输费用发票开具给购买方的；

（2）纳税人将该项发票转交给购买方的。

2.同时符合以下条件代为收取的政府性基金或者行政事业性收费：

（1）由国务院或者财政部批准设立的政府性基金，由国务院或者省级人民政府及财政、价格主管部门批准设立的行政事业性收费；

（2）收取时开具省级以上财政部门印制的财政票据；

（3）所收款项全额上缴财政。

根据规定，应税消费品连同包装物销售的，无论包装物是否单独计价以及在会计上如何核算，均应并入应税消费品的销售额中缴纳消费税。如果包装物不作价随同产品销售，而是收取押金，此项押金则不应并入应税消费品的销售额中征税。但对因逾期未收回的包装物不再退还的或者已收取的时间超过12个月的押金，应并入应税消费品的销售额，按照应税消费品的适用税率缴纳消费税。

对既作价随同应税消费品销售，又另外收取押金的包装物的押金，凡纳税人在规定的期限内没有退还的，均应并入应税消费品的销售额，按照应税消费品的适用税率缴纳消费税。

二、从量计征方式

根据规定，实行从量定额办法计算的应纳税额＝销售数量×定额税率。

销售数量，是指应税消费品的数量。具体为：

1.销售应税消费品的，为应税消费品的销售数量；

2.自产自用应税消费品的，为应税消费品的移送使用数量；

3.委托加工应税消费品的，为纳税人收回的应税消费品数量；

4.进口应税消费品的，为海关核定的应税消费品进口征税数量。

实行从量定额办法计算应纳税额的应税消费品，计量单位的换算标准如下：

黄酒	1吨＝962升
啤酒	1吨＝988升
汽油	1吨＝1 388升
柴油	1吨＝1 176升
航空煤油	1吨＝1 246升
石脑油	1吨＝1 385升
溶剂油	1吨＝1 282升
润滑油	1吨＝1 126升
燃料油	1吨＝1 015升

三、自产自用应税消费品应纳税额

1.自产的应税消费品用于连续生产应税消费品

根据规定，纳税人自产自用的应税消费品，用于连续生产应税消费品的，不纳税。

根据规定，用于连续生产应税消费品，是指纳税人将自产自用的应税消费品作为直接材料生产最终应税消费品，自产自用应税消费品构成最终应税消费品的实体。

2.自产的应税消费品用于其他方面的

根据规定，纳税人自产自用的应税消费品，除用于连续生产应税消费品外，凡用于其他方面的，于移送使用时纳税。

用于其他方面，是指纳税人将自产自用应税消费品用于生产非应税消费品、在建工程、管理部门、非生产机构、提供劳务、馈赠、赞助、集资、广告、样品、职工福利、奖励等方面。

3.组成计税价格

根据规定，纳税人自产自用的应税消费品，按照纳税人生产的同类消费品的销售价格计算纳税。

同类消费品的销售价格，是指纳税人或者代收代缴义务人当月销售的同类消费品的销售价格，如果当月同类消费品各期销售价格高低不同，应按销售数量加权平均计算。但销售的应税消费品有下列情况之一的，不得列入加权平均计算：

（1）销售价格明显偏低并无正当理由的；

（2）无销售价格的。

如果当月无销售或者当月未完结，应按照同类消费品上月或者最近月份的销售价格计算纳税。

根据规定，没有同类消费品销售价格的、按照组成计税价格计算纳税。

实行从价定率办法计算纳税的组成计税价格计算公式：

组成计税价格＝（成本+利润）÷（1-比例税率）

实行复合计税办法计算纳税的组成计税价格计算公式：

组成计税价格 =（成本+利润+自产自用数量×定额税率）÷（1-比例税率）

成本是指应税消费品的产品生产成本。

利润是指根据应税消费品的全国平均成本利润率计算利润，应税消费品全国平均成本利润率由国家税务总局确定。

4.应税消费品用于"换、投、抵"方面的筹划

纳税人用于换取生产资料和消费资料、投资入股和抵偿债务等方面的应税消费品，应当以纳税人同类应税消费品的最高销售价格作为计税依据计算消费税。

四、委托加工应税消费品应纳税额

根据规定，委托加工的应税消费品，是指由委托方提供原料和主要材料，受托方只收取加工费和代垫部分辅助材料加工的应税消费品。对于由受托方提供原材料生产的应税消费品，或者受托方先将原材料卖给委托方，然后再接受加工的应税消费品，以及由受托方以委托方名义购进原材料生产的应税消费品，不论在财务上是否作销售处理，都不得作为委托加工应税消费品，而应当按照销售自制应税消费品缴纳消费税。

委托加工的应税消费品，除受托方为个人外，由受托方在向委托方交货时代收代缴税款。

如果受托方没有代扣代缴税款的，那么委托方需补缴税款，其计税依据是如果收回的应税消费品已经直接销售的，按销售额计税；收回的应税消费品尚未销售或不能直接销售的（如收回后用于连续生产等），按组成计税价格计税。

委托个人加工的应税消费品，由委托方收回后缴纳消费税。

对纳税人委托个体经营者加工的应税消费品，一律于委托方收回后在委托方所在地缴纳消费税。

委托加工的应税消费品直接出售的，不再缴纳消费税。注意：委托方将收回的应税消费品，以不高于受托方的计税价格出售的，为直接出售，不再缴纳消费税；委托方以高于受托方的计税价格出售的，不属于直接出售，需按照规定申报缴纳消费税，在计税时准予扣除受托方已代收代缴的消费税。

五、已纳消费税税额扣除

根据规定，为了避免重复征税，现行消费税规定，将外购应税消费品和委托加工收回的应税消费品继续生产应税消费品销售的，可以将外购应税消费品和委托加工收回应税消费品已缴纳的消费税给予扣除。

下列应税消费品准予在消费税应纳税额中扣除原来已纳的消费税税款：

（1）外购已税烟丝生产的卷烟；

（2）外购已税化妆品生产的化妆品；

（3）外购已税珠宝玉石生产的贵重首饰及珠宝玉石；

（4）外购已税鞭炮、焰火生产的鞭炮、焰火；

（5）外购已税杆头、杆身和握把为原料生产的高尔夫球杆；

（6）外购已税木制一次性筷子为原料生产的木制一次性筷子；

(7) 外购已税实木地板为原料生产的实木地板;

(8) 外购已税汽油、柴油、石脑油、燃料油、润滑油用于连续生产的应税成品油;

(9) 外购已税摩托车生产的摩托车(如用外购两轮摩托车改装三轮摩托车)。

相关规定,外购应税消费品连续生产应税消费品抵扣税款的计算方法如下:

(1) 实行从价定率办法计算应纳税额的

当期准予扣除外购应税消费品已纳税款 = 当期准予扣除外购应税消费品买价 × 外购应税消费品适用税率

当期准予扣除外购应税消费品买价 = 期初库存外购应税消费品买价 + 当期购进的外购应税消费品买价 − 期末库存的外购应税消费品买价

外购应税消费品买价为纳税人取得的增值税发票上(含销货清单)注明的应税消费品的销售额。

(2) 实行从量定额办法计算应纳税额的

当期准予扣除的外购应税消费品已纳税款 = 当期准予扣除外购应税消费品数量 × 外购应税消费品单位税额

当期准予扣除外购应税消费品数量 = 期初库存外购应税消费品数量 + 当期购进外购应税消费品数量 − 期末库存外购应税消费品数量

外购应税消费品数量为发票(含销货清单)注明的应税消费品的销售数量。

根据规定,2015年5月1日起,纳税人从葡萄酒生产企业购进(以下简称外购)、进口葡萄酒连续生产应税葡萄酒的,准予从葡萄酒消费税应纳税额中扣除所耗用应税葡萄酒已纳消费税税款。如本期消费税应纳税额不足抵扣的,余额留待下期抵扣。

筹划思路与演练

一、从价计征方式筹划

(一) 减少税基

企业要想减少税基,可着力于包装物,关键是对包装物不能作价随同产品出售,而应采取收取“押金”的形式,这样押金就不并入销售额计算消费税税额。即使在经过一年后,需要将押金并入应税消费品的销售额,按照应税消费品的适用税率征收消费税,企业也可以递延税额一年时间。

(二) 先销售后包装

企业也可以采用“先销售后包装”的方式让商家成为承担包装任务的主体,将包装的任务转嫁给商家。这种方式更多地适用于成套消费品的出售(如礼品套装酒、化妆品套装)。

(三) 酒类包装物押金

对酒类产品生产企业销售酒类产品(黄酒、啤酒除外)而收取的包装物押金,无论押金是否返还与会计上如何核算均需并入酒类产品销售额中,依据酒类产品的适用税率征收消费税。酒类产品包装物的筹划关键在于尽量节省包装物成本,以减少税基。

【案例4-8】 芳雅公司10月销售给超市高档化妆品一批,取得销售收入15 000元,其中包括价值10 000元的口红和价值5 000元的包装物。上述价格都为不含增值税的价格。

问该企业对此销售行为应当如何进行纳税筹划？（根据现行的税法规定，高档化妆品的消费税税率为15%）

【综合分析】

筹划前：企业应纳消费税税额=15 000×15%=2 250（元）

若将高档化妆品和包装物按照各自的价格分别销售给超市，由超市包装后再对外销售。这样包装物就无需缴纳消费税了。

如将高档化妆品和包装物分别作价销售给超市，在此销售环节化妆品和包装物分别开具发票，在账务处理环节对不同的产品分别核算销售收入，然后再由超市包装成套装消费品后对外销售。在这种情况下，价值5 000元的包装物不必缴纳消费税。这样，企业应纳消费税税额=10 000×15%=1 500（元）。

因此，企业在销售应税消费品时，若其包装物有一定的价值，我们可将消费品和包装物按照各自的价格分别销售给零售商，再由零售商包装后对外销售。这样就不必针对包装物本身缴纳消费税，并且应税消费品的包装物越昂贵，其节税效果越明显。

二、从量计征方式筹划

1.在消费税的税目中，有一些定额征税的应税消费品，消费税的税额与销售价格是没有关系的，如黄酒和成品油，纳税人可以通过不断推出新产品，并提高售价，既不增加消费税，又可以提高利润。

2.而对于有些税目，同一种产品根据价格的差异制定了不同的定额税率，如啤酒和卷烟，可以通过合理降低产品销售价格，从而适用较低的定额税率，反而能够增加税后利润。

【案例4-9】某啤酒厂生产A品牌啤酒出厂价格为3 000元/吨。税法规定对啤酒实行差别定额税率，每吨啤酒出厂价格为3 000元（含3 000元）以上的，单位税额250元/吨；在3 000元以下的，单位税额220元/吨。如何筹划出厂价格可以减轻税负？

【综合分析】

按原每吨3 000元的定价，每吨需要缴纳250元消费税，则每吨啤酒税后收益＝3 000−250＝2 750（元），该厂经厂部研究决定降低啤酒的售价，定为2 980元/吨，此时每吨只需缴纳消费税220元，则每吨啤酒收益＝2 980−220＝2 760（元），这样做不仅增加了税后收益，而且价格具有优势，还可以增强企业的市场竞争力。

三、自产自用应纳消费品税额计算的筹划

（一）自产的应税消费品用于连续生产应税消费品

税法规定对自产自用的应税消费品，用于连续生产应税消费品的不征税，体现了税不重征且计税简便的原则。

【案例4-10】某烟丝厂，当月生产烟丝金额60万元，其中直接对外出售烟丝金额50万元（不含税），另外10万元烟丝用于当月生产卷烟所耗用。该厂财务人员当月申报缴纳的烟丝应纳消费税税额＝60×30%＝18（万元）。请问应纳消费税税额计算是否正确。

【综合分析】

不正确。因为用于连续生产卷烟的烟丝不缴纳消费税，只对直接销售的烟丝征收消费税。当然，销售卷烟需要缴纳消费税。

当月烟丝应缴纳的消费税税额 = 50×30% = 15（万元）

（二）自产的应税消费品用于其他方面

“用于生产非应税消费品”，是指把自产的应税消费品用于生产消费税税目所列15类应税消费品以外的产品。例如，原油加工厂用生产出的应税消费品汽油调和制成溶剂汽油，该溶剂汽油就属于非应税消费品。

“用于在建工程”，是指把自产的应税消费品用于本单位的各项建设工程。例如，油厂把自己生产的柴油用于本厂基建工程的车辆、设备使用。

“用于管理部门、非生产机构”，是指把自己生产的应税消费品用于与本单位有隶属关系的管理部门或非生产机构。

“用于馈赠、赞助、集资、广告、样品、职工福利、奖励”，是指把自己生产的应税消费品无偿赠送给他人或以资金的形式投资于外单位某些事业或作为商品广告、经销样品或以福利、奖励的形式发给职工。例如，摩托车厂把生产的摩托车赠送或赞助给摩托车拉力赛使用，兼作商品广告等。

总之，企业自产的应税消费品虽然没有用于销售或连续生产应税消费品，但只要是用于税法所规定的范围都要视同销售，依法缴纳消费税。

【案例4-11】美佳化妆品厂是一家经营各种高档化妆品、护肤护发品的企业，10月该公司共生产各类高档化妆品价值300万元，但由于产品市场定位欠佳，预计该月仅能销售高档化妆品共15万元。为了避免产品积压，该公司决定将部分剩余的高档化妆品赠送给协作企业，并加大对外广告宣传的力度。发生如下业务：

（1）用高档化妆品做成礼品盒馈赠给协作企业，价值3万元；

（2）赞助当地电视台举办的大型歌舞晚会用化妆品价值5万元；

（3）广告样品用化妆品，总计价值0.4万元；

（4）将高档化妆品分配给本公司职工共计价值2万元；

（5）销售高档化妆品16万元。（以上价格均不含税）

月末进行纳税申报时，公司财务人员计算应纳消费税税额=16×15% = 2.4（万元）。该公司消费税纳税申报是否正确？

【综合分析】

不正确。应纳消费税税额 = 3×15% +5×15% +0.4×15% +2×15% +16×15% = 3.96（万元）。

（三）组成计税价格

由于成本是计算组成计税价格的重要因素，成本的高低直接影响组成计税价格的高低，进而影响到应纳税额的多少。而产品成本又是通过企业自身的会计核算计算出来的，按照会计制度或会计准则的核算要求，很多间接费用、车间经费、企管费用均要通过一定的分配方法在各步骤的产成品、半成品、在产品中分配，因此通过合理的计算是能达到少纳税的目的的。只要将自用应税消费品应负担的间接费用少留一部分，而将更多的费用分配给其他产品（但注意不要严重违反配比原则），就会降低用来计算组成计税价格的成本，从而使计算出来的组成计税价格减小，使自用应税消费品所负担的消费税也相应地减少。

【案例4-12】丽人化妆品厂刚试制出一批新高档化妆品，还没有投入市场，国际妇女节时将这批产品发放给员工作为福利，并让员工试用后提出改进建议。按统一的原材料、费用分配标准计算企业自产自用应税消费品成本为20万元，成本利润率为5%，消费税税率为15%，其组成计税价格和应纳消费税税额计算如下：

组成计税价格＝20×（1+5%）÷（1−15%）＝24.71（万元）

应纳消费税税额＝24.71×15%＝3.71（万元）

【综合分析】

丽人化妆品厂通过一定的成本核算法降低自产自用应税消费品的成本，当成本降低为15万元时，其组成计税价格和应纳消费税税额计算如下：

组成计税价格＝15×（1+5%）÷（1−15%）＝18.53（万元）

应纳消费税税额＝18.53×15%＝2.78（万元）

少纳消费税税额＝3.71−2.78＝0.93（万元）

（四）应税消费品用于“换、投、抵”方面

纳税人自产的应税消费品除了用于销售或者自己使用，还有可能用于换取生产资料和消费资料、投资入股或抵偿债务等方面，会计上把这种行为称作非货币性资产交易。企业用应税消费品进行换取生产资料和消费资料、投资入股或抵偿债务的行为，是按照纳税人同类应税消费品的最高销售价格作为计税依据，这样做显然会加重企业的税收负担。但企业如果采取先销售后入股（换货、抵债）的方式，就可以达到减轻税负的目的。因此，企业应尽量避免使用应税消费品进行换取生产资料和消费资料、投资入股或抵偿债务。

【案例4-13】安捷摩托车厂（一般纳税人）本月对外销售同型号的摩托车（汽缸容量在250毫升以上）：以5 000元的单价销售300辆，以5 500元的单价销售200辆，以6 000元的单价销售100辆。当月以20辆同型号的摩托车与甲企业换取原材料。以上价格均是不含税价，摩托车的消费税税率为10%。计算该月消费税和增值税的应纳税额。有何筹划？

【综合分析】

应纳消费税税额=（5 000×300+5 500×200+6 000×100+6 000×20）×10%=332 000（元）

平均售价=（5 000×300+5 500×200+6 000×100）÷（300+200+100）=5 333.33（元）

应纳增值税税额=（5 000×300+5 500×200+6 000×100+5 333.33×20）×13%=429 866.66（元）

如果该企业按照当月的平均售价将这20辆摩托车先销售给甲企业，然后再用销货款购买原材料，则应纳消费税税额=（5 000×300+5 500×200+6 000×100+5 333.33×20）×10%=330 666.66元，可节税。

四、委托加工应税消费品应纳税额计算的筹划

对委托加工应税消费品定义的理解很重要，应注意以下几点：

（1）明确区分什么是委托加工应税消费品，什么不是委托加工应税消费品。确定区分的条件，就是由委托方提供原料和主要材料，受托方只收取加工费和代垫部分辅助材料。

无论是委托方还是受托方凡不符合规定条件的，都不是委托加工应税消费品的形式。

（2）为什么要对委托加工应税消费品规定严格的限定条件呢？委托加工应税消费品是由受托方代收代缴消费税的，且受托方只就其加工劳务缴纳增值税。如果委托方不能提供原料和主要材料，而是受托方以某种形式提供原料，就不是税法所认定的委托加工形式，而是受托方在销售自制的应税消费品，就会出现受托方确定计税价格偏低，代收代缴消费税不真实的现象。同时受托方也只以加工劳务缴纳增值税，逃避了自制应税消费品要缴纳增值税和消费税的责任，这是税法所不允许的避税行为。

（3）不属于委托加工的应税消费品如何缴纳消费税呢？税法规定应当按照销售自制应税消费品缴纳消费税。也就是说，应确定由受托方按销售自制消费品缴纳消费税。这体现了税收管理的源泉控制原则，避免了税源的流失。

（4）对于委托加工的应税消费品收回后直接出售，应不高于受托方的计税价格，否则按差额补税。这是在2013年9月1日后才施行的，所以对于是选择委托加工后直接销售应税消费品还是选择自行生产后再销售应税消费品，尤其要注意到这点。

【案例4-14】某首饰厂外购宝石坯，价值为10 000元，该厂将这批宝石委托A宝石厂加工抛光打磨后收回，共支付加工费4 000元，A厂同类消费品的售价为32 000元。然后该首饰厂将收回的宝石出售，共取得销售款30 000元，该厂应缴纳多少消费税？（以上价格均不含税，消费税税率10%）如果该厂采取自己磨制加工，发生相关费用支出和委托加工费一样，问该厂应纳消费税税额是多少？哪种方式有利？

【综合分析】

委托加工方式：受托方代收代缴的消费税税额=（10 000+4 000）÷（1-10%）×10% = 1 555.56（元）。

自行生产方式：应纳消费税税额=30 000×10% = 3 000（元）。

因此，在成本和售价相同且销售价格没有高于受托方计税价格的情况下，采取委托加工方式可以节省消费税1 444.44元。

五、已纳消费税税额扣除的筹划

对自己不生产应税消费品，而只是购进后再销售应税消费品的工业企业：（1）符合可抵扣的范围；（2）取得可抵扣的合法凭证，在进货渠道选择上，尽量从一般纳税人那进货，获取增值税专用发票；（3）准予扣除外购应税消费品已纳消费税税额的计算方法；（4）在零售环节纳税的金银（2003年5月1日起含铂金）首饰、钻石、钻石饰品不得抵扣外购珠宝玉石的已纳税款 。

【案例4-15】恒远公司销售珠宝玉石，但该公司自己并不生产应税消费品，而是外购珠宝玉石后，经过简单的组合或加工，再将珠宝玉石销售出去，某月该公司发生如下业务：

1.从A公司购进价值50万元的珠宝玉石，该公司月初库存的外购珠宝玉石价值10万元，月末库存的外购珠宝玉石价值30万元。

2.销售珠宝玉石45万元，货款已收讫。（消费税税率10%）

该公司报税员申报当月应纳消费税税额=45×10% -（50+10-30）×10% =1.5（万元）

该公司消费税应纳税额的计算是否正确？

【综合分析】

正确。根据相关规定，对自己不生产应税消费品，而只是购进后再销售应税消费品的工业企业，其销售的粮食白酒、薯类白酒、酒精、化妆品、护肤护发品、鞭炮焰火和珠宝玉石，凡不能构成最终消费品直接进入消费市场，而需进一步生产加工的，如需进一步加浆降度的白酒和食用酒精，需进行调香、调味和勾兑的白酒，需进行深加工、包装、贴标、组合的珠宝玉石、化妆品、酒、鞭炮焰火等，应当征收消费税，同时允许扣除上述外购应税消费品的已纳税款。

工作任务四　征收管理筹划

知识导航

一、纳税义务发生时间

根据规定，纳税人生产的应税消费品于销售时纳税，进口消费品应当于应税消费品报关进口环节纳税。

消费税纳税义务发生的时间，按照货款结算方式或行为发生时间分别确定。

1.纳税人销售的应税消费品，其纳税义务的发生时间为：

（1）纳税人采取赊销和分期收款结算方式的，其纳税义务的发生时间，为销售合同规定的收款日期的当天。

（2）纳税人采取预收货款结算方式的，其纳税义务的发生时间，为发出应税消费品的当天。

（3）纳税人采取托收承付和委托银行收款方式销售的应税消费品，其纳税义务的发生时间，为发出应税消费品并办妥托收手续的当天。

（4）纳税人采取其他结算方式的，其纳税义务的发生时间，为收讫销售款或者取得索取销售款的凭据的当天。

2.纳税人自产自用的应税消费品，其纳税义务的发生时间，为移送使用的当天。

3.纳税人委托加工的应税消费品，其纳税义务的发生时间，为纳税人提货的当天。

4.纳税人进口的应税消费品，其纳税义务的发生时间，为报关进口的当天。

二、纳税期限

根据规定，消费税的纳税期限分别为1日、3日、5日、10日、15日、1个月或者1个季度。纳税人的具体纳税期限，由主管税务机关根据纳税人应纳税额的大小分别核定；不能按照固定期限纳税的，可以按次纳税。

纳税人以1个月或者1个季度为1个纳税期的，自期满之日起15日内申报纳税；以1日、3日、5日、7日或者15日为1个纳税期的，自期满之日起5日内预缴税款，于次月1日起至15日内申报纳税并结清上月应纳税款。

纳税人进口应税消费品，应当自海关填发海关进口消费税专用缴款书之日起15日内缴纳税款。

如果纳税人不能按照规定的纳税期限依法纳税，将按《税收征收管理法》的有关规定处理。

筹划思路与演练

一、纳税义务发生时间筹划

结算方式不同，纳税义务的发生时间也不同。虽然对于整个结算期间来说，所缴纳的税款是相同的，但是由于缴纳税款的时间不同，货币的时间价值不同，企业所获得的经济利益也不同，企业可通过选择结算方式来进行纳税筹划，获取资金的时间价值。

二、纳税期限筹划

纳税人按期纳税，是不会被加收滞纳金的。同样合法纳税，在时间的安排上有的对企业有利，有的对企业不利。如果纳税人在合法的期限内尽量推迟纳税时间，不但可以加速资金周转，而且可以获取一定的利息收入。在利用纳税期限进行纳税筹划时，一般做法是：在纳税期内尽可能推迟纳税，并根据申报和纳税期限的改变按期合理调度税金，避免资金的闲置，以保证流动资金得到最佳利用。

【案例4-16】按照规定，1日、3日、5日、10日或15日为一纳税期的纳税人，应在纳税期满后5日内预缴税款。经主管税务机关核定，飞腾汽车厂以5日为一纳税期，按上月应纳税额预缴，月度终了后申报纳税，结清本月税额。某年某月该汽车厂应纳消费税12 000 000元，飞腾汽车厂如何进行消费税纳税筹划？

【综合分析】

该汽车厂与税务机关沟通协商，在保证不少缴税款的前提下改为1个月为一期纳税，那么可在下月15日前申报纳税。这样可以避免月初现金的大量流出，从而可以利用这段时间货币的时间价值。

技能训练

参考答案

【案例1】新星酒厂既生产粮食白酒，又生产药酒，还生产上述两类酒的小瓶装礼品套装。10月份，该厂对外销售粮食白酒18 000瓶，不含增值税价格30元/瓶，每瓶一斤装；销售药酒10 000瓶，不含增值税价格60元/瓶，每瓶一斤装；销售套装酒1 000套，不含增值税价格150元/套，其中白酒3瓶、药酒3瓶，均为半斤装。要求：（1）分别计算三类酒单独核算和不单独核算情况下各自应缴纳的消费税税额。（2）分析上面（1）计算结果存在差异的原因。

【案例2】某摩托车生产企业，今年5月对外销售某型号的摩托车（气缸容量在250毫升以上）：以单价4 000元销售了50辆；以单价4 500元销售了10辆；以单价4 800元销售了5辆。当月末以20辆同型号的摩托车抵偿A企业的货款80 000元。请为摩托车企业缴纳的消费税筹划。摩托车的消费税税率为10%。

【案例3】某手表厂为增值税一般纳税人，生产的A型号手表在市场上很畅销。此型号手表出厂时定价为每只10 200元（不含税），同时为每只手表都配备了精美高档的包装盒，包装盒的成本每个是220元。请为手表厂缴纳的消费税筹划。

主要税法依据

- 《中华人民共和国消费税暂行条例》
- 《中华人民共和国消费税暂行条例实施细则》
- 《财政部 国家税务总局关于调整金银首饰消费税纳税环节有关问题的通知》（财税〔1994〕95号）
- 《财政部 国家税务总局关于调整酒类产品消费税政策的通知》（财税〔2001〕84号）
- 《财政部 国家税务总局关于消费税若干具体政策的通知》（财税〔2000〕125号）
- 《国家税务总局关于印发〈葡萄酒消费税管理办法（试行）〉的通知》（国税发〔2006〕66号）
- 《国家税务总局关于调味料酒征收消费税问题的通知》（国税函〔2008〕742号）
- 《国家税务总局关于配制酒消费税适用税率问题的公告》（国家税务总局公告2011年第53号）
- 《财政部 国家税务总局关于明确啤酒包装物押金消费税政策的通知》（财税〔2006〕20号）
- 《国家税务总局关于果啤征收消费税的批复》（国税函〔2005〕333号）
- 《国家税务总局关于调整消费税政策的通知》（财税〔2014〕93号）
- 《财政部 国家税务总局关于调整烟产品消费税政策的通知》（财税〔2009〕84号）
- 《财政部 国家税务总局关于调整卷烟消费税的通知》（财税〔2015〕60号）
- 《国家税务总局关于印发〈消费税若干具体问题的规定〉的通知》（国税发〔1993〕156号）
- 《国家税务总局关于消费税若干征税问题的通知》（国税发〔1994〕30号）
- 《财政部 国家税务总局关于〈中华人民共和国消费税暂行条例实施细则〉有关条款解释的通知》（财法〔2012〕8号）
- 《国家税务总局关于用外购和委托加工收回的应税消费品连续生产应税消费品征收消费税问题的通知》（国税发〔1995〕94号）
- 《财政部 国家税务总局关于调整和完善消费税政策的通知》（财税〔2006〕33号）
- 《国家税务总局关于印发〈调整和完善消费税政策征收管理规定〉的通知》（国税发〔2006〕49号）

项目五

企业所得税的纳税筹划

项目知识目标

- 了解企业所得税筹划的基本思路，掌握企业所得税筹划的基本方法
- 掌握企业所得税纳税义务人的规定，学会利用纳税人的筹划方法
- 掌握企业所得税计税依据的规定，学会利用企业所得税计税依据的筹划方法
- 掌握企业所得税优惠政策的规定，学会利用优惠政策的筹划方法

项目技能目标

- 利用纳税义务人进行筹划
- 利用企业所得税计税依据进行筹划
- 利用企业所得税优惠政策进行筹划

工作任务一　企业所得税纳税义务人的筹划

案例导入

中国海洋石油有限公司于1999年8月在香港注册成立，并于2001年2月27日和28日分别在纽约证券交易所和香港联合交易所挂牌上市。注册地址：中国香港花园道一号中银大厦65层。请问：该公司是中国企业所得税的居民企业还是非居民企业？纳税人身份的判定不同，会对该公司和相关法人股东的税负产生怎样的影响？

知识导航

一、企业所得税纳税义务人的规定

根据税法规定，企业所得税的纳税义务人是指在中华人民共和国境内的企业和其他取得收入的组织。个人独资企业、合伙企业不属于企业所得税的纳税义务人。

企业所得税的纳税义务人根据注册地标准和实际管理机构标准分为居民企业和非居民企业，分别承担不同的纳税义务。

(一) 居民企业及其税收政策

1. 居民企业的概念

居民企业，是指依法在中国境内成立，或者依照外国（地区）法律成立但实际管理机构在中国境内的企业。居民企业分为两大类：一类是依照中国法律、行政法规在中国境内成立的企业、事业单位、社会团体及其他取得收入的组织；另一类是依照外国法律成立的企业和其他取得收入的组织。

依照外国法律成立的居民企业，必须具备其实际管理机构在中国境内的条件。“实际管理机构”是指对企业的生产经营、人员、账务、财产等实施实质性全面管理和控制的机构。实际管理机构的认定，涉及4个核心要素（即生产经营、人员、账务、财产）和一个关键认定标准，即全面管理和控制。

2. 境外注册中资控股居民企业

境外注册中资控股居民企业是指由中国境内的企业或企业集团作为主要控股投资者，在境外依据外国（地区）法律注册成立的企业。境外中资企业同时符合以下条件的，根据相关规定，应判定其为实际管理机构在中国境内的居民企业，并实施相应的税收管理，就其来源于中国境内、境外的所得征收企业所得税：

(1) 企业负责实施日常生产经营管理运作的高层管理人员及高层管理部门履行职责的场所主要位于中国境内；

(2) 企业的财务决策（如借款、放款、融资、财务风险管理等）和人事决策（如任命、解聘和薪酬等）由位于中国境内的机构或人员决定，或需要得到位于中国境内的机构或人员批准；

(3) 企业的主要财产、会计账簿、公司印章、董事会和股东会议纪要档案等位于或存放于中国境内；

(4) 企业1/2（含1/2）以上有投票权的董事或高层管理人员经常居住于中国境内。

3. 居民企业的纳税义务

居民企业承担全面的纳税义务，即应就其来源于中国境内、境外的所得向中国政府交纳企业所得税。上述“所得”包括销售货物所得、提供劳务所得、转让财产所得、股息红利等权益性投资所得、利息所得、租金所得、特许权使用费所得、接受捐赠所得和其他所得。

4. 公司制企业的税收政策

公司制企业是法人实体，有独立的法人财产，享有法人财产权。公司需以其全部财产对自己的债务承担有限责任。公司制企业一般分为股份有限公司和有限责任公司两大类。除此之外，还有两种特殊形式的有限责任公司，即一人有限公司和国有独资公司。

我国税法规定，公司制形式的居民企业，在对其实现的利润总额做出纳税调整后按25%的法定税率缴纳企业所得税。如果公司制居民企业向自然人投资者分配股利或红利，应按20%的税率代扣投资者个人股息红利所得的个人所得税。投资于国内居民企业的自然人股东，其获得的股息红利所得，按持股时间的不同，实施差别化征税政策。自2015年9月8日起，个人从公开发行和转让市场取得的上市公司股票，持股期限超过1年的，股息红利所得暂免征收个人所得税；持股期限在1个月以内（含1个月）的，其股息红利所得全额计入应纳税所得额；持股期限在1个月以上至1年（含1年）的，暂减按50%计入应纳税所得额；上述所得统一适用20%的税率计征个人所得税。

个人股东获得转增的股本，应按照“利息、股息、红利所得”项目，适用20%税率缴纳个人所得税。自2016年1月1日起，全国范围内的中小高新技术企业以未分配利润、盈余公积、资本公积向个人股东转增股本时，个人股东一次缴纳个人所得税确有困难的，可根据实际情况自行制定分期缴税计划，在不超过5个公历年度内（含）分期缴纳，并将有关资料报主管税务机关备案。也就是说，自然人股东获得企业不论用资本公积还是留存收益转增的资本或股本，均视为股息、红利所得，均征收个人所得税。只是自然人股东获得中小高新技术企业转增资本或股本的股息红利所得，可以分期纳税，取得其他企业的股票股利不可以分期纳税。

仅考虑税收负担一方面，公司形式以股份有限公司为佳。其原因有二：一是有利于降低自然人股东的税负；二是世界各国税法中鼓励投资的有关税收减免条款一般针对股份有限公司。

（二）非居民企业及其税收政策

1.非居民企业的概念

非居民企业，是指依照外国（地区）法律成立且实际管理机构不在中国境内，但在中国境内设立机构、场所的，或者在中国境内未设立机构、场所，但有来源于中国境内所得的企业。

上述所称机构、场所，是指在中国境内从事生产经营活动的机构、场所，包括：

（1）管理机构、营业机构、办事机构。管理机构，是指对企业生产经营活动进行管理决策的机构。营业机构，是指企业开展日常生产经营活动的固定场所，如商场等。办事机构，是指企业在当地设立的从事联络和宣传等活动的机构，如外国企业为开拓中国市场设立的代表处，为企业进入中国市场进行调查和宣传等工作。

（2）工厂、农场、开采自然资源的场所。工厂是工业企业进行生产经营活动的场所，如厂房、车间所在地。农场是企业从事农业、牧业等生产经营的场所。开采自然资源的场所，是指采掘业的生产经营活动场所，如矿山、油田等。

（3）提供劳务的场所。包括从事交通运输、仓储租赁、咨询经纪、科学研究、技术服务、教育培训、餐饮住宿、中介代理、旅游、娱乐、加工以及其他劳务服务活动的场所。

（4）从事建筑、安装、装配、修理、勘探等工程作业的场所。包括建筑工地、港口码头、地质勘探场地等工程作业场所。

（5）其他从事生产经营活动的机构、场所。

（6）非居民企业委托营业代理人在中国境内从事生产经营活动的，包括委托单位或者个人经常代其签订合同，或者储存、交付货物等，该营业代理人视为非居民企业在中国境内设立的机构、场所。

2.非居民企业的纳税义务

非居民企业承担有限的纳税义务，即应就其来源于中国境内或者有来源于境外且与其中国境内机构、场所有实际联系的所得，向中国政府缴纳企业所得税。

3.非居民企业的税收政策

非居民企业税收政策，具体区分为两类：

（1）在中国境内未设立机构、场所的，或者虽设立机构、场所但取得的所得与其所设机构、场所没有实际联系的，承担有限的纳税义务，仅就其来源于中国境内的所得缴纳企业所得税。

（2）在中国境内设立有机构、场所的，承担准全面的纳税义务，应当就其所设机构、场所取得的来源于中国境内的所得，以及来源于中国境外但与其所设机构、场所有实际联系的所得，缴纳企业所得税。上述“实际联系”，是指非居民企业在中国境内设立的机构、场所拥有据以取得所得的股权、债权及拥有、管理、控制据以取得所得的财产等。

非居民企业税收政策及税率适用相对复杂，下面通过表格的形式分析非居民企业的税率适用（见表5-1）。

表5-1　**非居民企业税率适用分析表**

境内设有机构、场所的	境内、境外有联系的所得	25%
	境内无联系的所得	10%
	境外无联系的所得	不纳税
境内无机构、场所的	有境内所得	10%
	无境内所得	不纳税

可见，居民企业和非居民企业纳税人的划分，对纳税主体的税收实践会产生深远影响。

二、母子公司与总分公司纳税义务的规定

根据公司法有关规定，子公司和母公司均具有法人资格，依法独立承担民事责任；分公司不具有法人资格，其民事责任由总公司承担。两者在很多方面都存在较大差别，下面着重分析企业所得税政策的不同。

（一）子公司是独立纳税人

子公司，亦称作附属公司，是指一定数额的股份被另一公司控制或依照协议被另一公司实际控制、支配的公司。

子公司具有独立法人资格，拥有自己所有的财产，自己的公司名称、章程和董事会，以自己的名义开展经营活动、从事各类民事活动，独立承担公司行为所带来的一切后果和责任。子公司在法律上与母公司是相互独立的，但在经济上又与母公司存在着被控制与控制的关系，如财产权和经营权均由母公司拥有并控制，涉及公司利益的重大决策或重大人事安排，仍要由母公司决定。

在税收政策上，由于子公司具有独立法人资格，一般被视为一国税收上的居民企业，承担全面的纳税义务；同时也能享受所在国给予的税收优惠政策。但建立子公司的手续一般都很复杂，财务制度较为严格，必须设置账簿进行独立核算，并需要相关的审计和证

明，经营亏损不能冲抵母公司的盈利，与母公司间的交易往往成为各国税务机关反避税审查的重点内容。

（二）分公司是非独立纳税人

分公司，是指在业务、资金、人事等方面受总公司管辖而不具有法人资格的分支机构，如分厂、分店等。分公司在法律上、经济上没有独立性，财务上属于非独立核算，仅仅是总公司的附属机构。分公司没有自己的名称、章程，没有自己的财产，并以总公司的资产对分公司的债务承担法律责任。

根据我国税法规定，居民企业在中国境内设立不具有法人资格的营业机构的，应当汇总计算缴纳企业所得税。可见，法人所得税制要求总分公司汇总计算缴纳企业所得税。因此，设立不具有法人资格的分支机构，可以实现总分公司之间盈亏互抵，合理减轻税收负担。

跨省市总分机构企业汇总计算并缴纳企业所得税的基本方法是“统一计算、分级管理、就地预缴、汇总清算、财政调库”。

统一计算，是指居民企业应统一计算包括各个不具有法人资格营业机构在内的企业全部应纳税所得额、应纳税额。总机构和分支机构适用税率不一致的，应分别按适用税率计算应纳所得税税额。

分级管理，是指居民企业总机构、分支机构，分别由所在地主管税务机关属地进行监督和管理。

就地预缴，是指居民企业总机构、分支机构，应按《跨地区经营汇总纳税企业所得税征收管理办法》规定的比例分别就地按月或者按季向所在地主管税务机关申报、预缴企业所得税。

汇总清算，是指在年度终了后，总分机构企业根据统一计算的年度应纳税所得额、应纳所得税税额，抵减总机构、分支机构当年已就地分期预缴的企业所得税税款后，多退少补。

财政调库，是指财政部定期将缴入中央总金库的跨省市总分机构企业所得税待分配收入，按照核定的系数调整至地方国库。具体是指，“25%由总机构所在地分享，50%由各分支机构所在地分享，25%按一定比例在各地间进行分配”。

筹划思路与演练

企业在成立或设立分支机构时，应考虑其组织形式与税负之间的关系。因为不同的企业组织形式，就存在不同的纳税主体身份，所面临的税收政策也不同，相应的税负也不同。

企业组织形式大致可以分为：个体工商户、个人独资企业、合伙企业和公司制企业。

个体工商户从事生产、经营活动取得的所得，个人独资企业投资人、合伙企业的个人合伙人来源于境内注册的个人独资企业、合伙企业生产、经营的所得按照“经营所得”项目，适用五级超额累进税率（见表5-2），仅征个人所得税。公司制企业缴纳25%的企业所得税，其若向自然人投资者分配股息、红利，须代扣代缴个人股东20%的个人所得税。

表5-2　　经营所得适用的税率和速算扣除数表

级数	全年含税应纳税所得额	税率（%）	速算扣除数（元）
1	不超过30 000元的	5	0
2	超过30 000元至90 000元的部分	10	1 500
3	超过90 000元至300 000元的部分	20	10 500
4	超过300 000元至500 000元的部分	30	40 500
5	超过500 000元的部分	35	65 500

从表5-2可以看出，个体工商户、个人独资企业、合伙企业的应纳税所得额为30 000元时，其边际税率为5%；应纳税所得额为90 000元时，其边际税率为10%，由于其适用的是累进税率，其实际税率应为8.33%［（90 000×10%-1 500）÷90 000×100%］；应税所得额为300 000元时，边际税率为20%，其实际税率为16.5%［（300 000×20%-10 500）÷300 000×100%］；应税所得额为500 000元时，边际税率为30%，实际税率为21.9%［（500 000×30%-40 500）÷500 000×100%］。而公司制企业适用企业所得税的法定税率为25%。公司制企业在向自然人股东分配股息、红利时，须代扣代缴个人股东20%的个人所得税。可见，如果不考虑小型微利企业、高新技术企业等优惠税率，年应税所得在50万元以下的，同等盈利水平下，个体工商户、个人独资企业、合伙企业税负较轻。

但是，需要注意的是，企业所得税中有很多优惠税率，不同行业或不同区域的企业可能执行10%、15%或20%的优惠税率，同等盈利水平下，公司制企业和个体工商户的税负就有所不同。

一、纳税人主体身份的选择

从总体税负角度来讲，个人独资企业、合伙企业一般低于公司制企业。但是，在独资企业、合伙企业和公司制企业的决策中，要充分考虑税基、税率和优惠政策等多种因素和可能存在的各种风险，最终税负的高低是多种因素共同作用的结果，不能只考虑一种因素和风险。其次，在居民纳税人和非居民纳税人的选择上，尽量达到作为非居民纳税人的条件，因为他所承担的纳税义务是有限的。

案例导入中，根据知识导航的相关内容，按实际管理机构所在地的标准来认定中国海洋石油有限公司为中国境内的居民企业。相应地，该企业负有全面的纳税义务，同时负有为其非居民企业股东代扣代缴企业所得税、为其自然人股东代扣代缴个人所得税的义务。即，其在向非居民企业股东派发股息、红利时，须代扣代缴10%的企业所得税；在向自然人股东派发股息、红利时，须代扣代缴20%的个人所得税。

【案例5-1】某人欲在武汉自办企业，估计年应税所得额为500 000元，该如何选择企业的主体身份呢？

【综合分析】

第一种情况：

选择设立个人独资企业或合伙企业，应缴纳个人所得税，其税收负担=500 000×30%-

40 500=109 500（元）。

第二种情况：

选择设立公司制企业，应缴纳企业所得税。不同的筹资方式，其税收负担也不同。

假定该企业不满足小型微利企业和高新技术企业的优惠条件，具体分析如下：（1）若投资者均为企业法人，根据居民企业间直接投资的股息、红利所得免征企业所得税，其税收负担=500 000×25%=125 000（元）；（2）若投资者均为自然人，实现的税后利润若全部作为股利分配给投资者，根据政策规定，其税收负担=500 000×25%+500 000×（1-25%）×20%=200 000（元）。

第二种情况的税负明显高于第一种情况。

可见，选择企业主体身份时，应在综合权衡企业经营风险、经营规模、管理方式及筹资方式等因素的基础上，选择税负较小的。

二、纳税人组织形式的选择

设立子公司与分公司的税收利益孰高孰低并不是绝对的。它受一国税收制度、经营状况及企业内部利润分配政策等多种因素的限制。一般来说，投资初期分支机构发生亏损的可能性较大，采用分公司的组织形式，总分公司通过汇总纳税，盈亏可互抵。当公司进入稳定的盈利期后，采用子公司的组织形式，可以充分享受所在地的税收优惠政策。

【案例5-2】某食品高新技术公司总部设在武汉，属于国家重点扶持的企业，企业所得税税率为15%。经测算，未来5年内，武汉总部的应纳税所得额均为1 000万元。为扩大经营规模，准备在其他省份建立一家产品种植加工W企业，在选择W企业的组织形式时，总公司开始考虑相关的税负。

这个企业产品为鱼类，它是一种生产较慢的鱼，在新区域撒下鱼苗，达到初次具有商业价值的收获期大约需要4～5年。这样，W企业在开办初期会面临巨大亏损，但亏损会逐渐减少。经估计，W公司前四年的亏损额分别为：300万元、200万元、150万元、100万元，第五年开始盈利，盈利额为400万元。

该企业选择建立全资子公司的形式还是分公司的形式设立W企业呢？

【综合分析】

选择建立子公司与分公司的税负分析如下：

第一种情况：

选择设立子公司，母子公司间的盈亏不可互抵，则前四年总部及其W子公司的应纳所得税总额为：600万元（每年都为1 000×15%=150（万元））。

第二种情况：

选择设立分公司，通过汇总纳税，总分公司间的盈亏可以互抵，则前四年总部及其W分公司的应纳所得税总额分别为：105万元（1 000×15%-300×15%）、120万元（1 000×15%-200×15%）、127.5万元（1 000×15%-150×15%）、135万元（1 000×15%-100×15%），前四年公司总体税负为487.5万元（105+120+127.5+135）。

通过税负分析，应选择建立分公司的形式，企业整体税负才相对较低。

工作任务二　企业所得税计税依据的纳税筹划

案例导入

武汉某大型商场，为增值税一般纳税人，不满足小型微利企业条件，企业所得税采取查账征收方式，适用税率为25%。假定该商场每销售100元商品，其平均商品成本为50元，可以抵扣的进项税额为6.5元，赠送商品的成本为10元，可抵扣的进项税额为1.3元。假定企业赠送礼品的进销差价率同其他商品。2019年末，商场决定开展促销活动，促销方案分别有“满100打8折”“满100送20元现金折扣券”“满100送价值20元的礼品”“满100返20元现金”“满100送加量20元的同款商品”。请问：仅考虑税负问题，哪种促销方式对企业最有利？

知识导航

一、应纳税所得额的计算

根据税法规定，企业应以权责发生制为原则，注重收入与费用的时间配比，要求企业收入费用的确认时间不得提前或滞后。坚持权责发生制原则，可有效防止企业利用收入、费用支出确认时间的不同规避税收。

企业所得税的计税依据为应纳税所得额，即指纳税人在一个纳税年度的收入总额减除成本、费用和损失等后的余额。计算时可采用直接法和间接法两种方式。

直接法：应纳税所得额=收入总额−不征税收入−免税收入−各项扣除金额−允许弥补的以前年度亏损

上述公式中的数据均为税法规定口径的数据。税法规定的收入总额不同于会计规定的收入总额，税法规定的准予扣除项目金额也不同于会计成本、费用、税金和损失。上述公式能从理论上展示应纳税所得额的计算因素。

间接法：应纳税所得额=会计利润总额 ± 纳税调整项目金额

上述公式中会计利润总额为会计口径数据，来源于企业利润表相关数据。纳税调整项目金额为税法口径，主要体现的是税法与会计的差异事项，包括两方面的内容：

（1）企业的财务会计处理和税收规定不一致的应予以调整的金额；

（2）企业按税法规定准予扣除的金额。

二、收入项目

（一）收入的类型

企业的收入总额包括以货币形式和非货币形式从各种来源取得的收入，具体有：销售货物收入，提供劳务收入，转让财产收入，股息、红利等权益性投资收益，利息收入，租金收入，特许权使用费收入，接受捐赠收入，其他收入。

企业取得收入的货币形式包括现金、存款、应收账款、应收票据、准备持有至到期的债券投资以及债务的豁免等；纳税人以非货币形式取得的收入，包括固定资产、生物资产、无形资产、股权投资、存货、不准备持有至到期的债券投资、劳务以及有关权益等，这些非货币性资产应当按照公允价值确定收入额。公允价值是指按照市场价格确定的价值。

收入总额中的下列收入为不征税收入：财政拨款；依法收取并纳入财政管理的行政事业性收费、政府性基金；国务院规定的其他不征税收入（即各类财政性资金）。上述不征税收入用于支出所形成的费用，不得在计算应纳税所得额时扣除；用于支出所形成的资产，其计算的折旧、摊销不得在计算应纳税所得额时扣除。

收入总额中的下列收入为免税收入：国债利息收入；符合条件的居民企业之间的股息、红利等权益性投资收益；在中国境内设立机构、场所的非居民企业从居民企业取得与该机构、场所有实际联系的股息、红利等权益性投资收益；非营利性公益组织的非营利收入。

企业取得的各项免税收入所对应的各项成本费用，除另有规定外，可以在计算企业应纳税所得额时扣除。

（二）收入确认时间

1.股权转让收入

企业转让股权收入，应于转让协议生效且完成股权变更手续时，确认收入的实现。转让股权收入扣除为取得该股权所发生的成本后，为股权转让所得。企业在计算股权转让所得时，不得扣除被投资企业未分配利润等股东留存收益中按该项股权所可能分配的金额。

2.股息、红利等权益性投资收益

企业权益性投资取得股息、红利等收入，应以被投资企业股东会或股东大会做出利润分配或转股决定的日期，确定收入的实现。被投资企业将股权（票）溢价所形成的资本公积转为股本的，不作为投资方企业的股息、红利收入，投资方企业也不得增加该项长期投资的计税基础。

3.利息收入

利息收入是指企业将资金提供他人使用但不构成权益性投资，或者因他人占用本企业资金取得的收入，包括存款利息、贷款利息、债券利息、欠款利息等收入。利息收入，按照合同约定的债务人应付利息的日期确认收入的实现。

4.租金收入

租金收入是指企业提供固定资产、包装物或者其他有形资产的使用权取得的收入。租金收入，按照合同约定的承租人应付租金的日期确认收入的实现。

如果交易合同或协议中规定租赁期限跨年度，且租金提前一次性支付的，根据收入与费用配比原则，出租人可对上述已确认的收入，在租赁期内，分期均匀计入相关年度收入。

5.特许权使用费收入

特许权使用费收入是指企业提供专利权、非专利技术、商标权、著作权以及其他特许权的使用权取得的收入。特许权使用费收入，按照合同约定的特许权使用人应付特许权使用费的日期确认收入的实现。

6.接受捐赠收入

接受捐赠收入是指企业接受的来自其他企业、组织或者个人无偿给予的货币性资产、非货币性资产。接受捐赠收入按照实际收到捐赠资产的日期确认收入的实现。

7.其他收入

其他收入是指企业取得的除以上收入外的其他收入，包括企业资产溢余收入、逾期未退包装物押金收入、确实无法偿付的应付款项、已作坏账损失处理后又收回的应收款项、债务重组收入、补贴收入、违约金收入、汇兑收益等。

（三）分期确认收入的项目

1.以分期收款方式销售货物的，按照合同约定的收款日期确认收入的实现。

2.企业受托加工制造大型机械设备、船舶、飞机，以及从事建筑、安装、装配工程业务或者提供其他劳务等持续时间超过12个月的，按照纳税年度内完工进度或者完成的工作量确认收入的实现。

3.企业提供跨纳税年度且金额较大的劳务，提供劳务交易的结果能够可靠估计的，应采用完工进度（完工百分比）法确认提供劳务收入。

下列提供劳务满足收入确认条件的，应按规定确认收入：

（1）安装费。应根据安装完工进度确认收入。安装工作是商品销售附带条件的，安装费在确认商品销售实现时确认收入。

（2）宣传媒介的收费。应在相关的广告或商业行为出现于公众面前时确认收入。广告的制作费，应根据制作广告的完工进度确认收入。

（3）软件费。为特定客户开发软件的收费，应根据开发的完工进度确认收入。

（4）服务费。包含在商品售价内可区分的服务费，在提供服务的期间分期确认收入。

（5）艺术表演、招待宴会和其他特殊活动的收费。在相关活动发生时确认收入。收费涉及几项活动的，预收的款项应合理分配给每项活动，分别确认收入。

（6）会员费。申请入会或加入会员，只允许取得会籍，所有其他服务或商品都要另行收费的，在取得该会员费时确认收入。申请入会或加入会员后，会员在会员期内不再付费就可得到各种服务或商品，或者以低于非会员的价格销售商品或提供服务的，该会员费应在整个受益期内分期确认收入。

（7）特许权费。属于提供设备和其他有形资产的特许权费，在交付资产或转移资产所有权时确认收入；属于提供初始及后续服务的特许权费，在提供服务时确认收入。

（8）劳务费。长期为客户提供重复的劳务收取的劳务费在相关劳务活动发生时确认收入。

（四）收入实现的确认原则

企业销售收入的确认，必须遵循权责发生制原则和实质重于形式原则。

1.企业销售商品同时满足下列条件的，应确认收入的实现：

（1）商品销售合同已经签订，企业已将商品所有权相关的主要风险和报酬转移给购货方；

（2）企业对已售出的商品既没有保留通常与所有权相联系的继续管理权，也没有实施有效控制；

（3）收入的金额能够可靠地计量；

（4）已发生或将发生的销售方的成本能够可靠地核算。

2.符合上述收入确认条件，采取下列商品销售方式的，应按以下规定确认收入实现时间：

（1）销售商品采用托收承付方式的，在办妥托收手续时确认收入。

（2）销售商品采取预收款方式的，在发出商品时确认收入。

（3）销售商品需要安装和检验的，在购买方接受商品以及安装和检验完毕时确认收入。如果安装程序比较简单，可在发出商品时确认收入。

（4）销售商品采用支付手续费方式委托代销的，在收到代销清单时确认收入。

3.采用售后回购方式销售商品的，销售的商品按售价确认收入，回购的商品作为购进商品处理。

有证据表明不符合销售收入确认条件的，如以销售商品方式进行融资，收到的款项应确认为负债，回购价格大于原售价的，差额应在回购期间确认为利息费用。需要注意的是，售后回购不满足收入确认条件的，企业所得税不确认销售环节的收入，但增值税和土地增值税均会确认相关流转收入进行纳税。

4.销售商品以旧换新的，销售商品应当按照销售商品收入确认条件确认收入，回收的商品作为购进商品处理。

5.商业折扣：企业为促进商品销售而在价格上给予的价格优惠；其应按照扣除商业折扣后的金额确定销售商品收入金额。现金折扣：债权人为鼓励债务人在规定的期限内付款而向债务人提供的价格优惠；其应按扣除现金折扣前的金额确定销售商品收入金额，现金折扣在实际发生时计入财务费用。销售折让：企业因售出商品的质量不合格等原因而在售价上给予的减让。销售退回：企业因售出商品质量、品种不符合要求等原因而发生的退货。企业已确认销售收入的售出商品发生销售折让和销售退回，应当在发生当期冲减当期销售商品收入。

6.企业以“买一赠一”等方式组合销售本企业商品的，不属于捐赠，应将总的销售金额按各项商品的公允价值的比例来分摊确认各项的销售收入。

三、税前扣除项目

（一）税前允许扣除的项目

企业在生产经营活动中实际发生的与取得收入有关的、合理的支出，包括成本、费用、税金、损失和其他，准予在计算应纳税所得额时扣除。

企业发生的支出应当区分收益性支出和资本性支出。收益性支出在发生当期直接扣除；资本性支出应当分期扣除或者计入有关资产成本，不得在发生当期直接扣除。

1.具体扣除项目标准

（1）工资薪金支出

企业发生的合理的工资、薪金支出，据实扣除。实际发放的工资薪金总和，不包括企业的职工福利费、职工教育经费、工会经费以及养老保险费、医疗保险费、失业保险费、工伤保险费、生育保险费等社会保险费和住房公积金。

企业因雇用季节工、临时工、实习生及返聘离退休人员所实际发生的费用，应区分为工资薪金支出和职工福利费支出，并按规定在企业所得税前扣除；其中属于工资薪金支出的，准予计入企业工资薪金总额的基数，作为计算其他各项相关费用扣除的依据。

列入企业员工工资薪金制度、固定与工资薪金一起发放的福利性补贴，符合条件的，可作为企业发生的工资薪金支出，按规定在税前扣除，不符合条件的福利性补贴，应作为职工福利费，按规定计算限额税前扣除；企业接受外部劳务派遣用工所实际发生的费用，应分两种情况按规定在税前扣除：按照协议（合同）约定直接支付给劳务派遣公司的费用，应作为劳务费支出，直接支付给员工个人的费用，应作为工资薪金支出和职工福利费支出，其中属于工资薪金支出的费用，准予计入企业工资薪金总额的基数，作为计算其他各项相关费用扣除的依据；企业在年度汇算清缴结束前向员工实际支付的已预提汇缴年度工资薪金，准予在汇缴年度按规定扣除。

（2）社会保险费支出

企业依照国务院有关主管部门或者省级人民政府规定的范围和标准为职工缴纳的基本养老保险费、基本医疗保险费、失业保险费、工伤保险费、生育保险费等社会保险费和住房公积金，准予扣除。企业参加财产保险，按照规定缴纳的保险费，准予扣除。企业依照国家有关规定为特殊工种职工支付的人身安全保险费，可以扣除。

自2008年1月1日起，企业根据国家有关政策规定，为在本企业任职或者受雇的全体员工支付的补充养老保险费、补充医疗保险费，分别在不超过职工工资总额5%标准内的部分，在计算应纳税所得额时准予扣除；超过的部分，不予扣除。

企业职工因公出差乘坐交通工具发生的人身意外保险费支出，准予企业在计算应纳税所得额时扣除。

企业参加雇主责任险、公众责任险等责任保险，按照规定缴纳的保险费，准予在企业所得税税前扣除。

（3）职工福利费、工会经费和职工教育经费支出

企业发生的职工福利费支出，不超过工资薪金总额14%的部分，准予扣除。企业拨缴的工会经费，不超过工资薪金总额2%的部分，准予扣除。自2018年1月1日起，企业发生的职工教育经费支出，不超过工资薪金总额8%的部分，准予在计算企业所得税应纳税所得额时扣除；超过部分，准予在以后纳税年度结转扣除。

软件生产企业发生的职工教育经费中的职工培训费用，可以全额在企业所得税前扣除。软件生产企业应准确划分职工教育经费中的职工培训费支出，对于不能准确划分的，以及准确划分后职工教育经费中扣除职工培训费用的余额，一律按照不超过工资薪金总额8%的比例扣除。

（4）利息支出

向金融企业的借款利息支出，包括加息、罚息，据实扣除。向非金融企业的借款利息支出，不超过按照金融企业同期同类贷款利率计算的数额部分，据实扣除，超过部分不得在发生当期和以后年度扣除。向关联企业借款的利息支出，不超过按照金融企业同期同类贷款利率和相关债资比例计算的数额部分，准予扣除，超过的部分不得在发生当期和以后年度扣除。其接受关联方债权性投资与其权益性投资比例为：金融企业5：1；其他企业2：1。

（5）业务招待费

按照发生额的60%扣除，但最高不得超过当年销售（营业）收入的5‰。超标准部

分，不能向以后纳税年度结转。当年销售（营业）收入，是指年销售（营业）收入减除销售退回、销售折让和销项税额等各项支出后的收入，包括主营业务收入、其他业务收入和视同销售收入，不包括营业外收入、税收上应确定的其他收入。

从事股权投资业务的企业（包括集团公司总部、创业投资企业等），其从被投资企业所分配的股息、红利以及股权转让收入，可以按规定的比例计算业务招待费扣除限额。

筹建期间，企业发生的与筹办活动有关的业务招待费支出，可按实际发生额的60%计入企业筹办费，并按有关规定在税前扣除。

房地产开发企业销售未完工开发产品确认的预售收入可以作为业务招待费和广告费税前扣除限额的基数。

（6）广告费和业务宣传费

企业发生的符合条件的广告费和业务宣传费支出，除国务院财政、税务主管部门另有规定外，不超过当年销售（营业）收入15%的部分，准予扣除；超过部分，准予在以后纳税年度结转扣除。

筹建期间，企业发生的广告费和业务宣传费，可按实际发生额计入企业筹办费，并按有关规定在税前扣除。

（7）劳动保护费

企业发生的合理的劳动保护支出，准予扣除。合理的劳动保护支出，是指确因特殊工作环境需要为雇员配备或提供工作服、手套、安全保护用品、防暑降温用品等所发生的支出。

企业根据其工作性质和特点，由企业统一制作并要求员工工作时统一着装所发生的工作服饰费用，可以作为企业合理的支出给予税前扣除。

（8）公益性捐赠支出

企业通过公益性社会组织或者县级（含县级）以上人民政府及其组成部门和直属机构，用于慈善活动、公益事业的捐赠支出，在年度利润总额12%以内的部分，准予在计算应纳税所得额时扣除；超过年度利润总额12%的部分，准予向以后年度结转扣除，但结转年限自捐赠发生年度的次年起计算最长不得超过3年。

公益性社会组织，应当依法取得公益性捐赠税前扣除资格。年度利润总额，是指企业依照国家统一会计制度的规定计算的大于零的数额。

企业在对公益性捐赠支出计算扣除时，应先扣除以前年度结转的捐赠支出，再扣除当年发生的捐赠支出。

（9）关联方之间的费用

企业之间支付的管理费、企业内营业机构之间支付的租金和特许权使用费，以及非银行企业内营业机构之间支付的利息，不得扣除。非居民企业在中国境内设立的机构、场所，就其中国境外总机构发生的与该机构、场所生产经营有关的费用，能够提供总机构出具的费用汇集范围、定额、分配依据和方法等证明文件并合理分摊的，准予扣除。

（10）手续费、佣金支出

企业发生与生产经营有关的手续费及佣金支出，不超过以下规定计算限额以内的部分，准予扣除；超过部分，不得扣除。

企业税前扣除手续费时需要注意以下问题：

①企业应与具有合法经营资格的中介服务企业或个人签订代办协议或合同，并按国家有关规定支付手续费及佣金。除委托个人代理外，企业以现金等非转账方式支付的手续费及佣金不得在税前扣除。企业为发行权益性证券支付给有关证券承销机构的手续费及佣金不得在税前扣除。

②企业不得将手续费及佣金支出计入回扣、业务提成、返利、进场费等费用。

③企业已计入固定资产、无形资产等相关资产的手续费及佣金支出，应当通过折旧、摊销等方式分期扣除，不得在发生当期直接扣除。

④企业支付的手续费及佣金不得直接冲减服务协议或合同金额，并如实入账。

⑤企业应当如实向当地主管税务机关提供当年手续费及佣金计算分配表和其他相关资料，并依法取得合法真实凭证。

房地产开发企业委托境外机构销售开发产品的，其支付境外机构的销售费用（含佣金或手续费）不超过委托销售收入10%的部分，准予据实扣除。

从事代理服务，主营业务收入为手续费、佣金的企业（如证券、期货、保险代理等企业），其为取得该类收入而实际发生的营业成本（包括手续费及佣金支出），准予在企业所得税前据实扣除。电信企业在发展客户、拓展业务等过程中（如委托销售电话入网卡、电话充值卡等），需向经纪人、代办商支付手续费及佣金的，其实际发生的相关手续费及佣金支出，不超过当年收入总额5%的部分，准予在企业所得税前据实扣除。

2.资产成本的扣除

（1）固定资产

企业按照规定计算的固定资产折旧，准予在计算应纳税所得额时扣除。企业应当自固定资产投入使用月份的次月起计算折旧；停止使用的固定资产，应当自停止使用月份的次月起停止计算折旧。

但下列固定资产不得计算折旧扣除：房屋、建筑物以外未投入使用的固定资产；以经营租赁方式租入的固定资产；以融资租赁方式租出的固定资产；已足额提取折旧，仍继续使用的固定资产；与经营活动无关的固定资产；单独估价作为固定资产入账的土地；其他不得计算提取折旧的固定资产。

除国务院财政、税务主管部门另有规定外，固定资产计算折旧的最低年限如下：房屋、建筑物为20年；飞机、火车、轮船、机器、机械和其他生产设备为10年；与生产经营活动有关的器具、工具、家具等为5年；飞机、火车、轮船以外的运输工具为4年；电子设备为3年。

企业外购的软件，凡符合固定资产或无形资产确认条件的，可以按照固定资产或无形资产进行核算，其折旧或摊销年限可以适当缩短，最短可为2年（含）。集成电路生产企业的生产设备，其折旧年限可以适当缩短，最短可为3年（含）。

企业拥有并用于生产经营的主要或关键的固定资产，由于以下原因确需加速折旧的，可以缩短折旧年限或者采取加速折旧的方法：①由于技术进步，产品更新换代较快的；②常年处于强震动、高腐蚀状态的。企业采取缩短折旧年限方法的，对其购置的新固定资产，最低折旧年限不得低于税法规定的折旧年限的60%；若为购置已使用过的固定资产，其最低折旧年限不得低于税法规定的最低折旧年限减去已使用年限后剩余年限的60%。最低折旧年限一经确定，一般不得变更。企业拥有并使用符合《关于企业固定资产加速折旧所得税处理有关问题的通知》第一条规定条件的固定资产采取加速折旧方法的，可以采用双倍余额递减法或者年数总和法。加速折旧方法一经确定，一般不得变更。

自2019年1月1日起，全部制造业领域的企业新购进的固定资产，可缩短折旧年限或采取加速折旧的方法。

原生物药品制造业，专用设备制造业，铁路、船舶、航空航天和其他运输设备制造业，计算机、通信和其他电子设备制造业，仪器仪表制造业，信息传输、软件和信息技术服务业等6个行业2014年1月1日起执行的政策继续延续。

原轻工、纺织、机械、汽车等4个领域重点行业的企业2015年1月1日后执行的政策继续延续。

对全部制造业领域的小型微利企业2019年1月1日后新购进的研发和生产经营共用的仪器、设备，单位价值不超过100万元的，允许一次性计入当期成本费用在计算应纳税所得额时扣除，不再分年度计算折旧；单位价值超过100万元的，可缩短折旧年限或采取加速折旧的方法。

2018年1月1日至2020年12月31日期间新购进的设备、器具，单位价值不超过500万元的，允许一次性计入当期成本费用在计算应纳税所得额时扣除，不再分年度计算折旧。

按照企业所得税法及其实施条例有关规定，企业根据自身生产经营需要，也可选择不实行加速折旧政策。

（2）无形资产

企业无形资产按直线法计提的摊销，准予在计算应纳税所得额时扣除。

但下列无形资产不得计算摊销费用扣除：自行开发的支出已在计算应纳税所得额时扣除的无形资产；自创商誉；与经营活动无关的无形资产；其他不得计算摊销费用扣除的无形资产。

外购商誉的支出，在企业整体转让或清算时，准予扣除。

无形资产的摊销年限不得低于10年，从取得投入使用的当月开始摊销。

（3）长期待摊费用

在计算应纳税所得额时，企业发生的下列支出作为长期待摊费用，按照规定摊销的，准予扣除：已足额提取折旧的固定资产的改建支出；租入固定资产的改建支出；固定资产的大修理支出；其他应当作为长期待摊费用的支出。

大修理支出，是指同时符合下列条件的支出：修理支出达到取得固定资产时的计税基础50%以上；修理后固定资产的使用年限延长2年以上。大修理支出，按照固定资产尚可使用年限分期摊销。

作为长期待摊费用的支出，自支出发生月份的次月起，按不得低于3年分期摊销。

（4）投资资产

企业对外投资期间，投资资产的成本在计算应纳税所得额时不得扣除。

投资资产，是指企业对外进行权益性投资和债权性投资形成的资产。企业在转让或者处置投资资产时，投资资产的成本，准予扣除。

（5）存货

企业使用或者销售存货，按照规定计算的存货成本，准予在计算应纳税所得额时扣除。

企业使用或者销售的存货的成本计算方法，可以在先进先出法、加权平均法、个别计价法中选用一种。计价方法一经选用，不得随意变更。

（6）资产或财产净值

企业转让资产，该项资产的净值准予在计算应纳税所得额时扣除。

资产净值和财产净值，是指有关资产、财产的计税基础减除已按规定扣除的折旧、折耗、摊销、准备金等后的余额。

3.亏损的扣除

企业纳税年度发生的亏损，准予向以后年度结转，用以后年度的所得弥补，但结转年限最长不得超过5年。5年内不论是盈利还是亏损，都作为实际弥补期限计算。

自2018年1月1日起，当年具备高新技术企业或科技型中小企业资格的企业，其具备资格年度之前5个年度发生的尚未弥补完的亏损，准予结转以后年度弥补，最长结转年限由5年延长至10年。

纳税人弥补以前年度亏损时，应按照“先到期亏损先弥补、同时到期亏损先发生的先弥补”的原则处理。

企业在汇总计算缴纳企业所得税时，其境外机构的亏损不得抵减境内营业机构的盈利。

（1）境外同一国家内可纵向弥补，也可横向弥补；境外不同国家间的盈亏不可相互弥补。

在汇总计算境外应纳税所得额时，企业在境外同一国家（地区）设立不具有独立纳税地位的分支机构，按照规定计算的亏损，不得抵减其境内或他国（地区）的应纳税所得额，但可以用同一国家（地区）其他项目或以后年度的所得按规定弥补。

（2）筹办期间的亏损弥补。

企业开始生产经营的年度，为开始计算企业损益的年度。企业从事生产经营之前进行筹办活动期间发生的筹办费用支出，不得计算为当期的亏损。相关支出按有关规定在税前扣除。

（3）检查调增的应纳税所得额可弥补亏损。

自2010年12月1日起，税务机关对企业以前年度纳税情况进行检查时调增的应纳税所得额，凡企业以前年度发生亏损且该亏损属于企业所得税法规定允许弥补的，应允许调增的应纳税所得额弥补该亏损。弥补该亏损后仍有余额的，按照企业所得税法规定计算缴纳企业所得税。对检查调增的应纳税所得额应根据其情节，依照《税收征收管理法》的有关规定进行处理或处罚。

（4）资产损失追补确认形成的亏损弥补。

企业以前年度发生的资产损失未能在发生当年准确计算并按期扣除的，可按规定，向税务机关说明并进行专项申报扣除。其中属于实际资产损失，准予追补至该项损失发生年度扣除，其追补确认期限一般不得超过5年。

（5）被投资企业的亏损不可在投资企业税前弥补。

被投资企业发生的经营亏损，由被投资企业按规定结转弥补；投资企业不得调整减低其投资成本，也不得将其确认为投资损失。

（6）以前年度发生应扣未扣支出追补确认形成的亏损弥补。

对企业发现以前年度实际发生的、按照税法规定应在企业所得税前扣除而未扣除或者少扣除的支出，企业做出专项申报及说明后，准予追补至该项目发生年度计算扣除，但追补确认期限不得超过5年。企业由于上述原因多缴的企业所得税税款，可以在追补确认年度企业所得税应纳税款中抵扣，不足抵扣的，可以向以后年度递延抵扣或申请退税。亏损企业追补确认以前年度未在企业所得税前扣除的支出，或盈利企业经过追补确认后出现亏损的，应首先调整该项支出所属年度的亏损额，然后再按照弥补亏损的原则计算以后年度多缴的企业所得税税款，并按前款规定处理。

（二）不得扣除的项目

在计算应纳税所得额时，下列支出不得扣除：

（1）向投资者支付的股息、红利等权益性投资收益款项；

（2）企业所得税税款；

（3）税收滞纳金；

（4）罚金、罚款和被没收财物的损失；

（5）企业所得税法第九条规定以外的捐赠支出；

（6）赞助支出；

（7）未经核定的准备金支出；

（8）与取得收入无关的其他支出。

筹划思路与演练

一、收入的筹划

（一）收入确认金额的筹划

收入确认金额，即收入计量，也就是在收入确认的基础上解决金额多少的问题。

收入确认金额的筹划，原则就是在把握好企业所得税收入总额范围的前提下，运用好各项收入抵免因素，尽可能减少本期需要确认的收入金额。收入计量中存在的各项抵免因素，如各种商业折扣、销售折让、销售退回，出口销售中的外国运费、装卸费、保险费、佣金等，于实际发生时冲减了销售收入；销售现金折扣，于实际发生时计入财务费用，也就相当于抵减了销售收入。这些抵免因素都减少了应纳税所得额，给纳税筹划提供了一定的空间。

（二）收入确认时点的筹划

收入总额确认时点的筹划，原则就是将收入确认时点安排在对纳税人最有利的时点，一般情况下是延迟确认收入，但有时也可能是提前确认收入。

推迟应税收入的实现时间，形成的延迟纳税税款相当于取得国家的一笔无息贷款。纳税人通过销售结算方式的选择，控制收入确认的时间，可以合理归属所得年度，从而达到降低税负的目的。目前税法中存在多项不按权责发生制确认收入的项目，给筹划提供了较大空间。如利息、租金、特许权使用费收入，分期收款方式的收入，股权转让收入，委托代销方式销售商品收入，接受捐赠收入等，纳税人可以通过签订合同、协议、办理变更手续来筹划企业所得税收入确认的时间，对此做出适当安排，可以获取相应的纳税筹划利益。

案例导入中，商业企业不同促销活动对企业税负的影响也不同，哪种促销方式最有利于企业降低税负，具体分析如下：

方案一："满100打8折"，即顾客购物满100元，享受8折商业折扣的优惠。

这一方案只需商场在销售发票上的金额栏注明折扣额，销售收入按扣除折扣后的金额确定，则：

应纳增值税税额=80÷（1+13%）×13%-6.5=2.70（元）

销售毛利润=80÷（1+13%）-50=20.80（元）

应纳所得税税额=20.80×25%=5.20（元）

税后净收益=20.80-5.20=15.60（元）

方案二："满100送20元现金折扣券"，即顾客购物满100元，赠送20元现金折扣券（不可兑换现金，在下次购物可代币结算）。

这种方案使顾客获得下次购物的折扣期权，则：

应纳增值税税额=100÷（1+13%）×13%-6.5=5（元）

销售毛利润=100÷（1+13%）-50=38.50（元）

应纳所得税税额=38.50×25%=9.63（元）

税后净收益=38.50-9.63=28.87（元）

当顾客下次使用现金折扣券时，商场的纳税和获利情况就与方案一一样。相比之下，方案二仅比方案一多了流入资金增量部分的时间价值，也就是一种"延期折扣"。

方案三："满100送价值20元的礼品"。

此方案下，企业赠送礼品属于增值税的视同销售，应计算销项税额；企业以"买一赠一"等方式组合销售本企业商品的，不属于捐赠，应将总的销售金额按各项商品的公允价值的比例来分摊确认各项的销售收入，并结转成本。

应纳增值税税额=100÷（1+13%）×13%-6.5+20÷（1+13%）×13%-1.3=6（元）

销售毛利润=100÷（1+13%）-50-（10+20÷（1+13%）×13%）=26.20（元）

应纳所得税税额=26.20×25%=6.55（元）

税后净收益=26.20-6.55=19.65（元）

方案四："满100返20元现金"。

只要商场在销售发票金额栏注明折扣额，"返现"亦属于商业折扣，只不过此行为属于定额折扣，方案一属于定率折扣。增值税和企业所得税中均可以按扣除折扣后的金额计税。相关纳税与获利情况与方案一相同。

方案五："满100送加量20元同款商品"，即顾客购物满100元，商场送加量价值20元的同款商品，实行捆绑式销售，总价格不变。

此方案实质就是加量不加价的优惠。商场收取的销售收入没有变化，但捆绑式销售避免了无偿赠送，加量部分成本可税前列支，则：

应纳增值税税额=100÷（1+13%）×13%-6.5-1.3=3.70（元）

销售毛利润=100÷（1+13%）-50-10=28.50（元）

应纳所得税税额=28.50×25%=7.13（元）

税后净收益=28.50-7.13=21.37（元）

综上所述，方案二获得税后收益最大，方案二最优。

【案例5-3】武汉某汽车公司为增值税一般纳税人，2019年8月发生销售业务5笔，共计应收货款3 000万元，其中有3笔共计2 000万元，本月10日内结清；由于购货方资金紧张，加之双方是长期合作伙伴，双方协商其余款项在2019年末一次性结清。该企业当月可抵扣的增值税进项税额为200万元，毛利率为15%，企业所得税税率为25%。该企业如何进行筹划？

【综合分析】

该企业确定无法一次性收到相应销售款，采取赊销的方式销售商品，合同约定的收款方式不同，税收利益也有很大的差别。

方案一：如果企业完全采用直接收款方式销售，则：

当月应纳增值税税额=3 000÷（1+13%）×13%-200=145.13（万元）

当月应预缴的企业所得税税额=3 000÷（1+13%）×15%×25%=99.56（万元）

方案二：如果企业对无法收到的款项采取分期收款，签订分期收款合同，约定分期收款的时间，则：

当月应纳增值税税额=2 000÷（1+13%）×13%-200=30.09（万元）

当月应预缴的企业所得税税额=2 000÷（1+13%）×15%×25%=66.37（万元）

综上分析，方案二比方案一少垫付增值税和企业所得税分别为115.04万元和33.19万元。可见，销售商品结算方法不同，企业所得税、增值税收入确认时间则不同。如果企业在不能及时收到货款的情况下，采取分期收款方式结算资金，可实现递延纳税，相当于从政府获得一笔无息贷款。

二、扣除项目的筹划

企业所得税的计税依据是在收入总额中减除准予扣除的项目后的余额，体现了所得的纯收益性。在纳税年度收入总额一定的情况下，尽可能增大成本、费用、损失等扣除项目，通过事前筹划，合法地促使扣除金额最大化，以减少计税所得。成本、费用筹划，一方面要增大扣除的金额，另一方面要合理地安排扣除归属期，或提前扣除，或推迟扣除。

（一）期间费用的筹划

企业期间费用包括管理费用、销售费用、财务费用，其金额的大小直接影响企业的应纳税所得额。目前，总结起来，税法将期间费用项目划分为3类：据实扣除的项目、有具体扣除标准的项目、给予优惠的项目。

税法中，费用项目在实际发生时据实扣除的，包括工资薪金支出、劳动保护费、办公费、差旅费、董事会费、咨询费、诉讼费、经营性租赁费、物业费、车辆使用费、长期待摊费用的摊销、房产税、车船税、城镇土地使用税、印花税等。这类费用的筹划思路为：

1.正确设置费用项目，合理加大费用开支

2.选择合理的费用分摊方法

涉及资产、费用的摊销金额扣除项目，在选择分摊方法时，要结合企业的盈亏情况综合考虑：在盈利年度，应选择使费用尽快分摊进费用的方法，尽早发挥抵税作用，延迟纳税；若在亏损年度，应选择使费用尽可能摊入亏损并能全部得到税前弥补，最大限度利用费用分摊的抵税效应；若在减免税期间，应选择能使减免税年度摊销额最小、正常年度摊销额最大的摊销方法。

税法中，有具体扣除标准的项目，包括职工福利费、职工教育经费、工会经费、业务招待费、广告费和业务宣传费、利息费用等。这类费用的筹划思路为：

（1）原则上遵照税法规定进行会计核算扣除，避免税法与会计规定差异巨大而遭遇纳税调整，进而增加企业税负；

（2）合理区分不同费用项目的核算范围，使税法允许税前扣除的标准得到充分利用；

（3）费用的合理转化，将有扣除标准的费用项目通过会计处理，转化为没有扣除标准的费用，加大扣除项目总额。

税法给予优惠的费用项目包括研发费用等，应充分利用该优惠加大税前扣除。筹划应用将在税收优惠里具体阐述。

【案例5-4】武汉某啤酒厂，为提高啤酒产量，须做好夏季防暑降温工作，确保职工在劳动生产过程中的安全和身体健康。考虑到2018年职工福利费支出已经超过企业所得税允许扣除的比例，现在要给生产一线职工按每人每天200元的标准随工资发放防暑降温费，可能会做纳税调整。针对此事项，如何筹划解决企业的两难境地？

【综合分析】

方案一：如果企业选择随工资发放现金补贴，企业所得税中要做职工福利费列支，须受工资总额14%的扣除比例限制，年终汇算清缴时，超过标准的部分需要进行纳税调整。

方案二：企业可以选择为职工购买防暑工作服、解毒剂、清凉饮料等防暑降温用品发放给职工，此项支出属于劳动保护费，所得税前可全额列支。这样既实现了对职工工作身体安全的保障，在提高产量的同时，又为职工提供了生产性福利，还可在税前全额扣除，在福利费支出较多的企业，这样筹划可谓一举多得。

【案例5-5】设某企业当期销售收入为X，年业务招待费支出实际发生额为Y，则当年企业所得税税前允许扣除的业务招待费为60%Y，同时不超过5‰X，可推算出，在60%Y=5‰X的点上，可同时满足企业所得税税前扣除比例的要求，由此得出X/Y=120。因此，如果企业当期列支的业务招待费等于当年销售（营业）收入的1/120（0.833%）这个临界点时，可以充分利用业务招待费所得税前扣除比例的政策。如果业务招待费大于销售（营业）收入的0.833%，企业要承担更多的税负。如果业务招待费小于销售（营业）收入的0.833%，企业不会增加更多的税负，但是未能充分利用业务招待费的扣除政策。

假定某家具制造厂估算的2019年的销售收入为10 000万元，则该企业如何筹划业务招待费支出？

【综合分析】

先根据临界点公式，大致估算出当年税前可扣除的业务招待费支出=10 000×0.833%=

83.3（万元）。也就是说，业务招待费支出的最佳状态是83.3万元，其次是低于83.3万元，如果高于83.3万元，超过的部分要承担更高的税负。4种方案相关项目的比较见表5-3。

表5-3　　4种方案相关项目的比较　　金额单位：万元

项目＼方案	方案一	方案二	方案三	方案四
业务招待费	50	83.3	100	200
业务招待费的60%	50×60%=30	83.3×60%=50	100×60%=60	200×60%=120
销售收入的5‰	50	50	50	50
纳税调整增加额	20	33.3	50	150
企业所得税增加额	20×25%=5	33.3×25%=8.33	50×25%=12.5	150×25%=37.5
企业所得税增加额/业务招待费增加额	10%	10%	12.5%	18.75%

方案一：如果公司实际发生的业务招待费为50万元，即小于销售收入的0.833%，业务招待费的60%小于销售收入的5‰，可以税前扣除的业务招待费为30万元，纳税调增20万元，计算缴纳企业所得税税额=20×25%=5（万元），即实际消费50万元要付出的代价=50+5=55（万元），实际消费换算成100元则要付出110元的代价。

方案二：如果公司实际发生的业务招待费为83.3万元，即等于销售收入的0.833%，业务招待费的60%等于销售收入的5‰，可以税前扣除的业务招待费为50万元，纳税调增33.3万元，计算缴纳企业所得税税额=33.3×25%=8.33（万元），即实际消费83.3万元要付出的代价=83.3+8.33=91.63（万元），实际消费换算成100元则要付出110元的代价。

方案三：如果公司实际发生的业务招待费为100万元，即大于销售收入的0.833%，业务招待费的60%大于销售收入的5‰，可以税前扣除的业务招待费为50万元，纳税调增50万元，计算缴纳企业所得税税额=50×25%=12.5（万元），即实际消费100万元要付出的代价=100+12.5=112.5（万元），实际消费换算成100元则要付出112.5元的代价。

方案四：如果公司实际发生的业务招待费为200万元，即大于销售收入的0.833%，业务招待费的60%大于销售收入的5‰，可以税前扣除的业务招待费为50万元，纳税调增150万元，计算缴纳企业所得税税额=150×25%=37.5（万元），即实际消费200万元要付出的代价=200+37.5=237.5（万元），实际消费换算成100元则要付出118.75元的代价。

如果企业当年度业务招待费支出不可避免地发生很多，企业应当在增加业绩和降低税负之间合理选择。比如企业可通过外购商品给员工发放非货币性福利，增加视同销售收入，增加税前扣除限额计算的基数，实现增加扣除的目的，以求获得最大经济效益。

【案例5-6】某房地产开发企业，在武汉某一黄金地段开发楼盘，其广告费税前扣除比例为15%，预计2019年销售收入为1个亿，计划本年广告宣传费开支为1 800万元。该企业的广告费及业务宣传费支出应如何进行筹划？

【综合分析】

方案一：在当地电视台黄金时间每天播出4次，间隔播出10个月和当地畅销报刊连续刊登12个月。则此项广告费及业务宣传费税前不允许扣除的金额=1 800−10 000×15%=300

（万元），企业广告费只能税前扣除1 500万元。

方案二：在当地电视台每天播出3次、间隔播出10个月和在当地畅销报刊做广告需支出1 300万元，雇用在校大学生在节假日到各商圈人流大的地方发放宣传资料需支出50万元，建立自己的网页和在有关网站发布售房信息，发布和维护费用需支出450万元。

比较起来，方案二最佳，因网站发布和维护费用可在管理费用中直接列支（税法未对此项费用规定税前扣除比例）。此时，方案二各项支出均在税法规定的限额内，税前均可据实扣除，无须纳税调整，并且扩大了广告宣传的维度，对企业楼盘销售起到更大的促销作用。

（二）成本项目的筹划

1.成本的归属对象和归属期间的筹划思路

企业应将生产经营活动中发生的成本合理划分为直接成本与间接成本。直接成本，是指可直接计入相关成本对象或劳务中的直接材料、直接人工等。间接成本，是指多个部门为同一成本对象提供服务的共同成本，或同一种投入可制造、提供两种及以上产品或劳务的联合成本。根据实际情况选择合适的方法，将间接成本合理分配计入相关成本对象，尤其在既生产应税产品又生产免税产品的企业，合理确定成本的归属对象和归属期间显得极为重要。

2.成本结转处理方法的筹划思路

会计上的成本结转处理方法，主要包括在产品不计算成本法、约当产量法、在产品按完工产品计算法、在产品按定额成本计价法等。采取不同的成本结转处理方法对完工产品成本的结转影响很大，税法对此并没有限制，所以企业应根据实际情况选择适当的方法。比如，选择在产品不计算成本，每期发生的生产费用可全部作为完工产品的成本，随着产品的销售，继而扩大了当期的营业成本，进而减少当期应纳税所得额。当然，成本结转方法一经选定即不能更改，如需更改，须向当地主管税务部门申请更改下一年的成本结转方法，否则，税务机关有权进行纳税调整。

3.成本核算方法的筹划思路

成本核算方法主要为品种法、分批法、分步法三种基本方法。每一种方法对产成品成本的归集与计算要求各不同，对产成品成本的最终计算结果影响很大。合理选择成本核算方法，形成对企业有利的产成品价值。

4.成本费用在存货、资本化对象、期间费用间的筹划思路

（1）某项成本费用，若在存货与资本化对象之间进行选择，应尽可能选择计入存货成本，不仅可以获得增值税的抵扣，还可以加快其税前扣除。

（2）某项成本费用，若在存货与期间费用之间选择，仅从所得税的角度出发，应计入期间费用，即可在发生当期税前扣除。但考虑到增值税，如果不涉及进项税额的抵扣，企业可直接选择计入期间费用；若涉及进项税额的抵扣，企业又能取得合规增值税专用发票的，应尽可能将其计入存货。因为选择计入期间费用，只获得所得税加速扣除的好处，但这是以放弃进项税额的抵扣为前提的，是得不偿失的。

【案例5-7】某企业为保证正常的生产经营，每年需有一定的库存材料。2019年，该企业进货6次（具体见表5-4），并在该年售出了10 000件产品，市场不含税售价为50元/件。除材料费用外，其他开支20/件。假设企业所得税适用25%的税率。对于企业来讲，存货

成本的核算，采取先进先出法和加权平均法哪个更有利？

表5-4　　2019年某企业进货情况表

月份	日期	摘要	数量（件）	单价（元）	金额（元）
2	5	购入	15 000	12	180 000
4	2	购入	13 000	16	208 000
6	1	购入	8 000	22	176 000
8	3	购入	16 000	18	288 000
10	4	购入	12 000	13	156 000
12	2	购入	15 000	21	315 000

【综合分析】

方案一：采取先进先出法，则：

材料费用=10 000×12=120 000（元）

其他开支=10 000×20=200 000（元）

销售收入=10 000×50=500 000（元）

利润额=500 000-320 000=180 000（元）

应纳所得税税额=180 000×25%=45 000（元）

方案二：采取加权平均法，则：

购入价=（180 000+208 000+176 000+288 000+156 000+315 000）÷（15 000+13 000+8 000+16 000+12 000+15 000）

=16.75（元）

产品成本=10 000×16.75=167 500（元）

其他开支=10 000×20=200 000（元）

销售收入=10 000×50=500 000（元）

利润额=500 000-167 500-200 000=132 500（元）

应纳所得税税额=132 500×25%=33 125（元）

从上述分析得出，方案二企业选用加权平均法核算原材料成本，可节约税负11 875元，所以，用加权平均法作为原材料等存货的计价方法，可以增加当期产品销售成本，有利于处于盈利期企业降低企业所得税税负。需要指出的是，当企业处于免税期和初创的亏损期时，加大产品成本扣除并不利于以后期间企业所得税税负的降低。

（三）固定资产的筹划

固定资产折旧是影响企业应纳税所得额的重要因素。固定资产的筹划，主要是对折旧的筹划。而固定资产折旧金额的大小，主要取决于四大因素：折旧年限、折旧方法、净残值和折旧金额。固定资产的筹划应充分考虑这四种因素的影响。筹划思路为：

1.固定资产的折旧金额的筹划

企业处于盈利期，在税法规定范围内，选择加速折旧方法，缩短折旧年限，加大固定资产的折旧额，增加税前扣除金额，折旧越快，企业早期纳税就越少，相当于获得一笔无息贷款。若企业处于亏损期，应尽量使固定资产前期折旧少，使其后期折旧费用扣除加大而减少纳税。

2.对于不再用又不能计提折旧的固定资产应加快处理，实现财产损失的税前扣除

3.取得固定资产的筹划

企业取得固定资产的方式，主要有外购、经营性租入和融资性租入等。对于不同的取得方式，税法规定也不同，这给纳税筹划留下了一定的空间。例如，经营性租入固定资产的，其符合独立交易原则的租金可在受益期内均匀扣除；融资性租入固定资产的，租金支出不可扣除，但可按自有资产提取折旧费用进行税前扣除。

【案例 5-8】某公司 2019 年拟购入一台大型机器设备，原值 600 万元，预计净残值 30 万元，预计使用寿命 10 年，与税法规定的最低折旧年限相同。假定该公司每年的税前利润为 150 万元（未扣除折旧），无其他纳税调整事项及税收优惠事项。为使企业获得较大的税收利益，企业如何选择合理的固定资产折旧方法？

【综合分析】

采用不同的固定资产折旧方法，会使各期的折旧额不同，从而影响企业的利润，进而影响企业当期的应纳税所得额。对于可以选择加速折旧方法的固定资产，企业可以在盈利期间采用加速折旧方法，使得折旧额尽早抵减企业所得税，起到递延纳税的作用。但是，如果企业处于减免税期间或者亏损期间，则需要另当别论。

方案一：按照年限平均法计提折旧

每年的折旧额=（600−30）÷10=57（万元）

每年的税前利润=150−57=93（万元）

每年应纳所得税税额=93×25%=23.25（万元）

方案二：按照双倍余额递减法计提折旧

第 1 年折旧额=600×2/10=120（万元）

税前利润=150−120=30（万元）

应纳所得税税额=30×25%=7.5（万元）

第 2 年折旧额=（600−120）×2/10=96（万元）

税前利润=150−96=54（万元）

应纳所得税税额=54×25%=13.5（万元）

方案三：按照年数总和法计提折旧

第 1 年折旧额=（600−30）×10/55=103.64（万元）

税前利润=150−103.64=46.36（万元）

应纳所得税税额=46.36×25%=11.59（万元）

第 2 年折旧额=（600−30）×9/55=93.27（万元）

税前利润=150−93.27=56.73（万元）

应纳所得税税额=56.73×25%=14.18（万元）

具体比较见表 5-5：

方案二、方案三与方案一相比，加速折旧给企业带来了明显的抵税效应，起到了延期纳税的作用，充分享受了资金的时间价值。

表5-5　　不同折旧方法下有关项目的比较　　金额单位：万元

年份	方案一：年限平均法			方案二：双倍余额递减法			方案三：年数总和法		
	折旧额	税前利润	所得税	折旧额	税前利润	所得税	折旧额	税前利润	所得税
第1年	57	93	23.25	120	30	7.5	103.64	46.36	11.59
第2年	57	93	23.25	96	54	13.5	93.27	56.73	14.18
第3年	57	93	23.25	76.8	73.2	18.3	82.91	67.09	16.77
第4年	57	93	23.25	61.44	88.56	22.14	72.55	77.45	19.36
第5年	57	93	23.25	49.15	100.85	25.21	62.18	87.82	21.96
第6年	57	93	23.25	39.32	110.68	27.67	51.82	98.18	24.55
第7年	57	93	23.25	31.46	118.54	29.64	41.45	108.55	27.14
第8年	57	93	23.25	25.17	124.83	31.21	31.09	118.91	29.73
第9年	57	93	23.25	35.33	114.67	28.67	20.73	129.27	32.32
第10年	57	93	23.25	35.33	114.67	28.67	10.36	139.64	34.91
合计	570	930	232.5	570	930	232.51	570	930	232.51

（四）无形资产摊销的筹划

根据规定，企业取得无形资产的途径和摊销方法不同，企业每期的摊销就会有差别，从而影响当期的应纳税所得额。筹划思路如下：

1.就取得途径来讲，自主研发比外购的无形资产对所得税的节税更有利

首先，自主研发分为研究阶段和开发阶段，根据会计准则，研究阶段的费用支出可以完全费用化，并享受50%的加计扣除，可以计入当期损益；开发阶段的费用支出资本化，相关摊销也可按150%摊销。在这个过程中，企业一定程度上可以自主选择费用支出的资本化时点，而且是否形成无形资产，现实经济生活中也是由企业自己确定的，这为合理筹划留下了可能。

2.无形资产保有期间，其摊销金额的大小，直接影响着企业当期应纳税所得额

摊销额的决定性因素，包括无形资产的计税基础、摊销年限及摊销方法。税法对无形资产的摊销期限赋予了一定的选择空间。正常经营的企业，无形资产的摊销年限越短，无形资产成本的收回速度越快，这样可以避免企业未来的不确定性风险，还可以使企业后期的成本费用提前扣除，获得延期纳税的筹划利益。

【案例5-9】某生产企业准备扩大生产规模，2019年1月需要引进一项先进的生产技术。该公司有能力自行研发，也可以在市场上购买。如果自行研发，研发时间需要1年，预计研发费用为500万元（其中可资本化的支出为300万元）；如果外购类似的技术，同样需要花500万元。该技术摊销年限为10年，采用直线法。企业所得税税率为25%，贴现率为10%。不考虑其他事项，该企业如何通过筹划进行决策？

【综合分析】

方案一：自行研发，此事项可减少当期应纳所得税税额=[200×(1+75%)+300×(1+75%)÷10]×25%=100.63（万元）

方案二：外购，此事项可减少当期应纳所得税税额=500÷10×25%=12.5（万元）

可见，仅考虑税收扣除项目的影响，方案二比方案一少交企业所得税88.13万元。但是，如果该技术投入生产，增加的当期利润较多，可以考虑年初外购，这对企业更有利。

（五）长期待摊费用的筹划

长期待摊费用的筹划，主要是固定资产的改良支出和维修支出的筹划。这两种费用支出在税收处理上有着较大的差异。结合相关规定，筹划思路为：

（1）企业若在盈利期，固定资产通过维修能保持功能的，尽量不进行改良

如果采取维修，维修支出能计入当期费用的，尽可能避免计入长期待摊费用。比如，修理支出较大的，可分几次进行，削减每次的支出，或者在列为大修理支出的临界点，采取措施节俭开支。

（2）企业若在亏损期或减免税期间，维修和改良之间选择改良资产

若选维修，尽可能使维修资产达到税法上的大修理支出的两个条件，计入长期待摊费用。这样可以使后期费用扣除多一些，减少以后年度的应纳税所得额。

【案例5-10】某生产企业有一台可移动的旧生产设备，原值为198万元，使用年限为10年，目前已使用8年。如果对其进行维修，尚可延长使用年限5年。预计维修过程中，所耗材料费、配件费89万元，增值税税额11.9万元，维修工人工资支出11万元。该企业对该事项如何进行纳税筹划？

【综合分析】

属于动产的固定资产维修费支出，在会计准则中均作为管理费用列支，税法上按其是否满足大修理支出的条件，可能作为管理费用或长期待摊费用列支。若作为长期待摊费用处理，以不低于3年分期摊销在企业所得税前扣除。一次性税前扣除比分期摊销扣除更能实现递延纳税。

案例中，固定资产原值的50%为99万元，只要维修支出不超过99万元，维修支出就可以作为管理费用在税前一次性扣除。所以事前预估维修费用支出时，若在99万元附近，就通过节约支出的方式，节省修理费用至99万元以下，维修费用支出就可以在当期所得税前一次性扣除，达到递延纳税的目的。

（六）公益性捐赠的筹划

公益性捐赠是企业承担社会责任的表现，是许多企业都会发生的事项，一般来说，主要有现金捐赠、实物捐赠和股权捐赠三种形式。税法对不同对象、不同途径、不同形式的捐赠规定了不同的处理方法，为企业进行纳税筹划提供了空间。企业在符合税法规定的情况下，充分利用捐赠政策，分析不同的捐赠方式的税收负担，做出符合企业税收利益的最佳选择，达到既实现了捐赠又通过捐赠降低了税负的目的。筹划思路如下：

1.捐赠途径、对象的选择分析

我国税法规定，企业通过公益性社会组织或者县级（含县级）以上人民政府及其组成部门和直属机构，用于慈善活动、公益事业的捐赠支出，在年度利润总额12%以内的部

分，准予在计算应纳税所得额时扣除；超过年度利润总额12%的部分，准予结转以后3年内在计算应纳税所得额时扣除。

纳税人通过中国境内非营利的社会团体、国家机关向教育事业的捐赠，准予在企业所得税和个人所得税前全额扣除。

自2019年1月1日至2022年12月31日，企业通过公益性社会组织或者县级（含县级）以上人民政府及其组成部门和直属机构，用于目标脱贫地区的扶贫捐赠支出，准予在计算企业所得税应纳税所得额时据实扣除。

因此，在捐赠途径、对象的选择上，企业首先应尽量选择那些可以全额扣除的捐赠对象；其次，如果无法选择这些捐赠对象或选择这些捐赠对象不能达到捐赠目的，可以选择通过税法规定的中国境内非营利性社会团体、国家机关向教育、民政等公益事业和遭受自然灾害地区、贫困地区进行公益、救济性捐赠，但必须按税法规定比例进行扣除，如果超过了税法规定的扣除比例时，可以考虑跨年度分次捐赠。同时，捐赠方必须取得非营利的公益性社会团体、基金会和县级以上人民政府及其部门出具的公益救济性捐赠票据，否则税务部门不予确认。

2.现金捐赠、实物捐赠与股权捐赠比较分析

企业对外捐赠时，现金捐赠与实物捐赠的税收负担不同。当企业实际发生捐赠支出时，会计上直接计入当期损益，通过“营业外支出——捐赠支出”会计科目进行核算。通过现金方式的捐赠支出不涉及增值税。企业将自产、委托加工或购买的货物无偿赠送他人，应视同销售货物缴纳增值税。同时，企业将货物用于捐赠的，应当视同销售货物缴纳所得税。实物捐赠不影响企业的现金流，但要考虑所捐赠实物的公允价值和可进行税前扣除的额度，以及捐赠实物在增值税和所得税上的“视同销售”带来的税负增加。可见，实物捐赠所带来的税收利益远远低于现金捐赠。

企业向公益性社会团体实施的股权捐赠，应按规定视同转让股权，股权转让收入额以企业所捐赠股权取得时的历史成本确定。企业实施股权捐赠后，以其股权历史成本为依据确定捐赠额，并依此按照企业所得税法有关规定在所得税前予以扣除。公益性社会团体接受股权捐赠后，应按照捐赠企业提供的股权历史成本开具捐赠票据。

3.设立公益慈善基金会进行捐赠

符合条件的非营利性组织的收入为免税收入，免税收入对应的支出可以税前据实扣除。企业创建公益性的慈善基金会，在实务中可以获得处理捐赠金额的空间，捐赠企业受益也很大，但在实际操作中有很大难度。难度在于：基金会的成立需经过严格的规定程序、基金会需符合非营利性组织的多个条件、受基金管理的限制，因此，该种捐赠方式并不具有代表性。

4.无偿提供机器设备的使用权

一般在灾后重建中会出现此项捐赠方式。这种捐赠可能发生的相关支出包括油费、过路费、过桥费等。如果可以取得相关支出凭证，则并入捐赠总额，在限额比例内税前扣除；如果无法取得捐赠凭证，则为与生产经营无关的支出，税前不可扣除。因此，此项捐赠方式，注意有关手续的办理和完善。由于主体没有提供劳务，因此不涉及企业所得税中的视同销售问题。

通过以上分析，上述捐赠筹划思路中，从捐赠形式来讲，设立公益慈善基金会进行捐赠的形式最佳，其次是现金捐赠，再次则是无偿提供机器设备使用权的捐赠，最后是实物捐赠。

【案例5-11】A企业近4年每年利润总额均约为1 000万元，近期准备通过民政部门进行一项公益性捐赠，预计现金捐赠支出为500万元。该企业对该事项如何进行纳税筹划？

【综合分析】

方案一：全部现金捐赠为慈善、公益事业捐赠。每年可税前扣除的公益性捐赠支出=1 000×12%=120（万元），4年后仍然有20万元（500-120×4）捐赠支出无法在当年税前扣除，企业为此多缴纳企业所得税5万元（20×25%）。

方案二：教育事业捐赠180万元，扶贫捐赠200万元，其他公益性捐赠120万元。按照税法规定，教育捐赠支出180万元在当年可以全额税前扣除，2019年1月1日至2022年12月31期间发生的扶贫捐赠可以据实扣除，而其他120万元公益性捐赠支出满足年利润总额12%的税前扣除限额（扣除限额=1 000×12%=120（万元）），可全额税前扣除。由此，通过规划现金捐赠方案分解捐赠金额，为企业带来节税效益。

【案例5-12】B公司近期将开展一项公益捐赠活动，通过具有资格的公益社会团体捐赠价值113万元（含税，下同）的商品，商品的生产成本为60万元（为方便计算资金流量，假设全部为付现成本，进项税额为8万元）。该企业对该事项如何进行纳税筹划？

【综合分析】

本案例全业务流程由生产→销售→捐赠三步组成，捐赠前利润总额充足（即所有捐赠额均在利润总额的12%限额以内），企业所得税税率为25%，增值税税率为13%，共有四种方案：

方案一：企业将自产商品捐赠给公益社会团体

捐赠自产商品视同销售，需要缴纳增值税和企业所得税，捐赠支出减少企业所得税税额=（60+100×13%）×25%=18.25（万元），需要调增应纳税所得额=100-60=40（万元），增加企业所得税税额=40×25%=10（万元）。合计减少企业所得税税额=18.25-10=8.25（万元），现金净流出额=60+5+8-（18.25-10）=64.75（万元）。

方案二：企业销售自产商品取得113万元销售额（含税），而后从市场购入价值113万元的商品捐赠给公益社会团体

捐赠支出可以减少企业所得税税额=（100+100×13%）×25%=28.25（万元），销售自产商品的所得增加企业所得税税额=（100-60）×25%=10（万元）。企业将资产移送他人应按规定视同销售确定收入，属于外购的资产，可按购入时的价格确定销售收入。因此，捐赠购入商品视同销售需要调增应纳税所得额=100-100=0（万元）。合计减少企业所得税税额=28.25-10=18.25（万元），现金净流出额=60+8-113+5+113-（28.25-10）=54.75（万元）。

方案三：企业销售自产商品取得113万元销售额（含税），将应收账款113万元捐赠给公益社会团体

捐赠支出可以减少企业所得税税额=113×25%=28.25（万元），销售自产商品的所得增加企业所得税税额=（100-60）×25%=10（万元）。合计减少企业所得税税额=28.25-10=18.25（万元），现金净流出额=60+8+5-（28.25-10）=54.75（万元）。

方案四：企业销售自产商品取得113万元销售额（含税），将银行存款113万元捐赠给公益社会团体

捐赠支出可以减少企业所得税税额=113×25%=28.25（万元），销售自产商品的所得增加企业所得税=（100-60）×25%=10（万元）。合计减少企业所得税税额=28.25-10=18.25（万元），现金净流出额=60+8-113+5+113-（28.25-10）=54.75（万元）。

通过以上四种方案对比，方案二、三、四均减少企业所得税税额18.25万元，现金净流出额均为54.75万元，方案二和方案四适合资金充足的企业，方案三适合回款周期比较长的企业；方案一减少的企业所得税税额最少（仅为8.25万元）且现金净流出额最多（为64.75万元），对企业来说不是一个最优的方案。

【案例5-13】C企业近期计划收回对甲公司的股权投资，与此同时正在开展一项公益捐赠活动。股权投资本金为100万元，享有被投资方未分配利润200万元，现股权公允价值为300万元。该企业对该事项如何进行纳税筹划？

【综合分析】

全业务流程由原始投资→捐赠组成，捐赠前利润总额充足（即所有捐赠额均在利润总额的12%限额以内），共有两种方案：

方案一：企业将股权直接捐赠给公益社会团体

根据《财政部、国家税务总局关于公益股权捐赠企业所得税政策问题的通知》（财税〔2016〕45号）“企业向公益性社会团体实施的股权捐赠，应按规定视同转让股权，股权转让收入额以企业所捐赠股权取得时的历史成本确定”的规定，企业实施股权捐赠后，以其股权历史成本为依据确定捐赠额，并依此按照企业所得税法有关规定在所得税前予以扣除。捐赠支出可以减少企业所得税税额=100×25%=25（万元），捐赠股权视同转让股权需要调增应纳税所得额=100-100=0（万元）。合计减少企业所得税税额=25-0=25（万元），现金净流出额=100-25=75（万元）。

方案二：企业通过减资将股权投资收回，获得的300万元资金全部捐赠给公益社会团体，公益团体自行投资甲公司

根据《国家税务总局关于企业所得税若干问题的公告》（2011年第34号）“投资企业从被投资企业撤回或减少投资，其取得的资产中，相当于初始出资的部分，应确认为投资收回；相当于被投资企业累计未分配利润和累计盈余公积按减少实收资本比例计算的部分，应确认为股息所得；其余部分确认为投资资产转让所得”的规定，以及根据《企业所得税法》第二十六条和《企业所得税法实施条例》第八十三条的规定，收回股权投资获得的300万元扣除投资本金100万元及享有的被投资方未分配利润200万元后，减资业务产生的应纳税所得额为0，捐赠支出可以减少企业所得税税额=300×25%=75（万元）。合计减少企业所得税税额75万元，现金净流出额=100-300+300-75=25（万元）。

通过方案对比，在受赠方同样获得公允价值300万元股权的情况下，选择方案二，捐赠方可以最大限度地减少企业所得税税额以及最大化地减少现金净流出额。

（七）亏损弥补的筹划

亏损弥补政策是我国为了扶持纳税人度过困难时期的一项重要优惠措施，企业应充分利用好这一政策，以取得最大节税利益。筹划思路如下：

1.加强亏损后年度的经营管理

企业发生亏损后，应重点抓生产经营及投资业务，降低亏损年度后5年内投资和经营

的风险性，确保亏损在规定的5年内得到全额弥补。

2.延长高新技术企业和中小型科技公司资格

如果以前年度亏损比较大，预计5年内不能将亏损弥补完，应该尽量创造条件，取得高新技术资格和科技型中小企业资格，可以将取得资格之前5个年度发生亏损的弥补时间延长至10年。

3.利用企业合并、汇总纳税等政策消化亏损

汇总纳税的成员企业发生亏损的，可直接并入集团总公司的所得额，抵减总公司当期的应纳税所得额。企业合并满足特殊性税务处理条件的，被合并企业不再具有独立纳税人资格的，其被合并前尚未弥补的亏损，可由合并企业用以后年度盈利进行弥补。需要注意的是，符合特殊性税务处理条件的企业合并，在被合并方剩余亏损弥补期内，可由合并企业弥补的被合并企业亏损的限额=被合并企业净资产公允价值×截至合并业务发生当年年末国家发行的最长期限的国债利率。所以，如果企业处于高盈利的扩张发展期，可兼并同行的亏损企业，既可以实现业务扩张，又可以减少企业所得税应纳税所得额，一箭双雕。

4.选择非免税投资收益的分回时间进行亏损弥补期的筹划

企业发生亏损后，可跟被投资方协商股息、红利的分配时间，尽可能在亏损后5年内分回，这样可以使亏损在5年内得到弥补，实现节税利益。

【案例5-14】某科技公司此前没有申请认定科技型中小企业资格，前期投入技术研发较大，截至2019年累计亏损1 000万元，分别为2014—2018年5个年度的亏损，每年亏损200万元。如何进行亏损弥补的筹划？

【综合分析】

自2018年1月1日起，当年具备高新技术企业或科技型中小企业资格（以下统称资格）的企业，其具备资格年度之前5个年度发生的尚未弥补完的亏损，准予结转以后年度弥补，最长结转年限由5年延长至10年。

方案一：如果该企业不进行科技型中小企业资格认定，2014年的亏损2019年到期，以后年度不能再弥补。

方案二：该企业创造条件，在2019年度申请认定科技型中小企业资格，并取得科技型中小企业资格证书。那么，2019年前5个年度的亏损弥补时间都可以延长至10年。

表5-6为方案一和方案二的亏损弥补到期年度比较。

表5-6 **方案一和方案二亏损弥补到期年度比较**

原亏损年度	亏损额（万元）	方案一弥补到期年度	方案二弥补到期年度
2014	200	2019	2024
2015	200	2020	2025
2016	200	2021	2026
2017	200	2022	2027
2018	200	2023	2028

不同行业的投入和经营特点不同，一般来讲，重资产行业、研发型公司还有一些创新

型公司会出现较长时间的亏损，如果不能弥补损失重大。当年具备高新技术公司和科技型中小公司资格的公司，就意味着在每年汇算清缴时，如果具备资格，可以按照10年弥补，如果在10年亏损弥补期内，公司不再具备高新技术公司和科技型中小公司资格，当年弥补亏损计算马上开始调整为5年。

工作任务三　企业所得税税率的纳税筹划

案例导入

日本日清食品公司决定拓展中国市场，具体想法为：在中国收购花生，将收购的花生加工成花生米，将花生皮压碎后制作成花生皮制板后返售给中国。公司高层在考虑，是在中国花生产地山东设立一个分支机构，还是临时派出一个海上车间？企业选择的不同，将对其税负有何影响？

知识导航

一、企业所得税的基本税率

税法规定，我国企业所得税基本税率为25%。只要属于我国企业所得税法中的居民企业和中国境内设有机构、场所的非居民企业（其取得的来源于境内、境外所得与中国境内机构、场所有实际联系的），其所得均适用25%的税率缴纳企业所得税。

二、企业所得税的优惠税率

（一）20%的优惠税率

1.税率

税法规定，符合条件的小型微利企业，减按20%的税率征收企业所得税。

2.满足认定条件

《企业所得税法实施条例》第九十二条规定，符合条件的小型微利企业，是指从事国家非限制和禁止行业，并符合下列条件的企业：

（1）工业企业，年度应纳税所得额不超过30万元，从业人数不超过100人，资产总额不超过3 000万元；

（2）其他企业，年度应纳税所得额不超过30万元，从业人数不超过80人，资产总额不超过1 000万元。

自2019年1月1日至2021年12月31日，实施小型微利企业普惠性所得税减免政策，从事国家非限制和禁止行业，且同时符合年度应纳税所得额不超过300万元、从业人数不超过300人、资产总额不超过5 000万元等3个条件的企业可以适用小型微利企业20%的税率，年应纳税所得额不超过100万元的部分，减按25%计入应纳税所得额，按20%的税率缴纳企业所得税；对年应纳税所得额超过100万元但不超过300万元的部分，减按50%计入应纳税所得额，按20%的税率缴纳企业所得税。

（二）15%的优惠税率

1.税率

税法规定，国家需要重点扶持的高新技术企业，减按15%的税率征收企业所得税。

自2018年1月1日起，对经认定的技术先进型服务企业（服务贸易类），减按15%的税率征收企业所得税。

2.高新技术企业认定须同时满足的条件

（1）企业申请认定时须工商注册满1年以上。

（2）企业通过自主研发、受让、受赠、并购等方式，获得对其主要产品（服务）在技术上发挥核心支持作用的知识产权。

（3）企业主要产品（服务）的技术属于《国家重点支持的高新技术领域》规定的范围。

（4）企业从事研发和相关技术创新活动的科技人员占企业当年职工总数的比例不低于10%。

（5）企业近3个会计年度（实际经营期不满3年的按实际经营时间计算，下同）的研究开发费用总额占同期销售收入总额的比例符合如下要求：①最近一年销售收入小于5 000万元（含）的企业，比例不低于5%。②最近一年销售收入在5 000万元至2亿元（含）的企业，比例不低于4%；③最近一年销售收入在2亿元以上的企业，比例不低于3%。其中，企业在中国境内发生的研究开发费用总额占全部研究开发费用总额的比例不低于60%。

（6）近一年高新技术产品（服务）收入占企业同期总收入的比例不低于60%。

（7）企业创新能力评价应达到相应要求。

（8）企业申请认定前一年内未发生重大安全、重大质量事故或严重环境违法行为。

通过认定的高新技术企业，其资格自颁发证书之日起有效期为3年。

3.技术先进型服务企业必须符合的条件

（1）在中国境内（不包括港、澳、台地区）注册的法人企业；

（2）从事《技术先进型服务业务领域范围（服务贸易类）》（详见附件）中的一种或多种技术先进型服务业务，采用先进技术或具备较强的研发能力；

（3）具有大专以上学历的员工占企业职工总数的50%以上；

（4）从事《技术先进型服务业务领域范围（服务贸易类）》中的技术先进型服务业务取得的收入占企业当年总收入的50%以上；

（5）从事离岸服务外包业务取得的收入不低于企业当年总收入的35%。

（三）20%的所得税预提税率（10%）

税法规定，非居民企业在中国没有设立机构、场所，或者虽设立机构、场所，但来源于中国境内的，与所设机构、场所没有实际联系的所得，适用20%的企业所得税税率。实际执行时，上述税率减按10%征收企业所得税。

（四）少数分行业、分地区的优惠税率

设在横琴新区、平潭综合实验区和前海深港现代服务业合作区的鼓励类产业企业，减按15%的税率缴纳企业所得税。

对设在西部地区以《西部地区鼓励类产业目录》中新增鼓励类产业项目为主营业务，

且其当年度主营业务收入占企业收入总额70%以上的企业，自2014年10月1日起，可减按15%税率缴纳企业所得税。

集成电路线宽小于0.25微米或投资额超过80亿元的集成电路生产企业，经认定后，减按15%的税率缴纳企业所得税。

自2019年1月1日起至2021年12月31日，对符合条件的从事污染防治的第三方企业减按15%的税率征收企业所得税。

国家规划布局内的重点软件企业和集成电路设计企业，如当年未享受免税优惠的，可减按10%的税率缴纳企业所得税。

筹划思路与演练

我国企业所得税中有3档不同的税率，存在显著差异。企业可以创造条件设立高新技术企业，可享受15%的低税率。而对于经营规模较小、盈利水平一般的企业，可通过增加成本、费用支出或实际资产损失，将盈利水平控制在一定范围之内，满足小型微利企业的条件，适用20%的优惠税率。使用地域性税收洼地的优惠政策、寻找税收奖励天堂是目前使用频率最高的纳税筹划方法。

而非居民企业，能选择不在中国设立机构、场所的，就不设立；即使设立机构、场所，取得来源于中国境内的所得尽量不与该机构、场所发生联系，这样可以享受10%的预提所得税税率优惠。

案例导入中，综合考虑中国的税收政策，日清食品公司选择临时派出一个海上车间，在中国大连港口停留28天，完成此项业务。这样该公司既没有在中国境内设立实际管理机构，也没有设立机构、场所，根据规定，该公司属于中国的非居民企业，不必按其取得的花生皮制板收入向中国政府缴纳25%的企业所得税，只需缴纳10%的预提所得税。日清公司作为跨国纳税人利用海上作业，就地收购原料、就地加工、就地出售，是典型的节税案例。

【案例5-15】甲公司资产总额3 000万元，从业人数200人。2019年预计企业所得税应纳税所得额为301万元。如果你是该企业的税收顾问，2019年应如何进行纳税筹划，来降低企业所得税的税负呢？

【综合分析】

企业所得税税率的差异，为纳税人提供了充分的纳税筹划方案设计的空间，在纳税人可以预测到全年应纳税所得额刚好超过小型微利企业临界点时，可以适当增加一些合理的费用支出，从而充分享受优惠税率，减轻纳税人的负担。

方案一：该企业经营不做任何调整。

2019年应纳税所得额为3 010 000元，适用税率为25%，应纳所得税税额=3 010 000×25%=752 500（元）。

方案二：如果企业提前在2019年度多采购一些日常经营用品，如办公用品、防暑防寒用品等，增加年度不受税前扣除比例限制的费用类项目支出，使得应纳税所得额减少到3 000 000元及以下，可以最大限度地享受小型微利企业的优惠。假定甲公司增加办公支出20 000元，应纳税所得额为2 990 000元，应纳所得税税额=1 000 000×25%×20%+1 990 000×

50%×20%=249 000（元）。

方案二与方案一相比，虽然增加了20 000元的费用支出，但是可以少缴企业所得税503 500元，节税效果非常明显。

现实中，应纳税所得额正好在3 000 000元左右的情况虽然是少数，但是利用临界点的筹划思路是值得借鉴的。

【案例5-16】凯越公司成立于2016年，主要从事计算机网络和信息安全技术，企业通过自主研发获得对其主要产品（服务）在技术上发挥核心支持作用的知识产权的所有权。企业职工人数为300人，从事研发和相关技术创新活动的科技人员为28人。该公司其他事项均满足国科发火〔2016〕32号关于高新技术企业的认定条件。该公司预计2019年度应纳税所得额为600万元，如果你是该企业的税收顾问，2019年应如何进行纳税筹划，降低企业所得税的税负呢？

【综合分析】

近年来，我国的高新技术产业迅速崛起，已成为国民经济中增长最快、带动作用最大的产业，在依靠外部环境改善和国家政策支持谋求发展的同时，高新技术企业如何利用各项税收优惠政策，在合法合理的前提下降低企业整体税负，实现企业价值最大化，是每一家高新技术企业必须要关注的问题。

方案一：保持企业原状，不能申请认定为高新技术企业。

应纳所得税税额=600×25%=150（万元）

方案二：创造条件成为国家重点扶持的高新技术企业。通过分析发现，该企业主要是从事研发和相关技术创新活动的科技人员占企业职工人数比例低于10%。这样企业可以通过招聘增加2名研发人员，从而满足企业从事研发和相关技术创新活动的科技人员占企业当年职工总数的比例不低于10%这个指标，由此可以申请认定为高新技术企业，从而享受15%的优惠税率。此外，支付给研发人员的工资及“五险一金”还可以享受研发费用的加计扣除政策。

方案二与方案一相比，具有明显的节税效果。创造条件满足税收优惠政策的要求，是企业纳税方案设计优化的一个重要方法，不仅没有纳税风险，而且通过享受税收优惠政策，会给企业带来节税效益。

在市场广阔的今天，基本每个省和市地方政府都会建立产业园区或高新技术企业优化孵化带，提供各种政策支持、税收优惠以及财政补助。同时，高新技术企业资质对企业来说是一张闪亮的名片，相当于中国的品牌驰名商标，不仅能够为企业带来税收优惠、享受研发费用加计扣除优惠等，在签单时也会起到一定的助推作用。

工作任务四　企业所得税其他优惠政策的纳税筹划

案例导入

上海某公司2019年9月欲在武汉某远城区投资兴建一个子公司，经过市场调研，有以下收益较好且相差不大的项目：大棚蔬菜、大棚花卉及国家限制发展的项目。企业投资

1 000万元，3个项目每年符合规定的税前利润预计均为500万元。假如不存在其他所得税调整事项，该企业如何进行纳税筹划？

知识导航

一、农、林、牧、渔减免税优惠政策

（一）免征所得税

企业从事下列项目的所得，免征企业所得税：（1）蔬菜、谷物、薯类、油料、豆类、棉花、麻类、糖料、水果、坚果的种植；（2）农作物新品种的选育；（3）中药材的种植；（4）林木的培育和种植；（5）牲畜、家禽的饲养；（6）林产品的采集；（7）灌溉、农产品初加工、兽医、农技推广、农机作业和维修等农、林、牧、渔服务业项目；（8）远洋捕捞。

目前，一些企业采取“公司+农户”经营模式从事牲畜、家禽的饲养，即公司与农户签订委托养殖合同，向农户提供畜禽苗、饲料、兽药及疫苗等（所有权（产权）仍属于公司），农户将畜禽养大成为成品后交付公司回收。鉴于采取“公司+农户”经营模式的企业，虽不直接从事畜禽的养殖，但系委托农户饲养，并承担诸如市场、管理、采购、销售等经营职责及绝大部分经营管理风险，公司和农户是劳务外包关系，为此，对此类以“公司+农户”经营模式从事农、林、牧、渔业项目生产的企业，可以按照有关规定，享受减免企业所得税优惠政策。

（二）减半征收所得税

企业从事下列项目的所得，减半征收企业所得税：花卉、茶以及其他饮料作物和香料作物的种植；海水养殖、内陆养殖。

企业从事国家限制和禁止发展的项目，不得享受上述规定的企业所得税优惠。

二、其他减免税优惠政策

（一）从事国家重点扶持的公共基础设施项目的投资经营所得

企业从事国家重点扶持的公共基础设施项目的投资经营所得，自项目取得第一笔生产经营收入所属纳税年度起，第1年至第3年免征企业所得税，第4年至第6年减半征收企业所得税。

享受减免税优惠的项目，在减免税期限内转让的，受让方自受让之日起，可以在剩余期限内享受规定的减免税优惠；减免税期限届满后转让的，受让方不得就该项目重复享受减免税优惠。

（二）从事符合条件的环境保护、节能节水项目

企业从事符合条件的环境保护、节能节水项目的所得，自项目取得第一笔生产经营收入所属纳税年度起，第1年至第3年免征企业所得税，第4年至第6年减半征收企业所得税。符合条件的环境保护、节能节水项目，包括公共污水处理、公共垃圾处理、沼气综合开发利用、节能减排技术改造、海水淡化等。

上述享受减免税优惠的项目，在减免税期限内转让的，受让方自受让之日起，可以在

剩余期限内享受规定的减免税优惠；减免税期限届满后转让的，受让方不得就该项目重复享受减免税优惠。

（三）符合条件的技术转让所得

符合条件的技术转让所得免征、减征企业所得税，是指一个纳税年度内，居民企业技术转让所得不超过500万元的部分，免征企业所得税；超过500万元的部分，减半征收企业所得税。

技术转让的范围，包括居民企业转让专利技术、计算机软件著作权、集成电路布图设计权、植物新品种、生物医药新品种，以及财政部和国家税务总局确定的其他技术。

自2015年10月1日起，全国范围内的居民企业转让5年以上非独占许可使用权取得的技术转让所得，纳入享受企业所得税优惠的技术转让所得范围。

1.技术转让收入的确定

技术转让收入是当事人履行技术转让合同后获得的价款。不包括：

（1）销售或转让设备、仪器、零部件、原材料等非技术性收入；

（2）不属于与转让项目密不可分的技术咨询、技术服务、技术培训等收入。

可以计入技术转让收入的技术咨询、技术服务、技术培训收入，是指转让方为使受让方掌握所转让的技术投入使用、实现产业化而提供的必要的技术咨询、技术服务、技术培训所产生的收入，并应同时符合以下条件：

（1）在技术转让合同中约定的与技术转让相关的技术咨询、技术服务、技术培训；

（2）技术咨询、技术服务、技术培训收入与技术转让收入一并收取价款。

技术转让成本的确定：是指转让的无形资产的净值，即该无形资产的计税基础减除在资产使用期间按照规定计算的摊销扣除额的余额。

2.技术转让成本的确定

技术转让成本是指转让的无形资产的净值，即该无形资产的计税基础减除在资产使用期间按照规定计算的摊销扣除额的余额。

3.相关税费的确定

相关税费是指技术转让过程中实际发生的有关税费，包括除企业所得税和允许抵扣的增值税以外的各项税金及附加、合同签订费用、律师费等相关费用及其他支出。

（四）特殊行业的优惠政策

1.集成电路生产企业或项目优惠

2018年1月1日后投资新设的集成电路线宽小于130纳米，且经营期在10年以上的集成电路生产企业或项目，第1年至第2年免征企业所得税，第3年至第5年按照25%的法定税率减半征收企业所得税，并享受至期满为止。

2018年1月1日后投资新设的集成电路线宽小于65纳米或投资额超过150亿元，且经营期在15年以上的集成电路生产企业或项目，第1年至第5年免征企业所得税，第6年至第10年按照25%的法定税率减半征收企业所得税，并享受至期满为止。

对于按照集成电路生产企业享受税收优惠政策的，优惠期自企业获利年度起计算；对于按照集成电路生产项目享受税收优惠政策的，优惠期自项目取得第一笔生产经营收入所属纳税年度起计算。

需要注意的是，即使企业不是专门生产集成电路的，还生产其他产品，只要集成电路生产项目是2018年1月1日后投资新设的，该项目就可以单独享受企业所得税优惠。

2017年12月31日前设立但未获利的集成电路线宽小于0.25微米或投资额超过80亿元，且经营期在15年以上的集成电路生产企业，自获利年度起第1年至第5年免征企业所得税，第6年至第10年按照25%的法定税率减半征收企业所得税，并享受至期满为止。

2017年12月31日前设立但未获利的集成电路线宽小于0.8微米（含）的集成电路生产企业，自获利年度起第1年至第2年免征企业所得税，第3年至第5年按照25%的法定税率减半征收企业所得税，并享受至期满为止。

2.集成电路生产企业享受优惠的条件

集成电路生产企业，是指以单片集成电路、多芯片集成电路、混合集成电路制造为主营业务并同时符合下列条件的企业：

（1）在中国境内（不包括港、澳、台地区）依法注册并在发展改革、工业和信息化部门备案的居民企业。

（2）汇算清缴年度具有劳动合同关系或劳务派遣、聘用关系且具有大学专科以上学历职工人数占企业月平均职工总人数的比例不低于40%，其中研究开发人员占企业月平均职工总数的比例不低于20%。

（3）拥有核心关键技术，并以此为基础开展经营活动，且汇算清缴年度研究开发费用总额占企业销售（营业）收入（主营业务收入与其他业务收入之和，下同）总额的比例不低于2%；其中，企业在中国境内发生的研究开发费用金额占研究开发费用总额的比例不低于60%。

（4）汇算清缴年度集成电路制造销售（营业）收入占企业收入总额的比例不低于60%。

（5）具有保证产品生产的手段和能力，并获得有关资质认证（包括ISO质量体系认证）。

（6）汇算清缴年度未发生重大安全、重大质量事故或严重环境违法行为。

三、加计扣除优惠政策

（一）研究开发费用

1.加计扣除比例

税法规定，企业为了开发新技术、新产品、新工艺的研发费用，未形成无形资产计入当期损益的，在按照规定据实扣除的基础上，按照研发费用的50%加计扣除；形成无形资产的，按照无形资产成本的150%摊销。

为进一步激励中小企业加大研发投入，支持科技创新，加大减税降费力度，在2018年1月1日—2020年12月31日期间，企业开展研发活动中实际发生的研发费用，未形成无形资产计入当期损益的，按照实际发生额的75%在税前加计扣除；形成无形资产的，按照无形资产成本的175%在税前摊销。

2.研究开发费用加计扣除需要注意的问题

（1）不适用税前加计扣除政策的活动。

①企业产品（服务）的常规性升级。

②对某项科研成果的直接应用，如直接采用公开的新工艺、材料、装置、产品、服务或知识等。

③企业在商品化后为顾客提供的技术支持活动。

④对现存产品、服务、技术、材料或工艺流程进行的重复或简单改变。

⑤市场调查研究、效率调查或管理研究。

⑥作为工业（服务）流程环节或常规的质量控制、测试分析、维修维护。

⑦社会科学、艺术或人文学方面的研究。

（2）不适用加计扣除政策的行业。

烟草制造业、住宿和餐饮业、批发和零售业、房地产业、租赁和商务服务业、娱乐业、财政部和国家税务总局规定的其他行业企业不得享受研发费用加计扣除政策。

对于同时从事多种行业的纳税人，判断是否属于不适用税前加计扣除政策行业的企业，是指以六大行业业务为主营业务，其研发费用发生当年的主营业务收入占企业按规定计算的收入总额减除不征税收入和投资收益的余额50%（不含）以上的企业。

比如，某综合性商场2019年度取得零售收入15 000万元，兼营生产汽车仪表取得销售收入5 000万元，取得投资收益1 000万元。全年用于汽车仪表研发发生的费用支出500万元。则该商场零售收入占比=15 000÷（15 000+5 000+1 000−1 000）×100%=75%，不得享受研发费加计扣除优惠政策。

（3）企业取得作为不征税收入处理的财政性资金用于研发活动所形成的费用或无形资产，不得计算加计扣除或摊销。

比如某企业当年发生研发支出200万元，取得政府补助50万元，按净额法进行会计处理，计研发费用为150万元，则税前加计扣除金额=150×75%=112.5（万元）。

要提醒大家注意的是，取得政府补助按照不征税收入处理不一定是企业的最佳选择，因为不征税收入用于研发支出所形成的费用和支出项目摊销不能作为研发费用享受加计扣除的税收优惠，放弃不征税收入处理可能会给企业带来更大的税收收益。

（4）企业委托外部机构或个人进行研发活动所发生的费用，按照费用实际发生额的80%计入委托方研发费用并计算加计扣除，受托方不得再进行加计扣除。委托境外进行研发活动所发生的费用，按照费用实际发生额的80%计入委托方的委托境外研发费用。委托境外研发费用不超过境内符合条件的研发费用2/3的部分，可以按规定在企业所得税前加计扣除。对委托境外个人进行的研发活动，不得进行加计扣除。

（5）失败的研发活动所发生的研发费用也可加计扣除。

（6）企业既符合享受研发费用加计扣除政策条件，又符合享受其他优惠政策条件的，可以同时享受有关优惠政策。企业用于研发活动的仪器、设备，符合税法规定且选择加速折旧优惠政策的，在享受研发费用税前加计扣除政策时，就税前扣除的折旧部分计算加计扣除。用于研发活动的无形资产，符合税法规定且选择缩短摊销年限的，在享受研发费用税前加计扣除政策时，就税前扣除的摊销部分计算加计扣除。

（二）安置残疾人员及国家鼓励安置的其他就业人员所支付的工资

企业安置残疾人员所支付工资的加计扣除，是指企业安置残疾人员的，在按照支付给残疾职工工资据实扣除的基础上，按照支付给残疾职工工资的100%加计扣除。残疾人员的范围适用《中华人民共和国残疾人保障法》的有关规定。企业安置国家鼓励安置的其他就业人员所支付的工资的加计扣除办法，由国务院另行规定。

四、创业投资额抵扣政策

抵扣应纳税所得额，是指创业投资企业采取股权投资方式，投资于未上市的中小高新技术企业2年以上的，可以按照其投资额的70%在股权持有满2年的当年抵扣该创业投资企业的应纳税所得额；当年不足抵扣的，可以在以后纳税年度结转抵扣。

自2015年10月1日起，全国范围内的有限合伙制创业投资企业采取股权投资方式投资于未上市的中小高新技术企业满2年（24个月）的，该有限合伙制创业投资企业的法人合伙人可按照其对未上市中小高新技术企业投资额的70%抵扣该法人合伙人从该有限合伙制创业投资企业分得的应纳税所得额，当年不足抵扣的，可以在以后纳税年度结转抵扣。有限合伙制创业投资企业的法人合伙人对未上市中小高新技术企业的投资额，按照有限合伙制创业投资企业对中小高新技术企业的投资额和合伙协议约定的法人合伙人占有限合伙制创业投资企业的出资比例计算确定。

自2018年1月1日起，公司制创业投资企业采取股权投资方式直接投资于种子期、初创期科技型企业满2年（24个月）的，可以按照投资额的70%在股权持有满2年的当年抵扣该公司制创业投资企业的应纳税所得额；当年不足抵扣的，可以在以后纳税年度结转抵扣。

有限合伙制创业投资企业采取股权投资方式直接投资于初创科技型企业满2年的，法人合伙人可以按照对初创科技型企业投资额的70%抵扣法人合伙人从合伙创投企业分得的所得；当年不足抵扣的，可以在以后纳税年度结转抵扣。

五、减计收入优惠政策

企业以《资源综合利用企业所得税优惠目录》规定的资源作为主要原材料，生产国家非限制和禁止并符合国家和行业相关标准的产品取得的收入，减按90%计入收入总额。前款所称原材料占生产产品材料的比例不得低于《资源综合利用企业所得税优惠目录》规定的标准。

六、税额抵免政策

企业购置并实际使用《环境保护专用设备企业所得税优惠目录》《节能节水专用设备企业所得税优惠目录》《安全生产专用设备企业所得税优惠目录》规定的环境保护、节能节水、安全生产等专用设备的，该专用设备的投资额的10%可以从企业当年的应纳税额中抵免；当年不足抵免的，可以在以后5个纳税年度结转抵免。

专用设备投资额，是指购买专用设备增值税专用发票的不含税价格，不包括增值税进项税额；如增值税进项税额不允许抵扣，其专用设备投资额应为增值税专用发票上注明的价税合计金额。企业购买专用设备取得普通发票的，其专用设备投资额为普通发票上注明的金额。

当年应纳税额，是指企业当年的应纳税所得额乘以适用税率，扣除依照企业所得税法和国务院有关税收优惠规定以及税收过渡优惠规定减征、免征税额后的余额。

企业利用自筹资金和银行贷款购置专用设备的投资额，可以按企业所得税法的规定抵免企业应纳所得税税额；企业利用财政拨款购置专用设备的投资额，不得抵免企业应纳所得税税额。企业购置并实际投入使用、已开始享受税收优惠的专用设备，如从购置之日起5个纳税年度内转让、出租的，应在该专用设备停止使用当月停止享受企业所得税优惠，并补缴已经抵免的企业所得税税款。转让的受让方可以按照该专用设备投资额的10%抵免当年企业所得税应纳税额；当年应纳税额不足抵免的，可以在以后5个纳税年度结转抵免。

筹划思路与演练

一、投资方向的筹划

企业所得税的优惠政策，包括税基式优惠、税率式优惠、税额式优惠。这些税收优惠以“产业优惠为主，区域优惠为辅”为原则。企业在初次投资或增加投资时可以适当运用相关税收优惠来选择对节税有利的项目和行业。

（一）选择优惠项目投资

1.投资于免税、减税项目

从企业所得税优惠政策的具体内容上看，其大力扶持基础农业的发展，如蔬菜、薯类、棉花、麻类、水果、坚果等的种植所得，均免税；牲畜、家禽的饲养所得，均免税等；而花卉、香料、茶类等高收益项目的种植，虽不免税，但可以享受减半征收企业所得税的优惠政策，力度也很大。如果产出效益一样的项目，投资者可以选择这些有减、免企业所得税优惠政策的项目。

案例导入中，该企业备选的三个项目中有两个属于企业所得税有优惠政策的项目，选择哪一个项目，同等条件下，就要分析每个项目的企业所得税负担。大棚蔬菜的种植所得，免征企业所得税，应纳所得税税额为0，税后收益为500万元；大棚花卉的种植所得，减半征收企业所得税，应纳所得税税额为62.5万元，税收收益为437.5万元；第三个项目取得的所得，由于属于国家限制发展项目，按25%的税率缴纳企业所得税，其应纳所得税税额为125万元，税后收益为375万元。相比较而言，同等条件下，投资于大棚蔬菜的种植是最佳选择。

2.投资于定期减免税的项目

由企业所得税的优惠政策可知，同等条件下，企业投资于公共基础设施、环境保护、节能节税项目，这些项目均享受定期减免税的优惠，如从项目取得第一笔生产经营收入所属纳税年度起施行“三免三减半”的优惠政策。

（二）选择优惠行业投资

投资于部分高新技术企业，如软件企业、集成电路生产企业和经认定的先进技术服务型企业等。这些行业均享受相关税收优惠，有税率上的优惠，如国家规划布局内的重点软件企业和集成电路生产企业，如当年未享受免税优惠的，可减按10%的税率征收企业所得税；还有定期减免优惠，如“两免三减半”“五免五减半”等。

【案例5-17】大兴实业股份有限公司准备投资某生产企业，该企业在设备购置前一年累计亏损3 000万元，其主要原因是生产设备落后，产品技术含量低，市场销路打不开。为扭亏为盈，打开销售市场，企业决定自筹资金2 000万元进行投资。现有两个方案可供选择，方案一：用于购买节能节水专用设备进行企业内部技术改造；方案二：对外投资经认定的技术先进型服务企业。如果你是该企业的税收顾问，应如何进行纳税筹划，以降低企业所得税的税负呢？

【综合分析】

方案一：投产后企业前三年新增利润3 000万元，全部弥补以前年度亏损。第四年新增利润500万元，企业节能节水专用设备投资额的10%可以从企业技术改造项目设备购置当年企业所得税中抵免，可抵免企业所得税税额200万元（2 000×10%）。因此，第四年抵免应纳所得税税额125万元（500×25%），企业实际净利润为500万元。第五年新增利润700万元，抵免应缴所得税税额75万元（200-125），企业实际净利润为600万元（700-（700×25%-75））。在这五年中实现新增利润4 200万元，除3 000万元用于弥补亏损外，实际缴纳所得税只有100万元（700×25%-75），留给企业净利润为1 100万元（4 200-3 000-100）。

方案二：对外投资经认定的技术先进型服务企业。项目前三年所获的利润3 000万元可全部用于弥补亏损，第四年实现税前利润500万元，按规定缴纳企业所得税75万元（500×15%），留给企业净利润425万元。第五年实现税前利润700万元，按规定缴纳企业所得税105万元（700×15%），留给企业净利润595万元（700-105）。在这五年中累计实现税前利润4 200万元，除3 000万元用于弥补亏损外，还应缴纳企业所得税180万元（105+75）。

两个方案均享受不同的所得税优惠政策，但是在企业亏损3 000万元的前提下，方案一可享受所得税抵免设备投资款200万元，五年内累计缴纳所得税只有100万元；方案二累计缴纳企业所得税180万元，企业所得税应纳税额相差80万元。因此，应选方案一。

二、经营模式的筹划

随着企业的发展，其经济链条也会发生变化，从事加工业的企业在向种植业、养殖业发展，从事种植业、养殖业的企业也在向加工业延伸。企业经济链条发生变化时，其设立形式、核算方式不同，税收负担也不同。通过经营模式的筹划，企业可以享受政府给予的税收政策优惠，是最佳选择。如“公司+农户”的经营模式下，公司可以将部分农产品、农牧产品的生产或简单加工业务前移给农户，通过农户的种植、饲养或手工加工制作成初级农产品，再将初级农产品收购过来，达到抵扣增值税销项税额、享受企业所得税免税优惠的目的。

【案例5-18】C肉制品公司是农业产业化龙头企业，公司分为养牛厂和肉制品加工厂两个部分。养牛厂负责养牛，生产牛肉；肉制品加工厂负责把牛肉加工成肉制品，进行销售。C公司一年的销售收入是30 000万元，销项税额为3 900万元，进项税额为500万元。该公司当年实现利润8 000万元。如果你是该企业的税收顾问，应如何进行纳税筹划，以合理降低企业的税负呢？

【综合分析】

方案一：采用“一条龙”的经营模式：

（1）增值税销项税额为3 900万元；

（2）允许抵扣的进项税额为500万元；

（3）应缴纳增值税税额=3 900−500=3 400（万元）；

（4）增值税税负=3 400÷30 000=11.33%；

（5）企业所得税应纳税额=8 000×25%=2 000（万元）。

方案二：打破“一条龙”经营模式，拆分为屠宰厂和肉制品加工厂两个公司，分别进行工商税务登记，独立核算。其中，屠宰厂采取“公司+农户”经营模式，即向农户提供小牛种、饲料、兽药及疫苗等，等养成成品牛后，统一由屠宰厂回收进行屠宰，再由屠宰厂把未经加工的牛肉卖给肉制品加工厂。

依据企业当年的数据，可以得出以下筹划效果：

假设牛肉的收购价占肉制品总收入的60%，那么，我们可以得出：

（1）增值税销项税额为3 900万元；

（2）允许抵扣的进项税额=30 000×60%×10%=1 800（万元）；

（3）应缴纳增值税税额=3 900−1 800=2 100（万元）；

（4）增值税税负=2 100÷30 000=7%；

（5）企业所得税应纳税额=8 000×25%×50%=1 000（万元）。

“一条龙”的经营模式是C公司税负高的主要原因。在这个“一条龙”经营模式下，C公司在企业的组织形式上没有将养牛厂与肉制品加工厂分开，没有分别独立核算，所以只能算作工业生产企业，不能享受到税法规定的农业生产者自产自销的农产品免征增值税的优惠政策。C公司打破“一条龙”经营模式，拆分为屠宰厂和肉制品加工厂两个公司，分别进行工商税务登记，独立核算。其中，屠宰厂采取“公司+农户”经营模式，这样的话，可以产生以下节税效果：

（1）屠宰厂从农户手中收购成品牛制成牛肉，符合农业生产者自产自销农产品的增值税税收优惠政策，可以享受增值税的免税优惠，税负为零。

（2）肉制品加工厂购买屠宰厂的牛肉，可以作为采购农业初级产品处理；加工厂销售肉制品，按13%计算销项税额。

（3）企业采取“公司+农户”经营模式从事牲畜、家禽的饲养，可以按照《企业所得税法实施条例》第八十六条的有关规定，享受减免企业所得税优惠政策。

三、投资地区的筹划

从现行优惠政策来看，国家因地制宜制定了适应不同地区发展的区域优惠政策，如西部地区。这为新企业通过选择注册地点进行纳税筹划提供了空间。而老企业也可以通过迁移注册地进行纳税筹划。

新企业或扩大经营追加投资的企业，可以选择税负较低的地区进行投资，达到享受税收优惠的目的，如西部地区、保税区、旅游度假区等。

对于已成立的企业而言，已具备了其他享受税收优惠政策的条件，只是由于注册地点不在特定区域而不能享受优惠的，可以考虑迁移注册地，但这也会受到企业成长的寿命周期、搬迁费用、技术、信息、客户开拓等方面因素的制约。可见，对于迁移注册地而享受税收优惠的筹划，企业需要全面分析，对有关经济技术数据进行测算，再做出相应决策。

不过，迁移企业注册地本身也存在方式上的筹划。如果整体迁移不现实的话，可以采取产权重组、分立、分别注册等方式，或者先在享受税收优惠的地区成立一家企业，再将老企业和新企业进行合并，将原来老企业变更为享受优惠政策的新企业的分支机构，享受合并纳税的好处。另外，企业还可以通过关联企业间的关联交易实现利润从高税负地区转移到低税负地区，需要注意的是，关联交易价格需在税法规定允许范围内，否则将面临税务机关对关联交易价格的纳税调整。

综上分析，新企业成立时可以对注册地点的选择进行事先筹划，老企业也可以筹划迁移注册地，达到享受区域税收优惠的目的。因此，每个企业都应该根据自己生产经营的特点、具体情况和对税收优惠政策的深入研究，找到适合自己企业的筹划空间，实现企业经济利益的最大化。

【案例 5-19】经营地区的筹划

由于资金充足、人脉资源丰厚，2019年张某欲创办一家兼营交通业务和其他业务的一人有限责任公司，预计全年交通业务收入为600万元，非交通业务收入为400万元，所得税税率为25%。张某在公司成立之前如何筹划以降低税负呢？

【综合分析】

根据现行企业所得税的优惠政策，张某在公司成立前需考虑两个方面：一是注册地的选择；二是业务规模初始投资额的分配问题。

第一，在注册地的选择上，可以选择有区域优惠的地区，如西部地区。在西部地区成立交通业务企业，达到相关优惠标准，不仅可以享受15%的税率优惠，还可以享受“三免三减半”的定期减免优惠。

第二，在业务规模初始投资额的分配上，需考虑交通业务收入规模达到总收入的70%以上，加大交通业务的投资，扩展交通业务收入，以达到优惠政策标准。

具体筹划方案如下：

方案一：在西部地区投资创办一个交通企业，兼营其他业务，因交通业务收入占全部收入的比例仅为60%，小于70%。因此，企业所得税上不能享受税率和定期减免优惠。

2019年预计收入应纳所得税税额=（600+400）×25%×25%=62.5（万元）

方案二：在西部地区分别投资创办两个企业，一个交通企业，一个从事其他业务的企业，从而，从事交通业务的企业收入全部为交通业务的收入，超过70%的标准，企业所得税方面，全部所得可以享受“三免三减半”的待遇，该优惠期结束后，还可以享受15%的优惠税率。

2019年预计收入应纳所得税税额=400×25%×25%=25（万元）

方案三：在西部地区分别投资创办一个交通企业，兼营其他业务，但投资之处加大交通业务方面的投资额，拓展交通业务，预计2019年交通业务收入可以达到1 000万元。假定其他条件不变的情况下，此时交通业务收入占全部收入的比例为71.43%，大于70%。经企业申请，企业所得税方面，1 400万元的全部所得可以享受“三免三减半”的待遇，该优惠期结束后，还可以享受15%的优惠税率。

综上分析，比较三个筹划方案，方案三的节税效果最大。

技能训练

参考答案

【案例1】风帆商贸公司是王帆和3个朋友每人出资100万元成立的有限责任公司，4个股东约定平时不领工资，年终分红。2019年该公司实现收入90万元，纳税调整后的应纳税所得额为102万元，申报缴纳企业所得税税额25.5万元，税后利润64.5万元，公司按规定提取了公积金9.68万元，可分配利润为54.82万元。年底4个股东决定将其中的40万元拿出来进行利润分配，每人分得红利10万元。4个股东共需缴纳个人所得税8万元，投资者实际上承担了企业所得税和个人所得税两道税负，合计税负为33.5万元。如果你是该企业的税收顾问，请对其进行纳税方案优化设计。

【案例2】顺达公司2019年5月份拟转让某项技术，合同约定技术转让不含税价款为1 600万元，转让成本和相关税费为600万元。如果你是该企业的税收顾问，请对其进行纳税方案优化设计。

【案例3】众泰公司2018年1月和11月先后购进数量和品种相同的货物两批，进货价格分别为1 000万元和800万元，假定该公司库存没有这种货物。众泰公司在2018年12月和2019年3月各出售购进的货物的一半，出售价格分别为1 200万元和1 000万元。假定众泰公司2018年和2019年均处于非减免税期间，且处于盈利年度。假定折现率为10%，如果你是该企业的税收顾问，请对其进行纳税方案优化设计。

【案例4】甲公司准备筹资100万元用于一项新产品的生产，预计年息税前利润为30万元。现有三个方案可供选择。

方案一：债务资本与权益资本的比例为0∶100；

方案二：债务资本与权益资本的比例为30∶70；

方案三：债务资本与权益资本的比例为50∶50；

三个方案的负债率都是6%，金融机构同期同类贷款利率为6.65%，企业所得税税率为25%。如果你是该企业的税收顾问，请对其进行纳税方案优化设计。

【案例5】2019年，华泰公司根据产品的市场需求，拟开发一系列新产品，产品开发周期为2年。科研部门提出技术开发费用预算为1 000万元，据预测，在不考虑技术开发费的前提下，企业第一年可实现利润500万元，第二年可实现利润1 500万元。假定企业所得税税率为25%，且无其他纳税调整事项，预算安排不影响企业正常的生产进度。如果你是该企业的税收顾问，请对其进行纳税方案优化设计。

主要税法依据

● 《中华人民共和国企业所得税法》

● 《中华人民共和国企业所得税法实施条例》

● 《财政部 国家税务总局 中国人民银行关于印发〈跨省市总分机构企业所得税分配及预算管理办法〉的通知》（财预〔2012〕40号）

● 《国家税务总局关于贯彻落实企业所得税法若干税收问题的通知》（国税函〔2010〕第79号）

● 《财政部 国家税务总局关于非货币性资产投资企业所得税政策问题的通知》（财税

〔2014〕116号）

●《国家税务总局关于企业所得税应纳税所得额若干税务处理问题的公告》（国家税务总局公告2012年第15号）

●《国家税务总局关于企业工资薪金和职工福利费等支出税前扣除问题的公告》（国家税务总局公告2015年第34号）

●《国家税务总局关于企业所得税有关问题的公告》（国家税务总局公告2016年第80号）

●《国家税务总局关于责任保险费企业所得税税前扣除有关问题的公告》（国家税务总局公告2018年第52号）

●《国家税务总局关于企业所得税应纳税所得额若干税务处理问题的公告》（国家税务总局公告2012年第15号）

●《国家税务总局关于企业所得税若干问题的公告》（国家税务总局公告2011年第34号）

●《财政部 国家税务总局关于企业手续费及佣金支出税前扣除政策的通知》（财税〔2009〕29号）

●《财政部 国家税务总局关于进一步鼓励软件产业和集成电路产业发展企业所得税政策的通知》（财税〔2012〕27号）

●《国家税务总局关于企业固定资产加速折旧所得税处理有关问题的通知》（国税发〔2009〕81号）

●《财政部 国家税务总局关于完善固定资产加速折旧企业所得税政策的通知》（财税〔2014〕75号）

●《财政部 国家税务总局关于进一步完善固定资产加速折旧企业所得税政策的通知》（财税〔2015〕106号）

●《财政部 国家税务总局关于设备器具扣除有关企业所得税政策的通知》（财税〔2018〕54号）

●《财政部 税务总局关于扩大固定资产加速折旧优惠政策适用范围的公告》（财政部 税务总局公告2019年第66号）

●《财政部 国家税务总局关于企业境外所得税收抵免有关问题的通知》（财税〔2009〕125号）

●《国家税务总局关于查增应纳税所得额弥补以前年度亏损处理问题的公告》（国家税务总局公告2010年第20号）

●《国家税务总局关于发布〈企业资产损失所得税税前扣除管理办法〉的公告》（国家税务总局公告2011年第25号）

●《国家税务总局关于企业所得税若干问题的公告》（国家税务总局公告2011年第34号）

●《国家税务总局关于“公司+农户”经营模式企业所得税优惠问题的公告》（国家税务总局公告2010年第2号）

●《财政部 国家税务总局关于居民企业技术转让有关企业所得税政策问题的通知》

（财税〔2010〕111号）

●《财政部 税务总局 国家发展改革委 工业和信息化部关于集成电路生产企业有关企业所得税政策问题的通知》（财税〔2018〕27号）

●《财政部 国家税务总局关于将国家自主创新示范区有关税收试点政策推广到全国范围实施的通知》（财税〔2015〕116号）

●《国家税务总局关于执行〈西部地区鼓励类产业目录〉有关企业所得税问题的公告》（国家税务总局公告2015年第14号）

项目六

个人所得税的纳税筹划

项目知识目标

1.了解个人所得税筹划的主要思路；

2.掌握从个人和企业两个层面的个人所得税纳税筹划方法。

项目技能目标

1.运用专项附加扣除的报送方式及配偶之间分配进行筹划；

2.运用税收征管政策进行筹划；

3.运用税收优惠政策进行筹划。

2018年8月31日，《中华人民共和国个人所得税法》经过七次修订，并以国家主席令的方式对外公布，于2019年1月1日正式实施。新《个人所得税法》发生了重大变化，我国个人所得税的税制模式由分类征收改变为综合与分类相结合的征收方式。居民个人的工资薪金、劳务报酬、稿酬、特许权使用费等四项计入综合所得，按年征收，在预扣预缴的基础上，年度终了后汇算清缴，多退少补；国务院又陆续出台了相关专项附加扣除政策，允许子女教育、继续教育、住房贷款利息、住房租金、赡养老人、大病医疗等支出在《个人所得税法》规定的范围内税前扣除。本次改革中专项附加扣除六个项目除赡养老人、继续教育外，其他四项都会涉及本人及配偶之间的分配问题，把本人与配偶作为一个整体，赡养老人又会涉及兄弟姐妹之间的分摊问题，继续教育还会涉及子女与父母之间费用扣除问题的选择；而支付方作为扣缴义务人只是对支付的所得有代扣代缴或者预扣预缴的义务，归根到底，每个所得的个人才是个人所得税的纳税人，要如何选择，如何筹划，还是要个人完成。所以，本项目将会从个人层面和企业层面对个人的所得进行纳税筹划，个人层面又从居民个人和非居民个人两个角度进行筹划。个人所得税的纳税人要利用好政策，在税法允许的范围内做好个人所得税的筹划。

工作任务一　个人层面——纳税人身份的选择

案例导入

张山在美国读完大学后在美参加工作并拿到绿卡，其后举家迁往美国。此时，张山并未注销中国户籍。2019年2月1日，张山陪同美籍专家汤姆来华在该美国子公司工作。

2019年8月5日，两人回美国继续工作，未向中国主管税务机关备案。在中国工作期间，中国公司支付张山工资薪金人民币15万元，汤姆工资薪金人民币20万元；美国公司支付张山工资薪金折合人民币10万元，汤姆工资薪金折合人民币15万元。请问张山和汤姆以何种纳税人的身份，并如何缴纳个人所得税？

知识导航

依据住所和居住时间两个标准，个人所得税纳税人分为居民个人和非居民个人，并分别承担不同的纳税义务。

一、居民个人及其纳税义务

居民个人，是指中国境内有住所，或者无住所而在一个纳税年度内在中国境内居住累计满183天的个人。居民个人来源于中国境内和来源于境外的所得，应按照我国《个人所得税法》规定缴纳个人所得税。

中国境内有住所，是指因户籍、家庭、经济利益关系而在中国境内习惯性居住。

所谓在中国境内居住满183天，是指在一个纳税年度（即自公历1月1日起至12月31日止）内，在中国境内居住满183天。在计算居住天数时，对临时离境应视同在华居住，不扣减其在华居住的天数。这里所说的临时离境，是指在一个纳税年度内一次不超过30日的离境。现行税法中关于“中国境内”的概念，是指中国大陆地区，目前还不包括中国香港、澳门、台湾地区。

二、非居民个人及其纳税义务

非居民个人，是指在中国境内无住所又不居住，或者无住所而在一个纳税年度内在中国境内居住累计不满183天的个人。非居民个人来源于中国境内的所得，应按照我国《个人所得税法》规定缴纳个人所得税。

在中国境内的个人取得工资薪金所得的征税划分见表6-1。

表6-1 在中国境内的个人取得工资薪金所得的征税划分

纳税人		境内所得		境外所得	
		境内支付	境外支付	境内支付	境外支付
在中国境内有住所的个人		√	√	√	√
在中国境内无住所的个人	居住满6年的	√	√	√	√
	居住满183日不满6年的	√	√	√	免税
	居住满90日不满183日的	√	√	×	×
	居住在90日以内的	√	免税	×	×

注：在中国境内无住所的个人，在中国境内居住累计满183天的年度连续不满6年的，经向主管税务机关备案，其来源于中国境外且由境外单位或者个人支付的所得，免予缴纳个人所得税；在中国境内居住累计满183天的任一年度中有一次离境超过30天的，其在中国境内居住累计满183天的年度的连续年限重新起算。

三、境内所得

除国务院财政、税务主管部门另有规定外，下列所得，不论支付地点是否在中国境内，均为来源于中国境内的所得：

（1）因任职、受雇、履约等在中国境内提供劳务取得的所得；

（2）将财产出租给承租人在中国境内使用而取得的所得；

（3）许可各种特许权在中国境内使用而取得的所得；

（4）转让中国境内的不动产等财产或者在中国境内转让其他财产取得的所得；

（5）从中国境内企业、事业单位、其他组织以及居民个人取得的利息、股息、红利所得。

筹划思路与演练

个人所得税居民个人与非居民个人的纳税义务有所不同，居民个人对其境内外所得承担无限的纳税义务，非居民个人仅对其境内所得承担有限的纳税义务。对于个人是可以在居民个人和非居民个人两种身份下进行选择的，注销中国户籍后，在中国境内不习惯性居住且在一个完整纳税年度内在中国境内居住时间少于183天就成为非居民个人。在国际税收很多案例中，有些纳税人为了避免成为任何一个国家的居民个人，通常在一个国家居住时间快接近一定判定时间时就飞往另外一个国家，做“空中飞人”。

在此特别提醒，根据最新《个人所得税法》的规定，注销中国户籍前必须结清税款，需要自行申报纳税。

【案例6-1】张山在美国读完大学后在美参加工作并拿到绿卡，其后举家迁往美国。此时，张山并未注销中国户籍。2019年2月1日，张山陪同美籍专家汤姆来华在该美国子公司工作。2019年8月5日，两人回美国继续工作，未向中国主管税务机关备案。在中国工作期间，中国公司支付张山工资薪金人民币15万元，汤姆工资薪金人民币20万元；美国公司支付张山工资薪金折合人民币10万元，汤姆工资薪金折合人民币15万元。分析张山和汤姆以何种纳税人的身份缴纳个人所得税，并进行个人所得税的筹划。

【综合分析】

在案例导入中，张山由于没有注销中国户籍，按照个人所得税纳税人住所标准判定，依然属于居民个人纳税人，要就其境内的所得25万元加上张山境外所得部分缴纳个人所得税。汤姆在中国居住时间超过183天，且未向中国主管税务机关备案，需要就其境内的所得35万元加上汤姆境外所得部分缴纳个人所得税。现在有以下两种筹划思路：

方案一：张山在取得美国绿卡时，举家迁往美国前，全家人注销中国户籍，本次来华工作，向主管税务机关备案，张山和汤姆2019年8月1日离开中国境内。

由于张山已经注销了中国户籍且其家庭、经济利益不在中国，在中国境内无住所，以居住时间来判定是否属于个人所得税居民个人，汤姆也是按照居住时间判定其纳税人身份。两人2019年2月1日来华，2019年8月1日离境，在一个完整纳税年度居住时间少于183天，仅对境内所得缴纳个人所得税。

方案二：张山在取得美国绿卡时，举家迁往美国前，全家人注销中国户籍，本次来华工作，向主管税务机关备案，张山和汤姆2019年8月5日离开中国境内。

在中国境内无住所的个人，在中国境内居住累计满183天的年度连续不满6年的，经向主管税务机关备案，其来源于中国境外且由境外单位或者个人支付的所得，免予缴纳个人所得税。

张山和汤姆2019年2月1日来华，2019年8月5日离境，虽然居住时间在一个完整纳税年度超过183天，但是向主管税务机关备案，其来源于中国境外且由境外单位或者个人支付的所得，免予缴纳个人所得税。此案例中，如果两人回美国后继续工作，中国境内没有支付所得，那么作为居民个人纳税人也仅对其境内所得部分征税；但是，如果两人回美国后继续工作，中方继续支付所得，那么中方支付的部分也需要缴纳个人所得税。

所以，从以上两个方案中可以看出，外籍人员在一个完整纳税年度应尽量控制居住在183天内，防止成为个人所得税居民个人。

工作任务二　个人层面——组织形式的选择

案例导入

李石大学毕业5年后，想与其他四位要好的朋友一起合伙做生意，五人商定等额出资，均享有20%的股份，预计年利润150万元，在成立何种组织形式上，五人有两种不同的观点。一种观点认为，应该成立股份有限公司，有利于企业发展；另一种观点认为，成立合伙制企业更实惠。假设不考虑货物劳务税的情况，仅从所得税的角度思考，请问成立何种组织形式更节税，股东收益最大？

知识导航

个人独资企业和合伙企业投资者比照经营所得纳税。其中，合伙企业以每一个合伙人为纳税人。合伙企业的生产、经营所得和其他所得采取“先分后税”原则。经营所得，适用5%至35%的超额累进税率（见表6-2）。

表6-2　经营所得个人所得税税率表

级　数	全年应纳税所得额	税率（%）	速算扣除数
1	不超过30 000元的	5	0
2	超过30 000元至90 000元的部分	10	1 050
3	超过90 000元至300 000元的部分	20	10 500
4	超过300 000元至500 000元的部分	30	40 500
5	超过500 000元的部分	35	65 500

注：本表所称全年应纳税所得额是指依照《个人所得税法》第六条的规定，以每一纳税年度的收入总额减除成本、费用以及损失后的余额。

具有法人资格的企业（股份有限公司、有限责任公司）需要缴纳25%的企业所得税，个人股东从公司分配的税后利润需要按照“利息、股息、红利所得”缴纳20%的个人所得税。

筹划思路与演练

投资者个人在不影响正常经营的情况下，尽量不要注册成立股份有限公司、有限责任公司，而是注册成立个体工商户、个人独资企业、合伙企业，以规避企业所得税和个人所得税的双重征税，虽然有可能多交个人所得税，但整体税负会降低。

【案例6-2】本节案例导入中，假设会计利润就等于应纳税所得额，没有纳税调整项，不考虑增值税等。

【综合分析】

观点一，成立股份有限公司，税后利润按照10%提取法定盈余公积后全部平均分配给股东。

有限责任公司应纳企业所得税=1 500 000×25%=375 000（元）

有限责任公司税后利润=1 500 000−375 000=1 125 000（元）

有限责任公司提取法定盈余公积=1 125 000×10%=112 500（元）

有限责任公司向股东分配的利润合计=1 125 000−112 500=1 012 500（元）

五位股东“利息、股息、红利所得”应纳个人所得税总额=1 012 500÷5×20%×5

=202 500（元）

应纳税额合计=375 000+202 500=577 500（元）

观点二，成立合伙企业，1 500 000元为应纳税所得额，平均在五位合伙人之间分配。

每位合伙人应纳税所得额=1 500 000÷5=300 000（元）

五位合伙人“经营所得”应纳个人所得税总额=（300 000×20%−10 500）×5

=247 500（元）

应纳税额合计=247 500元

观点二比观点一少缴纳税额330 000元。在实际工作中，除了考虑税负外，还应该综合考虑，权衡利弊，做出合理的决策。

工作任务三　个人层面——居民个人综合所得的纳税筹划

案例导入

一对夫妻在武汉居住，商业贷款购买首套房，并在还贷期间，有一个孩子正在上小学，夫妻均为独生子女，双方父母均满60周岁。丈夫W先生每个月扣除“三险一金”[①]后，每个月收入为16 000元；妻子S女士每个月扣除“三险一金”后，每个月收入为10 000元。在不考虑其他情况下，以全年纳税情况比较子女教育和住房贷款支出在夫妻二人之间不同分配对整个家庭税额影响的不同。

① 三险一金，是指居民个人按照国家规定的范围和标准缴纳的基本养老保险、基本医疗保险、失业保险等社会保险费和住房公积金等。

知识导航

个人所得税的征税对象是个人取得的各项应税所得，包括现金、实物、有价证券和其他形式的经济利益。按应纳税所得的来源划分，现行个人所得税的应税项目共有9个。其中，居民个人取得的工资薪金、劳务报酬、特许权使用费及稿酬等4项所得为“综合所得”，按纳税年度合并计算个人所得税；非居民个人取得工资薪金、劳务报酬、特许权使用费及稿酬等4项所得，按月或者按次分项计算个人所得税；纳税人取得的其他所得，分别计算个人所得税。个人所得税征税项目及征管见表6-3。

表6-3 个人所得税征税项目及征管

征税项目		具体内容	居民个人	非居民个人
综合所得	工资、薪金所得	因任职或者受雇取得的工资、薪金、奖金、年终加薪、劳动分红、津贴、补贴以及与任职或者受雇有关的其他所得	综合所得，按年计算，分期预缴	按月
	劳务报酬所得	独立从事各种非雇佣的各种劳务所得		按次或者按月
	稿酬所得	作品以图书、报刊形式出版、发表的所得		按次
	特许权使用费所得	提供特许权的使用权取得的所得		按次
经营所得		个体工商户生产、经营所得；承包经营、承租经营所得	按年计算，分期预缴	
利息、股息、红利所得		拥有债权、股权而取得的利息、股息、红利所得（对股票转让所得征收个人所得税的办法，由国务院财政、税务主管部门另行制定，报国务院批准后施行）	按次或者按月	
财产租赁所得		财产租赁所得，是指个人出租建筑物、土地使用权、机器设备、车船以及其他财产取得的所得		
财产转让所得		财产转让所得，是指个人转让有价证券、股权、合伙企业中的财产份额、不动产、机器设备、车船以及其他财产取得的所得		
偶然所得		得奖、中奖、中彩以及其他偶然性质的所得		

一、居民个人综合所得的计税依据

具体计算公式为：

居民个人应纳税所得额=收入额-免税收入-减除费用-专项扣除-专项附加扣除-依法确定的其他扣除

（一）收入额

居民个人综合所得的收入额，是指在一个纳税年度内工资、薪金总额与劳务报酬所得、稿酬所得、特许权使用费所得以收入减除20%的费用后的余额相加。稿酬所得的收入额减按70%计算。

（二）扣除项目

1.费用扣除标准

纳税人每一纳税年度费用扣除标准为6万元。

2.专项扣除

专项扣除，包括居民个人按照国家规定的范围和标准缴纳的基本养老保险、基本医疗保险、失业保险等社会保险费和住房公积金等。

3.专项附加扣除

专项附加扣除，包括子女教育、继续教育、大病医疗、住房贷款利息或者住房租金、赡养老人等支出（见表6-4）。

表6-4 专项附加扣除具体规定

项　目	具体内容	扣除标准	其他规定
子女教育	学前（3周岁）教育至博士（全日制学历（学位））教育	每个子女每月1 000元，每年12 000元（标准定额）	父母可按50%比例分配，亦可约定一方扣除，一个纳税年度内不变，境外教育需提供证明
继续教育	学历（学位）继续教育	学历（学位）教育每月400元，同一学历（学位）教育不超48个月，职业继续教育在取得相关证书的当年按照3 600元定额扣除	子女教育与本科以下继续教育互换，不能同时
大病医疗	扣除医保报销后个人负担（指医保目录范围内的自付部分）累计超过15 000元的部分	按照每年80 000元标准限额据实扣除	纳税人发生的医药费用支出可以选择由本人或者其配偶扣除；未成年子女发生的医药费用支出可以选择由其父母一方扣除。本人及其配偶、未成年子女分别计算扣除限额，汇算清缴时扣除
住房贷款利息	本人及配偶首套（首贷）	按照每年12 000元（每月1 000元）标准定额扣除（还贷期间240个月）	夫妻双方约定由一方扣除，婚前可以各按50%扣除，留存合同、还贷支出凭证
住房租金	本人及配偶在主要工作城市无住房而租房	四类城市扣除标准为每月1 500元。人口超过100万人的，扣除标准为每月1 200元；不超过100万人的，扣除标准为每月800元	主要工作城市的界定： 夫妻双方在一个城市，约定由一方（签合同方）扣除；不在一个城市，各自扣除。住房贷款利息与住房租金不能同时扣除，留存合同
赡养老人	年满60岁以上法定赡养（不管人数）	独生子女每月2 000元；非独生子女应当分摊（书面分摊协议，指定、约定），指定优先，每人分摊额度不超过每月1 000元	特殊情况，祖父母、外祖父母的子女均已去世，实际承担对祖父母、外祖父母赡养义务的孙子女、外孙子女

4.依法确定的其他扣除

依法确定的其他扣除，包括个人缴付符合国家规定的企业年金、职业年金，个人购买符合国家规定的商业健康保险、税收递延型商业养老保险的支出，以及国务院规定可以扣除的其他项目。其具体包括：

专项扣除、专项附加扣除和依法确定的其他扣除，以居民个人一个纳税年度的应纳税所得额为限额；一个纳税年度扣除不完的，不结转以后年度扣除。

纳税人同时从两处以上取得工资、薪金所得，并由扣缴义务人办理上述专项附加扣除的，对同一专项附加扣除项目，在一个纳税年度内纳税人只能选择从其中一处扣除。

二、居民综合所得税率

综合所得，适用3%至45%的超额累进税率（见表6-5）。

表6-5 综合所得个人所得税税率表

级　数	全年应纳税所得额	税率（%）	速算扣除数
1	不超过36 000元的	3	0
2	超过36 000元至144 000元的部分	10	2 520
3	超过14 4000元至300 000元的部分	20	16 920
4	超过300 000元至420 000元的部分	25	31 920
5	超过420 000元至660 000元的部分	30	52 920
6	超过660 000元至960 000元的部分	35	85 920
7	超过960 000元的部分	45	181 920

注：本表所称全年应纳税所得额是指依照《个人所得税法》第六条的规定，居民个人取得综合所得以每一纳税年度收入额减除费用60 000元以及专项扣除、专项附加扣除和依法确定的其他扣除后的余额。

三、居民个人综合所得应纳税额

具体计算公式为：

$$\text{居民个人综合所得应纳税额}=\text{应纳税所得额}\times\text{适用税率}-\text{速算扣除数}$$

$$=(\text{收入额}-\text{免税收入}-\text{减除费用}-\text{专项扣除}-\text{专项附加扣除}-\text{依法确定的其他扣除})\times\text{适用税率}-\text{速算扣除数}$$

筹划思路与演练

一、综合所得内部项目转换

综合所得的四项收入中，工资、薪金所得要全额计入，而劳务报酬所得、稿酬所得、特许权使用费所得以收入减除20%的费用后的余额计入。稿酬所得的收入额减按70%计算。因此，在同等收入的情况下，个人应当尽量优先获取稿酬所得，其次是劳务报酬所得、特许权使用费所得，最后是工资、薪金所得。

【案例6-3】王先生是一家公司的设计师，在规划自己的年度收入和税收金额时，有两种方案可供选择。方案一，从任职受雇单位取得税前工资、薪金收入为180 000元/年，其中包含了加班获得收入30 000元/年，业余兼职取得税前劳务报酬收入70 000元/年，业余出版专业书籍取得税前稿酬收入60 000元/年。方案二，王先生放弃在单位加班，从任职受雇单位取得税前工资、薪金收入为150 000元/年，业余兼职取得税前劳务报酬收入80 000元/年，业余出版专业书籍取得税前稿酬收入80 000元/年。假设专项扣除、专项附加扣除及依法确定的其他扣除金额合计为40 000元/年，不考虑增值税。请问两种方案下，何种方案缴纳个人所得税最少？

【综合分析】

方案一：本年度综合所得应纳税所得额=180 000+70 000×（1-20%）+60 000×（1-20%）×70%-60 000-40 000=169 600（元）

本年度综合所得应纳个人所得税=169 600×20%-16 920=17 000（元）

方案二：本年度综合所得应纳税所得额=150 000+80 000×（1-20%）+80 000×（1-20%）×70%-60 000-40 000=158 800（元）

本年度综合所得应纳个人所得税=158 800×20%-16 920=14 840（元）

方案二比方案一少缴纳个人所得税2 160元，因此选择方案二。

本案例中，两种方案对于专项扣除即三险一金是一致的，但在实际情况下，如果工资薪金减少，其计算五险一金的基数也就变小，不但会影响所纳税额，更会影响社保的缴纳及个人到达法定退休年龄后的退休金的多少。

比如在相同收入下，以全部为工资薪金或者全部为劳务报酬为例，工资薪金是建立在劳动合同的基础上的，而劳务报酬是建立在劳务合同之上的。按照《中华人民共和国劳动合同法》及《中华人民共和国社会保险法》等相关规定，为劳动者缴纳社保是用人单位的责任。签署劳务合同的双方，不具有用人单位和劳动者身份，故此，无须缴纳社保。

在取得相同的税前工资薪金和税前劳务报酬下，要用税后收益最大化的标准来衡量到底选择哪一种更好。以工资薪金方式发放时，企业为个人缴纳了五险一金以及个人负担的三险一金，但是在劳务报酬方式下单位没有为其负担社保。

二、专项附加扣除在不同纳税人的税前扣除

子女教育、继续教育、住房贷款利息、住房租金、赡养老人、大病医疗等六项专项附加扣除项目在减轻纳税人税收负担的同时，也为纳税人进行家庭筹划提供了可能。

夫妻之间通过专项附加扣除项目选择可以进行纳税筹划的项目有子女教育、住房贷款利息、住房租金、大病医疗等四个方面。子女教育，每名孩子自三周岁起每月按照1 000元的定额标准扣除，可以由父母一方100%扣除，也可以父母双方各按50%扣除，已经选择一个纳税年度的不得变更；住房贷款利息，只要在婚姻存续期间，贷款利息每月按照1 000元的定额标准扣除，可以选择夫妻一方100%扣除，对于婚前夫妻各自拥有首套房的，其贷款利息可以夫妻商定各按50%扣除；住房租金，在主要工作城市没有住房且实际发生了住房租金支出的，夫妻二人可以选择一人签订合同，由签订合同方按照一定标准[①]在税

① 根据城市规模，分别为1 500元/月、1 200元/月、800元/月。

前扣除；大病医疗，本人、配偶、未成年子女符合条件的大病医疗支出，均可以在本人个人所得税前扣除。

在案例导入中，夫妻二人对子女教育及住房贷款利息的不同扣除，使其家庭税负有所不同，具体见表6-6。

表6-6 **不同情况下夫妻二人的纳税情况** 单位：元

项 目	情况一		情况二	
	W先生	S女士	W先生	S女士
全年扣除三险后收入	192 000	120 000	192 000	120 000
标准费用扣额	60 000	60 000	60 000	60 000
子女教育支出	12 000		6 000	6 000
住房贷款利息支出	12 000		12 000	
赡养老人支出	24 000	24 000	24 000	24 000
应纳税所得额	84 000	36 000	90 000	30 000
适用税率	10%	3%	10%	3%
应纳税额	5 880	1 080	6 480	900
家庭税额	6 960		7 380	

情况一，子女教育及住房贷款利息支出全部在W先生个人所得税前扣除，全年家庭税额为6 960元；情况二，子女教育支出每月1 000元，夫妻二人各扣除50%，全年家庭税额为7 380元，比情况一多缴纳420元。假设将子女教育和住房贷款利息支出全部在S女士个人所得税前扣除，则全年家庭税额为11 880元。

一般而言，夫妻之间纳税筹划，对于可以选择扣除的专项附加扣除项目在高税率一方扣除有利于家庭税收金额的节约。如果选择在高税率一方全额扣除专项附加，保持高税率或者降低高税率一方税率，其降低税率仍高于对方税率，此时能节约家庭税收金额。

如果选择在高税率一方全额扣除专项附加，降低高税率一方税率，其降低后的税率低于对方税率，此时未必是最节约的家庭税收金额。比如在不考虑大病医疗支出的情况下，W先生全年应纳税所得额为150 000元，S女士全年应纳税所得额为90 000元，若W先生发生大病医疗支出可税前扣除70 000元，S女士发生大病医疗支出可税前扣除50 000元，若夫妻二人大病医疗支出全部在W先生应税所得中扣除，W先生的应税所得适用税率为3%，S女士的应税所得适用税率为10%，此时家庭税额为7 380元。但是，如果夫妻二人各扣各自的大病医疗支出，这种情况下夫妻二人的个人所得税均为10%，家庭税额为6 960元。

总体而言，夫妻通过专项附加扣除进行纳税筹划时，扣除额在高税率一方扣除，通过扣除额度分配，尽量让高税率一方降低的税率不低于对方税率。

除夫妻之间通过专项附加扣除项目的选择进行纳税筹划，子女与父母之间以及兄弟姐妹之间也可通过此进行纳税筹划。子女本科及以下的学历（学位）继续教育可以在本人税前按照每月400元标准定额扣除，也可以作为父母的子女教育在父母方按照每月1 000元标准定额扣除。兄弟姐妹在两个以上的，对于赡养老人的每月2 000元的扣除金额，可以通过约定或者指定的方式在不同人之间进行分配，但需注意，非独生子女赡养老人每月最多扣除1 000元。

三、综合所得与经营所得、其他所得形式转换

（一）综合所得与经营所得形式转换

个体工商户经营所得，以每一纳税年度的收入总额减除成本、费用以及损失后的余额，为应纳税所得额。取得经营所得的个人，没有综合所得的，计算其每一纳税年度的应纳税所得额时，应当减除费用60 000元、专项扣除、专项附加扣除以及依法确定的其他扣除。专项附加扣除在办理汇算清缴时减除。经营所得适用于5%~35%的五级超额累进税率。居民个人作为自然人取得综合所得，适用于3%~45%的七级超额累进税率。

作为自由职业者或者兼职，没有固定雇佣单位，如果以自然人的身份对外承接业务，就应该按照劳务报酬即综合所得缴纳个人所得税；但如果注册为个体工商户，就应该按照经营所得缴纳个人所得税。

【案例6-4】赵先生是一名财税专家，擅长财税知识，日常主要从事财税咨询工作。对于其工作形式，现有两种方案可以选择：方案一，赵某作为自由职业者为其他企业提供财税咨询服务，1年取得税前收益为600 000元，在此过程中，赵某要承担开展业务费用400 000元；方案二，赵某注册成立一家个体工商户，1年取得税前收益为600 000元，成本、费用和损失为400 000元。假设当年赵某的专项扣除、专项附加扣除和依法确定的其他扣除为40 000元，赵某没有其他收入。假设不考虑增值税。

【综合分析】

方案一：自由职业者取得收益应该是劳务报酬，应按综合所得缴纳个人所得税，但允许减除20%后作为收入额，其在提供咨询服务过程中发生的400 000元不能税前扣除。

本年综合所得应纳税所得额=600 000×（1-20%）-60 000-40 000
=380 000（元）

本年综合所得应纳个人所得税=380 000×25%-31 920=63 080（元）

方案二：成立一家个体工商户，其在提供咨询服务过程中发生的400 000元能税前扣除。

本年经营所得应纳税所得额=600 000-400 000-60 000-40 000
=100 000（元）

本年经营所得应纳个人所得税=100 000×20%-10 500=9 500（元）

方案二比方案一少缴纳个人所得税53 580元，在本案例中应选择方案二。

在实际工作中，在个人劳动收入金额相同且能够互相转换的情况下，要具体测算综合所得和经营所得各自的个人所得税的税负，选择税负低的所得项目。

尤其对于高收入者来说，综合所得的最高边际税率高达45%，而经营所得的最高边际税率为35%，所以对于高收入者来说，最好通过注册成立个体工商户的方式取得收入。但

需要注意的是：第一，并不是所有的综合所得都可以转换为经营所得；第二，综合所得扣除项目和经营所得扣除项目是不一样的。因此，个人需要权衡利弊，综合考虑。

（二）综合所得与其他所得形式转换

高收入者综合所得除了可以与经营所得转换外，在条件允许的情况下，还可以与其他所得转换。其他所得指的是非劳动性所得，如财产租赁、股息红利等。其他所得的税率为20%，因此，取得综合所得的高收入群体可以在适当减少综合所得的同时，增加其他所得，以便降低个人所得税税负。

【案例6-5】某有限责任公司有四位股东，每个股东出资100万元，持股比例均为25%。某年度，该公司职工人数为40人，全年工资、薪金总额为200万元（不含四位股东工资），实现税前利润120万元，没有企业所得税纳税调整项目。该年度四位股东有三种收入分配方案可供选择。方案一：四位股东不取得工资、薪金，只取得红利。年终，该公司按照本年税后利润的10%提取法定盈余公积后，剩余的利润全部作为红利平均分配给股东。方案二：四位股东取得工资、薪金与取得红利相结合。四位股东每人每年取得税前工资、薪金10万元，被税务机关认为是合理的工资、薪金支出；年终，四位股东取得红利41万元。方案三：四位股东只取得工资、薪金，不取得红利。四位股东每人每年取得税前工资、薪金20.25万元，被税务机关认为是合理的工资、薪金支出。四位股东每人每年的专项扣除、专项附加扣除和依法确定的其他扣除合计数均为8万元。四位股东除上述所得外，没有其他所得。

【综合分析】

方案一：应纳企业所得税=120×25%=30（万元）

税后利润=120−30=90（万元）

提取法定盈余公积=90×10%=9（万元）

可供分配给股东的利润=90−9=81（万元）

每位股东取得的红利=81÷4=20.25（万元）

四位股东红利所得应纳个人所得税合计=20.25×20%×4=16.2（万元）

由于四位股东不领取工资、薪金，因此，四位股东综合所得应纳个人所得税为0。

四位股东应纳个人所得税合计=16.2+0=16.2（万元）

四位股东税后净收益合计=81−16.2=64.8（万元）

税负总额=30+16.2=46.2（万元）

方案二：应纳企业所得税=（120−10×4）×25%=20（万元）

税后利润=120−10×4−20=60（万元）

提取法定盈余公积=60×10%=6（万元）

可供分配给股东的利润=60−6=54（万元）

从54万元中拿出41万元发放红利，即四位股东每人领取10.25万元的红利。

每位股东取得的红利=41÷4=10.25（万元）

四位股东红利所得应纳个人所得税合计=10.25×20%×4=8.2（万元）

每位股东工资、薪金所得应纳税所得额=10−6−4=0

每位股东工资、薪金所得应纳个人所得税=0

四位股东综合所得应纳个人所得税=0

四位股东应纳个人所得税合计=8.2+0=8.2（万元）

四位股东税后净收益合计=10×4+41-8.2=72.8（万元）

税负总额=20+8.2=28.2（万元）

方案三：应纳企业所得税=（120-20.25×4）×25%=9.75（万元）

税后利润=120-20.25×4-9.75=29.25（万元）

提取法定盈余公积=29.25×10%=2.925（万元）

可供分配给股东的利润=29.25-2.925=26.325（万元）

由于公司不分配红利，因此四位股东的红利应纳个人所得税为0。

每位股东工资、薪金所得应纳税所得额=20.25-6-4=10.25（万元）

每位股东工资、薪金所得应纳个人所得税=10.25×10%-0.252=0.773（万元）

四位股东综合所得应纳个人所得税=0.773×4=3.092（万元）

四位股东应纳个人所得税合计=0+3.092=3.092（万元）

四位股东税后净收益合计=20.25×4-3.092=77.908（万元）

税负总额=9.75+3.092=12.842（万元）

以上三种收入分配方案比较见表6-7。

表6-7　三种收入分配方案比较　单位：万元

方　案	企业所得税额	个人所得税额	股东税后净收益	税负总额
方案一	30	16.2	64.8	46.2
方案二	20	8.2	72.8	28.2
方案三	9.75	3.092	77.908	12.842

通过三种方案的比较可以看出，方案二优于方案一，方案三优于方案二。三种方案中，最优的方案为方案三，其原因在于本案例中，工资、薪金个人所得税税率为10%，且有扣除项目，另外工资、薪金可以在企业所得税前扣除，而利息、股息、红利个人所得税税率为20%，且无扣除项目，是在企业所得税后发放的。

在实际操作中，一定注意对工资、薪金“度”的把握，一定是在“合理的工资、薪金”内，防止税务机关进行纳税调整。何为“合理的工资、薪金”？合理的工资、薪金，是指企业按照股东大会、董事会、薪酬委员会或相关管理机构制定的工资、薪金制度规定实际发放给员工的工资、薪金。税务机关在对工资、薪金进行合理性确认时，可参照以下原则：

（1）企业制定了较为规范的员工工资、薪金制度；

（2）企业所制定的工资、薪金制度符合行业及地区水平；

（3）企业在一定时期内所发放的工资、薪金是相对固定的，工资、薪金的调整是有序进行的；

（4）企业对实际发放的工资、薪金，已依法履行了代扣代缴个人所得税义务；

（5）企业有关工资、薪金的安排，不以减少或逃避税款为目的。

工作任务四　个人层面——非居民个人的纳税筹划

案例导入

非居民个人杰克（美国国籍）2019年1月1日到2019年5月31日在中国境内的朗瑞公司工作，之后返回美国。杰克取得工资、薪金收入的方案有两种：方案一，5个月每月取得税前工资、薪金分别为10 000元、2 000元、4 000元、3 000元和7 000元；方案二，每月取得5 200元的税前工资、薪金。请问哪一种方案更节税？

知识导航

一、非居民个人工资、薪金所得的计税依据

非居民个人的工资、薪金所得，以每月收入额减除费用5 000元后的余额为应纳税所得额。

二、非居民个人劳务报酬所得、稿酬所得和特许权使用费所得的计税依据

非居民个人的劳务报酬所得、稿酬所得、特许权使用费所得，以每次收入额为应纳税所得额。劳务报酬所得、稿酬所得、特许权使用费所得以收入减除20%的费用后的余额为收入额。稿酬所得的收入额减按70%计算。

三、非居民个人工资、薪金所得，劳务报酬所得，稿酬所得和特许权使用费所得税率

扣缴义务人向非居民个人支付工资、薪金所得，劳务报酬所得，稿酬所得和特许权使用费所得时，按以下方法按月或者按次代扣代缴税款，适用3%至45%的超额累进税率（见表6-8）。

表6-8　　个人所得税税率表

（非居民个人工资、薪金所得，劳务报酬所得，稿酬所得和特许权使用费所得）

级　数	应纳税所得额	税率（%）	速算扣除数
1	不超过3 000元的	3	0
2	超过3 000元至12 000元的部分	10	210
3	超过12 000元至25 000元的部分	20	1 410
4	超过25 000元至35 000元的部分	25	2 660
5	超过35 000元至55 000元的部分	30	4 410
6	超过55 000元至80 000元的部分	35	7 160
7	超过80 000元的部分	45	15 160

四、非居民个人工资、薪金应纳税额的计算

非居民个人以每月收入额减除费用5 000元后的余额为应纳税所得额，并根据上述表6-8计算应纳税额。

应纳税所得额=每月收入-5 000

应纳税额=应纳税所得额×税率-速算扣除数

值得注意的是：

（1）非居民个人工资、薪金所得根据相应税收政策进行减免范围的确定。

（2）一个纳税月份中对于居住时间不满1个月的，按照相应的税收政策处理。

（3）非居民个人工资、薪金按月缴纳，由支付人按月代扣代缴，单独核算，不综合计算，不进行汇算清缴。

（4）无法判定是居民个人还是非居民个人的，先按非居民个人进行缴纳，达到居民个人标准时再进行汇算清缴。

五、非居民个人劳务报酬、稿酬、特许权使用费应纳税额的计算

非居民个人劳务报酬所得、稿酬所得、特许权使用费所得，以每次收入额为应纳税所得额。劳务报酬所得、稿酬所得、特许权使用费所得以收入减除20%的费用后的余额为收入额。稿酬所得的收入额减按70%计算。根据上述表6-8计算应纳税额。

劳务报酬收入额=每次收入×（1-20%）

特许权使用费收入额=每次收入×（1-20%）

稿酬收入额=每次收入×（1-20%）×70%

应纳税所得额=收入额

应纳税额=应纳税所得额×税率-速算扣除数

值得注意的是：

（1）非居民个人实行分类征收，不综合计算个人所得税。

（2）每次收入的概念按照税法的规定。

（3）无法判定是居民个人还是非居民个人的，先按非居民个人进行缴纳，达到居民个人标准时再进行汇算清缴。

筹划思路与演练

一、非居民个人均衡取得工资、薪金

非居民个人取得工资、薪金所得不是按年综合计税的，而是按月适用七级超额累进税率（月度税率）计征个人所得税。如果非居民个人工资、薪金每个月不平衡，则会让高收入月份适用更高的税率，而低收入月份不用缴税，而没有完全利用好低税率。将非居民个人每个月的工资、薪金进行平均分摊，可能会降低个人所得税税负。

【案例6-6】非居民个人杰克（美国国籍）2019年1月1日到2019年5月31日在中国境内的朗瑞公司工作，之后返回美国。杰克取得工资、薪金收入的方案有两种：方案一，

5个月每月取得税前工资、薪金分别为10 000元、2 000元、4 000元、3 000元和7 000元；方案二，每月取得5 200元的税前工资、薪金。请问哪一种方案更节税？

【综合分析】

方案一：

应纳个人所得税合计=［（10 000−5 000）×10%−210］+0+0+0+［（7 000−5 000）×3%］
=350（元）

方案二：

应纳个人所得税合计=（5 200−5 000）×3%×5=30（元）

方案二要比方案一少缴纳个人所得税320元。

二、非居民个人费用转移

非居民个人在提供劳务时，一般情况下，接受劳务的单位只是定额支付劳务报酬，非居民个人的相关费用由自己承担。如果非居民个人能够与接受劳务方沟通协商，在合理合法的前提下，将相关费用由接受劳务单位承担，从而降低劳务报酬的计税依据。

【案例6-7】非居民布朗斯2019年受邀为武汉长江公司某位高管讲课，为期2天。有两种方案可供选择：方案一，布朗斯来武汉，获得税前劳务报酬100 000元，但有关交通费、食宿费等费用由本人自理，这些费用共计20 000元；方案二，布朗斯获得税前劳务报酬80 000元，单位相关人员去布朗斯所在地听课，有关交通费、食宿费等费用为20 000元，该费用由武汉长江公司负担。假设在不考虑增值税的情况下，哪种方案对布朗斯而言更节约个人所得税？

【综合分析】

方案一：

劳务报酬应纳税所得额=100 000×（1−20%）=80 000（元）

应纳个人所得税=80 000×35%−7 160=20 840（元）

税后净收入=100 000−20 000−20 840=59 160（元）

方案二：

劳务报酬应纳税所得额=80 000×（1−20%）=64 000（元）

应纳个人所得税=64 000×35%−7 160=15 240（元）

税后净收入=80 000−15 240=64 760（元）

方案二比方案一少缴纳个人所得税5 600元，税后净收益多获得5 600元。

在实际操作中，非居民个人税前劳务报酬收入一定的情况下，也可以通过增加提供劳务报酬的次数（不在同一个月）来合理降低每次收入额，从而降低税率，进而降低个人所得税税负。

三、非居民个人工资、薪金所得与劳务报酬所得转换

非居民个人工资、薪金所得以每月收入额减除费用扣除标准5 000元的余额为应纳税所得额。非居民个人劳务报酬所得以每次收入减除20%费用后的余额为每次收入额，即应纳税所得额。所以，在相同数额下的收入，是按工资、薪金所得纳税，还是按劳务报酬

所得纳税，其应纳税所得额是不同的，由此计算出来的个人所得税税额也是不同的。

【案例6-8】 非居民个人乔治（美国人）是一名设计师，2019年1—4月在中国境内，其余时间均在美国。在中国境内期间的工作方案有两种：方案一，与中国致远公司签订劳务合同，1—4月每个月可取得税前劳务报酬收入6 000元；方案二，与中国致远公司签订劳动合同，1—4月每个月可取得税前工资、薪金收入6 000元，假设不考虑增值税，对企业所得税的影响也暂且不考虑。请问哪一种方案更有利于减轻乔治个人所得税税负？

【综合分析】

方案一：

每月劳务报酬所得应纳税所得额=6 000×（1-20%）=4 800（元）

每月劳务报酬所得应纳个人所得税=4 800×10%-210=270（元）

4个月劳务报酬所得应纳个人所得税合计=270×4=1 080（元）

方案二：

每月工资、薪金所得应纳税所得额=6 000-5 000=1 000（元）

每月工资、薪金所得应纳个人所得税=1 000×3%=30（元）

4个月工资、薪金所得应纳个人所得税合计=30×4=120（元）

方案二比方案一少缴纳个人所得税960元，因此应当选择方案二。

通过本案例进一步拓展，可以算出非居民个人工资、薪金与劳务报酬的平衡点。

假设非居民个人工资、薪金所得和劳务报酬所得的应纳税所得额相等时的收入为A。

A×（1-20%）=A-5 000

A=25 000

即当非居民个人的税前收入为25 000元时，无论按照工资、薪金所得还是劳务报酬所得，缴纳的个人所得税相等。当非居民个人的税前收入大于25 000元时，应选择按照劳务报酬所得缴纳个人所得税；当非居民个人的税前收入小于25 000元时，应选择按照工资、薪金所得缴纳个人所得税。

注意：

（1）非居民个人通过签订合同的不同从而达到按照不同项目缴纳个人所得税，如果签订劳动合同，按照工资、薪金缴纳个人所得税；如果签订劳务合同，按照劳务报酬缴纳个人所得税。

（2）对于属于增值税征税范围的劳务报酬所得和特许权使用费所得，若达到起征点，还要缴纳增值税等，因此，纳税人应综合测算，做出最终的选择。

工作任务五　个人层面——财产类及优惠运用的纳税筹划

案例导入

2019年2月，W先生想卖掉自己家唯一住房并购买改善型住房，该住房是W先生于2014年4月购买的，并办理了房产证。W先生在此次住房改善过程中，应如何进行筹划？

方案一，W先生2019年2月先卖掉旧房再购置改善房；

方案二，W先生2019年2月先购置改善房再卖掉旧房；

方案三，W先生2019年4月之后先卖掉旧房再购置改善房。

知识导航

一、财产类个人所得税政策

（一）财产租赁所得应纳税额的计算

财产租赁所得应纳税额的计算公式，根据不同情况应有所区别。

（1）每次（月）收入不超过4 000元时：

应纳税额=［每次（月）收入额-准予扣除项目-修缮费用-800］×20%

（2）每次（月）收入超过4 000元时：

应纳税额=［每次（月）收入额-准予扣除项目-修缮费用］×（1-20%）×20%

（二）财产转让所得应纳税额的计算

（1）一般情况下，财产转让所得应纳税额的计算。

应纳税额=应纳税所得额×适用税率=（收入总额-财产原值-合理税费）×20%

合理税费，是指卖出财产时按照规定支付的有关税费，包括增值税（将含税收入扣除增值税）、城市维护建设税、教育费附加、土地增值税、印花税、手续费等，经税务机关认定方可减除。

（2）个人住房转让所得应纳税额的计算。

个人住房转让应以实际成交价格为转让收入。纳税人申报的住房成交价格明显低于市场价格且无正当理由的，征收机关依法有权核定其转让收入，但必须保证各税种计税价格一致。

对转让住房收入计算个人所得税应纳税所得额时，纳税人可凭原购房合同、发票等有效凭证，经税务机关审核后，允许从其转让收入中减除房屋原值、转让住房过程中缴纳的税金及有关合理费用。

二、个人所得税优惠政策

（一）免税项目

（1）省级人民政府、国务院部委和中国人民解放军军以上单位，以及外国组织、国际组织颁发的科学、教育、技术、文化、卫生、体育、环境保护等方面的奖金。

（2）国债和国家发行的金融债券利息。

国债利息，是指个人持有中华人民共和国财政部发行的债券而取得的利息；所称国家发行的金融债券利息，是指个人持有经国务院批准发行的金融债券而取得的利息。

（3）按照国家统一规定发给的补贴、津贴。

补贴、津贴，是指按照国务院规定发给的政府特殊津贴、院士津贴，以及国务院规定免予缴纳个人所得税的其他补贴、津贴。

（4）福利费、抚恤金、救济金。

福利费，是指根据国家有关规定，从企业、事业单位、国家机关、社会组织提留的福利费或者工会经费中支付给个人的生活补助费；所称救济金，是指各级人民政府民政部门支付给个人的生活困难补助费。

（5）保险赔款。

（6）军人的转业费、复员费、退役金。

（7）按照国家统一规定发给干部、职工的安家费、退职费、基本养老金或者退休费、离休费、离休生活补助费。

（8）依照有关法律规定应予免税的各国驻华使馆、领事馆的外交代表、领事官员和其他人员的所得。

依照有关法律规定应予免税的各国驻华使馆、领事馆的外交代表、领事官员和其他人员的所得，是指依照《中华人民共和国外交特权与豁免条例》和《中华人民共和国领事特权与豁免条例》规定免税的所得。

（9）中国政府参加的国际公约、签订的协议中规定免税的所得。

（10）国务院规定的其他免税所得。

（二）个人所得税中捐赠扣除的计税方法

1.捐赠扣除限额的计算方法

捐赠扣除限额=申报的应纳税所得额×30%

2.需要注意的问题

（1）扣除比例一般为30%，向农村义务教育、红十字事业、公益性青少年活动场所、汶川地震的捐赠可全额扣除。

（2）扣除限额以扣除捐赠前申报的应纳税所得额计算，不直接以收入计算，但是偶然所得直接按取得的收入计算。

（3）如果实际捐赠额小于扣除限额，则不能减去扣除限额，只能减去实际捐赠额。

（三）股息、红利差别化个人所得税政策

（1）个人从公开发行和转让市场取得的上市公司股票，持股期限超过1年的，股息、红利所得暂免征收个人所得税。

个人从公开发行和转让市场取得的上市公司股票，持股期限在1个月以内（含1个月）的，其股息、红利所得全额计入应纳税所得额；持股期限在1个月以上至1年（含1年）的，暂减按50%计入应纳税所得额；上述所得统一适用20%的税率计征个人所得税。

（2）上市公司派发股息、红利时，对个人持股1年以内（含1年）的，上市公司暂不扣缴个人所得税；待个人转让股票时，证券登记结算公司根据其持股期限计算应纳税额，由证券公司等股份托管机构从个人资金账户中扣收并划付证券登记结算公司，证券登记结算公司应于次月5个工作日内划付上市公司，上市公司在收到税款当月的法定申报期内向主管税务机关申报缴纳。

（3）全国中小企业股份转让系统挂牌公司股息、红利差别化个人所得税政策，按照上述（1）和（2）的规定执行。

（4）自2014年7月1日起至2019年6月30日止，个人持有全国中小企业股份转让系统（简称全国股份转让系统）挂牌公司的股票，持股期限在1个月以内（含1个月）的，其股息、红利所得全额计入应纳税所得额；持股期限在1个月以上至1年（含1年）的，暂减按50%计入应纳税所得额；持股期限超过1年的，暂减按25%计入应纳税所得额。上述所得统一适用20%的税率计征个人所得税。

挂牌公司，是指股票在全国股份转让系统挂牌公开转让的非上市公众公司；持股期限，是指个人取得挂牌公司股票之日至转让交割该股票之日前一日的持有时间。

（5）证券投资基金从上市公司分配取得的股息、红利所得，减按50%计算应纳税所得额。

（6）自2018年11月1日（含）起，对个人转让新三板挂牌公司非原始股取得的所得，暂免征收个人所得税。非原始股，是指个人在新三板挂牌公司挂牌后取得的股票，以及由上述股票孳生的送、转股。

对个人转让新三板挂牌公司原始股取得的所得，按照“财产转让所得”适用20%的比例税率征收个人所得税。原始股，是指个人在新三板挂牌公司挂牌前取得的股票，以及在该公司挂牌前和挂牌后由上述股票孳生的送、转股。

（四）下列各项个人所得暂免征收个人所得税

（1）外籍个人以非现金形式或实报实销形式取得的住房补贴、伙食补贴、搬迁费、洗衣费。

（2）外籍个人按合理标准取得的境内、境外出差补贴。

（3）外籍个人取得的探亲费、语言训练费、子女教育费等，经当地税务机关审核批准为合理的部分。

（4）外籍个人从外商投资企业取得的股息、红利所得。

（5）凡符合下列条件之一的外籍专家取得的工资、薪金所得，可免税：

①根据世界银行专项借款协议，由世界银行直接派往我国工作的外国专家；

②联合国组织直接派往我国工作的专家；

③为联合国援助项目来华工作的专家；

④援助国派往我国专为该国援助项目工作的专家；

⑤根据两国政府签订的文化交流项目来华工作2年以内的文教专家，其工资、薪金所得由该国负担的；

⑥根据我国大专院校国际交流项目来华工作2年以内的文教专家，其工资、薪金所得由该国负担的；

⑦通过民间科研协定来华工作的专家，其工资、薪金所得由该国政府机构负担的。

（6）个人举报、协查各种违法、犯罪行为而获得的奖金。

（7）个人办理代扣代缴手续，按规定取得的扣缴手续费。

（8）个人转让自用达5年以上，且是家庭唯一生活住房取得的所得。

（9）个人购买福利彩票、赈灾彩票、体育彩票，一次中奖收入在10 000元以下的（含10 000元），暂免征收个人所得税（超过10 000元的，全额征收个人所得税）。

（10）达到离休、退休年龄，但确因工作需要，适当延长离休、退休年龄的高级专家，其在延长离休、退休期间的工资、薪金所得，视同离休、退休工资免征个人所得税。

（11）破产国有企业职工取得的一次性安置费收入。

（12）解除劳动关系的一次性经济补偿，在当地上年职工平均工资3倍数额以内的部分。

（13）政府规定的比例内的失业保险金、基本养老保险金、基本医疗保险金、住房公积金，缴付时免税，领取时免税，存入个人账户的利息所得免税。

（14）对工伤职工及其近亲属按照《工伤保险条例》规定取得的工伤保险待遇免税。工伤保险待遇，包括工伤职工按照《工伤保险条例》规定取得的一次性伤残补助金、伤残津贴、一次性工伤医疗补助金、一次性伤残就业补助金、工伤医疗待遇、住院伙食补助费、外地就医交通食宿费用、工伤康复费用、辅助器具费用、生活护理费等，以及职工因工死亡，其近亲属按照《工伤保险条例》规定取得的丧葬补助金、供养亲属抚恤金和一次性工亡补助金等。

（15）生育医疗、生育医疗费或者其他性质的属于生育保险性质的津贴、补贴。

（16）依据《财政部 国家税务总局关于促进公共租赁住房发展有关税收优惠政策的通知》（财税〔2014〕52号）的规定，对符合地方政府规定条件的低收入住房保障家庭从地方政府领取的住房租赁补贴，免征个人所得税。

筹划思路与演练

个人所得税政策规定中有众多的优惠政策，能够利用好优惠政策就是最好的筹划。

一、财产类筹划

个人转让有价证券、股权、建筑物、土地使用权、机器设备、车船以及其他财产取得的所得，应缴纳个人所得税。对于个人转让财产所得缴纳个人所得税政策中有相应的税收优惠，个人在转让财产过程中要充分利用好优惠政策。

【案例6-9】2019年2月，W先生想卖掉自己家唯一住房购买改善型住房，该住房是W先生于2014年4月购买的，并办理了房产证。W先生在此次住房改善过程中，应如何进行筹划？

方案一，W先生2019年2月先卖掉旧房再购置改善房；

方案二，W先生2019年2月先购置改善房再卖掉旧房；

方案三，W先生2019年4月之后先卖掉旧房再购置改善房。

【综合分析】

方案一，由于购买旧房未达到5年以上（财税〔1999〕278号），不能免征个人所得税，卖掉旧房，购置的新房成为家庭唯一住房，其契税在符合条件情况下可以减征（财税〔2010〕94号）。

方案二，先购置改善房，由于没有处置旧房，使其成为第二套房而无法享受契税优惠，旧房在购置了改善房后不是家庭唯一住房且不足5年，无法免征个人所得税。

方案三，2019年4月旧房已达到购买5年且是在购置改善房前处置的，是家庭唯一住房，可以免征个人所得税，改善房于旧房卖掉后再购置，在符合条件情况下可以减征契税。

由此可以看出，第三种方案是纳税金额最少的。

在个人投资过程中，也要充分考虑税收优惠问题。国债和国家发行的金融债券利息免征个人所得税。中小企业股份转让系统挂牌公司及上市公司的股息股利实行差别化个人所得税政策，持股期限超过1年的，暂免征收；在1个月以内（含1个月）的，全额计税；

在1个月以上至1年（含1年）的，暂减按50%计入应纳税所得额。

二、个人捐赠筹划

个人在选择捐赠对象时，优先选择通过非营利性的社会团体和国家机关向红十字公益事业等进行捐赠，其次选择通过非营利性的社会团体和国家机关进行公益性捐赠，最后选择直接向受灾对象捐赠。即优先选择全额扣除的捐赠，其次选择限额扣除的捐赠，最后选择不能扣除的捐赠。以上次序仅以个人所得税筹划角度进行，在实际生活中还要考虑其他方面。

【案例6-10】李某2019年10月转让个人住房一套（非唯一住房），取得转让收入2 400 000元，其将该收入中的300 000元进行捐赠。该住房购进时的原价为1 800 000元，转让时支付有关税费160 000元。该捐赠方案有三种：方案一，直接捐赠300 000元；方案二，通过中国境内的社会团体、国家机关捐赠300 000元；方案三，通过中国境内非营利性的社会团体和国家机关向红十字公益事业等捐赠300 000元。三种方案对于李某转让财产应纳的个人所得税有何影响？

【综合分析】

方案一，直接捐赠300 000元。

此时，捐赠额不能在个人所得税税前扣除。

应纳个人所得税=（2 400 000−1 800 000−160 000）×20%=88 000（元）

方案二，通过中国境内的社会团体、国家机关捐赠300 000元。

此时，捐赠额在缴纳个人所得税前限额扣除。

允许在个人所得税税前扣除的捐赠限额=（2 400 000−1 800 000−160 000）×30%

=132 000（元）

实际捐赠额300 000元大于捐赠限额132 000元，只能按捐赠限额作为允许扣除的捐增额。

应纳个人所得税=（2 400 000−1 800 000−160 000−132 000）×20%=61 600（元）

方案三，通过中国境内非营利性的社会团体和国家机关向红十字公益事业等捐赠300 000元。

此时，捐赠额在缴纳个人所得税前全额扣除。

应纳个人所得税=（2 400 000−1 800 000−160 000−300 000）×20%=28 000（元）

方案三比方案二少缴纳个人所得税33 600元，方案三比方案一少缴纳个人所得税60 000元，因此应当选择方案三。

工作任务六 企业层面的纳税筹划

案例导入

彭先生2019年度有如下收入：

（1）每月的工资为10 000元，2019年12月31日领取年终奖金40 000元，并入年度综合所得；

（2）8月去外地进行讲座，取得一次性收入15 000元；

（3）9月主编出版一本图书，内容较多，页数共计500页，取得出版社支付的稿酬为18 600元。

分析彭先生2019年支付所得方会预扣预缴或者代扣代缴的个人所得税为多少；除此之外，彭先生没有其他收入来源，思考这些所得是否有筹划的空间，使得彭先生如果2020年取得相同类型、相同金额的税前所得可以少预扣预缴多少个人所得税，减少缴纳税额资金的占用。

知识导航

一、居民个人所得税征收管理

个人所得税的征收方式主要有两种：一是源泉扣缴；二是自行申报纳税。源泉扣缴，是指以所得支付者为扣缴义务人，在每次向纳税人支付有关所得款项时，代为扣缴税款的做法。

居民个人取得工资、薪金，劳务报酬，特许权使用费，稿酬等四项实行综合所得，按年计算，分期预缴，年终汇算清缴。居民个人取得综合所得项目收入时由支付方预扣预缴，其他由支付方代扣代缴。

扣缴义务人，是指向个人支付所得的单位或者个人。扣缴义务人依法履行代扣代缴义务，纳税人不得拒绝。纳税人拒绝的，扣缴义务人应当及时报告税务机关。

扣缴义务人应当依法办理全员全额扣缴申报。

全员全额扣缴申报，是指扣缴义务人应当在代扣税款的次月15日内，向主管税务机关报送其支付所得的所有个人的有关信息、支付所得数额、扣除事项和数额、扣缴税款的具体数额和总额以及其他相关的涉税信息资料。

实行个人所得税全员全额扣缴申报的应税所得包括：

（1）工资、薪金所得；

（2）劳务报酬所得；

（3）稿酬所得；

（4）特许权使用费所得；

（5）利息、股息、红利所得；

（6）财产租赁所得；

（7）财产转让所得；

（8）偶然所得。

居民个人向扣缴义务人提供有关信息并依法要求办理专项附加扣除的，扣缴义务人应当按照规定在工资、薪金所得按月预扣预缴税款时予以扣除，不得拒绝。

二、居民个人综合所得预扣预缴

（一）居民个人工资、薪金所得预扣预缴

扣缴义务人向居民个人支付工资、薪金所得时，应当按照累计预扣法计算预扣税款，并按月办理扣缴申报。

累计预扣法，是指扣缴义务人在一个纳税年度内预扣预缴税款时，以纳税人在本单位截至当前月份工资、薪金所得累计收入减除累计免税收入、累计减除费用、累计专项扣除、累计专项附加扣除和累计依法确定的其他扣除后的余额为累计预扣预缴应纳税所得额，适用个人所得税预扣率（见表6-9），计算累计应预扣预缴税额，再减除累计减免税额和累计已预扣预缴税额，其余额为本期应预扣预缴税额。余额为负值时，暂不退税。纳税年度终了后余额仍为负值的，由纳税人通过办理综合所得年度汇算清缴，税款多退少补。

其具体计算公式如下：

$$\text{本期应预扣预缴税额}=(\text{累计预扣预缴应纳税所得额}\times\text{预扣率}-\text{速算扣除数})-\text{累计减免税额}-\text{累计已预扣预缴税额}$$

$$\text{累计预扣预缴应纳税所得额}=\text{累计收入}-\text{累计免税收入}-\text{累计减除费用}-\text{累计专项扣除}-\text{累计专项附加扣除}-\text{累计依法确定的其他扣除}$$

其中：累计减除费用，按照5 000元/月乘以纳税人当年截至本月在本单位的任职受雇月份数计算。

上述公式中，员工当期可扣除的专项附加扣除金额，为该员工在本单位截至当前月份符合政策条件的扣除金额。例如，某员工2019年3月份向单位首次报送其正在上幼儿园的4岁女儿的相关信息，则3月份该员工可在本单位发放工资时扣除子女教育支出3 000元（1 000元/月×3个月）。如果该员工女儿2019年3月份刚满3周岁，则可以扣除的子女教育支出仅为1 000元（1 000元/月×1个月）。再如，某员工2019年3月份新入职本单位并开始领工资，其5月份才首次向单位报送正在上幼儿园的4岁女儿的相关信息，则5月份该员工可在本单位发放工资时扣除的子女教育支出金额为3 000元（1 000元/月×3个月）。

$$\text{本期应预扣预缴税额}=(\text{累计预扣预缴应纳税所得额}\times\text{预扣率}-\text{速算扣除数})-\text{累计减免税额}-\text{累计已预扣预缴税额}$$

居民个人取得综合所得，按年计算个人所得税；有扣缴义务人的，由扣缴义务人按月或者按次预扣预缴税款；需要办理汇算清缴的，应当在取得所得的次年3月1日至6月30日内办理汇算清缴。

按年计算的综合所得应纳税额减去累计预扣预缴税额进行多退少补。

居民个人工资、薪金所得预扣预缴个人所得税见表6-9。

表6-9 **个人所得税预扣率表一**

（居民个人工资、薪金所得预扣预缴适用）

级　数	累计预扣预缴应纳税所得额	预扣率（%）	速算扣除数
1	不超过36 000元的	3	0
2	超过36 000元至144 000元的部分	10	2 520
3	超过144 000元至300 000元的部分	20	16 920
4	超过300 000元至420 000元的部分	25	31 920
5	超过420 000元至660 000元的部分	30	52 920
6	超过660 000元至960 000元的部分	35	85 920
7	超过960 000元的部分	45	181 920

（二）居民个人劳务报酬所得、稿酬所得、特许权使用费所得预扣预缴

扣缴义务人向居民个人支付劳务报酬所得、稿酬所得和特许权使用费所得的，按以下方法按次或者按月预扣预缴个人所得税：

劳务报酬所得、稿酬所得、特许权使用费所得以每次收入减除费用后的余额为收入额。其中，稿酬所得的收入额减按70%计算。

预扣预缴税款时，劳务报酬所得、稿酬所得、特许权使用费所得每次收入不超过4 000元的，减除费用按800元计算；每次收入4 000元以上的，减除费用按收入的20%计算。

劳务报酬所得、稿酬所得、特许权使用费所得以每次收入额为预扣预缴应纳税所得额，计算应预扣预缴税额。劳务报酬所得适用个人所得税预扣率表二（见表6-10），稿酬所得、特许权使用费所得适用20%的比例预扣率。

表6-10 个人所得税预扣率表二

（居民个人劳务报酬所得预扣预缴适用）

级　数	预扣预缴应纳税所得额	预扣率（%）	速算扣除数
1	不超过20 000元的	20	0
2	超过20 000元至50 000元的部分	30	2 000
3	超过50 000元的部分	40	7 000

居民个人办理年度综合所得汇算清缴时，应当依法计算劳务报酬所得、稿酬所得、特许权使用费所得的收入额，并入年度综合所得计算应纳税款，税款多退少补。

在此，请注意居民个人综合所得预扣预缴与汇算清缴的区别：

（1）收入额的计算方法不同。

年度汇算清缴时，上述三项收入额为收入减除20%的费用后的余额。预扣预缴时，收入额为每次收入减除费用后的余额，其中，每次收入不超过4 000元的，费用按800元计算；每次收入4 000元以上的，费用按20%计算。

（2）可扣除的项目不同。

居民个人的上述三项所得和工资、薪金所得属于综合所得，年度汇算清缴时以四项所得的合计收入额减除费用60 000元以及专项扣除、专项附加扣除和依法确定的其他扣除后的余额，为应纳税所得额。而根据《个人所得税法》及其实施条例规定，上述三项所得日常预扣预缴税款时，暂不减除上述扣除。

（3）适用的税率（预扣率）不同。

年度汇算清缴时，适用3%至45%的超额累进税率。预扣预缴时，劳务报酬所得适用个人所得税预扣率表二，稿酬所得、特许权使用费所得适用20%的比例预扣率。

（4）关于“按次”的具体规定。

劳务报酬所得、稿酬所得、特许权使用费所得三项综合所得，属于一次性收入的，以取得该项收入为一次；属于同一项目连续性收入的，以1个月内取得的收入为一次。

三、代扣代缴

（一）非居民个人工资、薪金所得，劳务报酬所得，稿酬所得和特许权使用费所得税款代扣代缴

非居民个人取得上述四项收入时，由支付方代扣代缴个人所得税，没有汇算清缴，代扣代缴税额就是纳税人的应纳税额。扣缴义务人向非居民个人支付工资、薪金所得，劳务报酬所得，稿酬所得和特许权使用费所得时，应当按照以下方法按月或者按次代扣代缴税款：

非居民个人的工资、薪金所得，以每月收入额减除费用5 000元后的余额为应纳税所得额；劳务报酬所得、稿酬所得、特许权使用费所得，以每次收入额为应纳税所得额，适用表6-8个人所得税税率表计算应纳税额。其中，劳务报酬所得、稿酬所得、特许权使用费所得以收入减除20%的费用后的余额为收入额。稿酬所得的收入额减按70%计算。

非居民个人在一个纳税年度内的税款扣缴方法保持不变，达到居民个人条件时，应当告知扣缴义务人基础信息变化情况，年度终了后按照居民个人有关规定办理汇算清缴。

（二）其他项目代扣代缴

扣缴义务人支付利息、股息、红利所得，财产租赁所得，财产转让所得或者偶然所得时，应当依法按次或者按月代扣代缴税款。

财产租赁所得，以1个月内取得的收入为一次。利息、股息、红利所得，以支付利息、股息、红利时取得的收入为一次。偶然所得，以每次取得该项收入为一次。

四、扣缴信息

扣缴义务人首次向纳税人支付所得时，应当按照纳税人提供的纳税人识别号等基础信息，填写《个人所得税基础信息表（A表）》，并于次月扣缴申报时向税务机关报送。

扣缴义务人对纳税人向其报告的相关基础信息变化情况，应当于次月扣缴申报时向税务机关报送。

扣缴义务人应当按照纳税人提供的信息计算办理扣缴申报，不得擅自更改纳税人提供的信息。

纳税人发现扣缴义务人提供或者扣缴申报的个人信息、所得、扣缴税款等与实际情况不符的，有权要求扣缴义务人修改。扣缴义务人拒绝修改的，纳税人应当报告税务机关，税务机关应当及时处理。

纳税人、扣缴义务人应当按照规定保存与专项附加扣除相关的资料。税务机关可以对纳税人提供的专项附加扣除信息进行抽查，具体办法由国务院税务主管部门另行规定。税务机关发现纳税人提供虚假信息的，应当责令改正并通知扣缴义务人；情节严重的，有关部门应当依法予以处理，纳入信用信息系统并实施联合惩戒。

支付工资、薪金所得的扣缴义务人应当于年度终了后2个月内，向纳税人提供其个人所得和已扣缴税款等信息。纳税人年度中间需要提供上述信息的，扣缴义务人应当提供。

纳税人取得除工资、薪金所得以外的其他所得，扣缴义务人应当在扣缴税款后，及时向纳税人提供其个人所得和已扣缴税款等信息。

扣缴义务人对纳税人提供的《个人所得税专项附加扣除信息表》，应当按照规定妥善

保存备查。

扣缴义务人应当依法对纳税人报送的专项附加扣除等相关涉税信息和资料保密。

扣缴义务人有未按照规定向税务机关报送资料和信息、未按照纳税人提供信息虚报虚扣专项附加扣除、应扣未扣税款、不缴或少缴已扣税款、借用或冒用他人身份等行为的，依照《中华人民共和国税收征收管理法》等相关法律、行政法规处理。

五、年终奖的特殊计算方法

居民个人取得全年一次性奖金，符合《国家税务总局关于调整个人取得全年一次性奖金等计算征收个人所得税方法问题的通知》（以下简称《通知》）规定的，在2021年12月31日前，不并入当年综合所得，以全年一次性奖金收入除以12个月得到的数额，按照《通知》所附按月换算后的综合所得税率表（以下简称月度税率表，见表6-5），确定适用税率和速算扣除数，单独计算纳税。其计算公式为：

应纳税额 = 全年一次性奖金收入×适用税率 - 速算扣除数

居民个人取得全年一次性奖金，也可以选择并入当年综合所得计算纳税。

自2022年1月1日起，居民个人取得全年一次性奖金，应并入当年综合所得计算缴纳个人所得税。

中央企业负责人取得年度绩效薪金延期兑现收入和任期奖励，符合《国家税务总局关于中央企业负责人年度绩效薪金延期兑现收入和任期奖励征收个人所得税问题的通知》（国税发〔2007〕118号）规定的，在2021年12月31日前，参照《通知》第一条第（一）项执行；2022年1月1日之后的政策另行明确。

筹划思路与演练

一、工资、薪金所得的筹划

（一）收入项目福利化

对个人而言，在满足相同的消费需求前提下，获得收入与消费的先后顺序一般来说并没有太大的差别。因此，企业可以把原支付给个人的一部分收入转成提供消费服务式支付给个人，这样可以有效地规避个人所得税，即收入项目福利化。当然，所说的消费服务应是一种能与企业单位经营活动发生一定联系的服务，否则可能会被认为企业支付给个人的收入而被判定征税。

目前，工资、薪金福利化主要表现为以下两个方面：

第一，按规定扣除法定福利项目。按国务院相关规定，企业和个人按照国家或地方政府规定的比例提取并向金融机构实际缴付的住房公积金、基本医疗保险金、基本养老保险金、失业保险金不计入个人当期的工资、薪金收入，免征个人所得税。根据此规定，雇佣企业发放工资时应尽量为职工缴付法定福利项目，一方面可以降低企业和个人的各种风险，为职工谋福利；另一方面可以降低工资、薪金所得的计税依据，以达到降低个人所得税税负的目的。

第二，企业提供集体福利设施。即由企业提供各种集体福利设施，如为职工提供上下班交通车服务，若不能将其认定为现金，则不会被视为工资收入，从而也就不必预扣和缴纳个人所得税。这样，企业通过提高职工福利，增加其物质满足，也可以少缴纳所得税。

（二）年终奖发放的选择

根据规定，在2021年12月31日前，居民个人取得的全年一次性奖金可以不并入当年综合所得，以全年一次性奖金收入除以12个月得到的数额，按照《通知》所附按月换算后的月度税率表，确定适用税率和速算扣除数，单独计算纳税。其计算公式为：

应纳税额＝全年一次性奖金收入×适用税率①−速算扣除数

居民个人取得全年一次性奖金，也可以选择并入当年综合所得计算纳税，计算公式为：

$$\text{综合所得应纳税所得额}=\text{工资薪金}+\text{年终奖}+\text{劳务报酬}\times(1-20\%)+\text{特许权使用费}\times(1-20\%)+\text{稿酬}\times(1-20\%)\times70\%-\text{基本减除费用}-\text{专项扣除}-\text{专项附加扣除}-\text{依法确定的其他扣除}$$

应纳税额=综合所得应纳税所得额×适用税率②−速算扣除数

【案例6-11】居民个人李某税前月收入为10 300元，享受子女教育扣除1 000元/月和住房租金扣除1 500元/月，2019年12月份发放奖金50 000元，具体扣除金额见表6-11。李某税前扣除项目均在企业预扣预缴时扣除，即累计预扣金额等于综合所得应纳税额，不考虑其他因素。在年终奖单独计税和年终奖并入综合所得两种情形下，哪种更节税？

表6-11　　**年终奖并入综合所得纳税一览表**　　单位：元

月份	税前收入	养老保险	医疗保险	失业保险	住房公积金	费用扣除额	专项附加扣除	累计应纳税所得额	累计应纳税额	累计已预扣预缴税额	本期应预扣预缴税额
1	10 300	800	200	20	1 200	5 000	2 500	580	17.4	0	17.4
2	10 300	800	200	20	1 200	5 000	2 500	1 160	34.8	17.4	17.4
3	10 300	800	200	20	1 200	5 000	2 500	1 740	52.2	34.8	17.4
4	10 300	800	200	20	1 200	5 000	2 500	2 320	69.6	52.2	17.4
5	10 300	800	200	20	1 200	5 000	2 500	2 900	87	69.6	17.4
6	10 300	800	200	20	1 200	5 000	2 500	3 480	104.4	87	17.4
7	10 300	800	200	20	1 200	5 000	2 500	4 060	121.8	104.4	17.4
8	10 300	800	200	20	1 200	5 000	2 500	4 640	139.2	121.8	17.4
9	10 300	800	200	20	1 200	5 000	2 500	5 220	156.6	139.2	17.4
10	10 300	800	200	20	1 200	5 000	2 500	5 800	174	156.6	17.4
11	10 300	800	200	20	1 200	5 000	2 500	6 380	191.4	174	17.4
12	60 300	800	200	20	1 200	5 000	2 500	56 960	3 176	191.4	2 984.6
合计	173 600	9 600	2 400	240	14 400	60 000	30 000				3 176

① 即月度税率表。
② 即综合税率表。

【综合分析】

通过表6-11可以看出，如果将50 000元的年终奖并入综合所得，全年应纳税额为3 176元。如果1月份发放年终奖又会如何？年终奖50 000元在1月份发放且并入综合所得计税，全年应纳税额也是3 176元，所以年终奖不管在哪个月份发放，只要并入综合所得计税，所纳税额都是一样的。

单独按照年终奖计税：

50 000÷12=4 166.67（元），适用的税率为10%，速算扣除数为210。

50 000×10%-210=4 790（元）

除年终奖外的综合所得应纳税额为208.8元。

全年应纳个人所得税=4 790+208.8=4 998.8（元）

与年终奖合并到综合所得的应纳税额3 176元相比，多缴纳个人所得税1 822.8元。

之所以有此结果，其原因是在不考虑年终奖前，综合所得税率为3%，且综合所得为6 960元，距下级税率10%，还有29 040元的差额，而单独核算年终奖50 000元，其全部税率为10%；如果年终奖并入综合所得，可以充分适用3%的税率，只有20 960元适用到10%的税率。

发放年终奖纳税筹划的规律[①]见表6-12。

表6-12 **年终奖筹划规律总结**

情　形	筹划选择	备　注
a＜b	单独按照年终奖计税	避开无效区间
a＝b	单独按照年终奖计税	避开无效区间
a＞b	部分并入综合所得计税	剩余年终奖税率等于b
a＞b	并入综合所得计税	无法分割年终奖时

全年一次性奖金的无效区间见表6-13。

表6-13 **全年一次性奖金的无效区间** 金额单位：元

无效区间	税　率	速算扣除数
36 001～38 566.67	10%	210
144 001～160 500	20%	1 410
300 001～318 333.33	25%	2 660
420 001～447 500	30%	4 410
660 001～706 538.46	35%	7 160
960 001～1 120 000	45%	15 160

需要注意，按照年终奖单独计算个人所得税时，一定要避开无效区间。

① 假设单独发放年终奖的税率为a，不考虑年终奖时的综合所得税率为b。

（三）削山头

不管是居民个人还是非居民个人的工资、薪金个人所得税税率，都是超额累进税率，也就是说，工资、薪金过于集中于某一年或者某一月，其适用税率势必会高。所以作为企业，扣缴义务人在合理工资、薪金范围内，应该均衡员工工资、薪金的发放。此过程被称为“削山头”。

【案例6-12】 居民个人赵某对于取得的综合所得，预计2020年、2021年、2022年三年的应纳税所得额（每一纳税年度的收入额减除费用60 000元以及专项扣除、专项附加扣除和依法确定的其他扣除后的余额）合计45万元。在公司合理工资、薪金范围内，现在有三种方案（见表6-14）可供选择：

表6-14　**工资、薪金发放方案**　单位：万元

方　案	2020年	2021年	2022年	合　计
一	5	15	25	45
二	10	15	20	45
三	15	15	15	45

请问三种方案中，哪个方案缴纳个人所得税总计金额最少？

【综合分析】

经计算，三种方案的工资、薪金发放缴纳个人所得税税额见表6-15。

表6-15　**工资、薪金发放缴纳个人所得税税额**　单位：元

方　案	2020年	2021年	2022年	合　计
一	2 480	13 080	33 080	48 640
二	7 480	13 080	23 080	43 640
三	13 080	13 080	13 080	39 240

方案三比方案一少缴纳个人所得税9 400元，方案三比方案二少缴纳个人所得税4 400元，因此应当选择方案三。

在2022年以后，对于年终奖的发放也要防止出现过于集中在某一年（居民个人）的情况，但是绝对均衡各年度的综合所得也是有一定困难的，而相对均衡各年度的综合所得是可行的。

二、预缴个人所得税与资金时间价值

（一）工资、薪金预扣预缴税额与综合所得应纳税额

在累计预扣法下，居民个人应税前扣除项目均在预扣预缴时按月扣除，且在其他处无综合所得项目，此时，预扣预缴税额等于年度终了后综合所得应纳税额，但如果应扣除项目尤其是专项附加扣除项目，由于企业原因或者个人原因未在平时进行足额扣除，会导致平时多预缴税额，占用纳税人资金，而年度终了，纳税人需要自行申报，申请退税。

【案例6-13】居民个人李某2019年税前月收入为10 300元，享受子女教育扣除1 000元/月，住房租金扣除1 500元/月，专项扣除2 220元/月，但公司人事忘记将子女教育1 000元/月在税前扣除，导致李某在2020年3月份向主管税务机关办理申请退税。

【综合分析】

如果子女教育1 000元/月在每个月预缴时扣除，李某在不考虑年终奖的情况下，每个月预扣预缴个人所得税为17.4元，全年为208.8元；但如果子女教育1 000元/月未在税前扣除，每个月预扣预缴个人所得税为47.4元，全年为568.8元，全年360元被占用。

（二）劳务报酬预扣预缴税额与综合所得应纳税额

扣缴义务人在为居民个人劳务报酬预扣预缴时，扣缴税率采用的是三级超额累进税率（见表6-10），支付方可以通过以下方式，少预扣预缴劳务报酬个人所得税。

1.分次预缴筹划法

虽然劳务报酬适用20%的比例预扣率，但由于对一次性收入畸高的实行加成征收，相当于适用三级累进预扣率，故一次性收入额越大，其适用的预扣率就越高。这种情况利用分次来分拆应税所得（不在同一个月），使其尽量靠近税前扣除额或扣除率级次临界点以达到节税的目的。

2.增加前期费用筹划法（费用转移法）

接受劳务支付报酬的扣缴义务人，可以考虑为对方提供一定的福利，将本应由纳税人承担的费用改由预缴义务人提供，以达到少预缴和少纳税的目的。如由扣缴义务人提供餐饮服务，提供住宿，提供办公用具，安排实验设备等。这样就等于扩大了费用开支，相应地降低了纳税人的劳务报酬总额，同样降低预扣预缴所得额，从而使得该项劳务报酬所得适用较低的扣除率。

需要注意的是：

（1）如果纳税人与接受劳务方约定的是获得税后所得，不适用上述分次预缴方法；

（2）增加前期费用，要不影响扣缴义务人的企业所得税税前扣除。

个人所得税的纳税筹划是建立在充分理解税收政策法规，充分利用税收政策法规的基础上进行的，个人所得税的纳税筹划需要有整体观和全局观，所以在筹划中应考虑到家庭的税收负担以及社保对个人收益的影响。在《个人所得税法》修订后，个人所得税的纳税筹划更多在于个人对于有关扣除项目如何分配，信息如何报送的问题，企业作为扣缴义务人在获得相应信息后及时抵扣，避免出现汇算清缴大规模退税，也是一种形式的纳税筹划，让纳税人不丧失部分资金占用。从企业层面进行纳税筹划时应注意，任何一种筹划方法不可能适用于企业的所有员工，一定要充分考虑不同个体的区别后，对员工进行分类，先对大类别的进行筹划，对特殊人员要特殊筹划。

技能训练

参考答案

【案例1】老王是A公司总经理，月收入50 000元，A公司在外地设立了一家子公司（B公司），老王兼任B公司的董事长，每月老王在外地工作3天，处理相关业务，B公司不给老王支付工资。为计算简便，不考虑社保和专项附加扣除等。老王全年应纳个人所得税=（50 000×12-60 000）×30%-52 920=109 080（元）。经筹划，将其A公司职位设为专职，A公司每月支付老王30 000元；将其B公司职位设为兼职，B公司每月支付老王20 000元。根据国税函〔2005〕382号的规定，个人兼职取得的收入，应按照劳务报酬所得缴纳个人所得税。根据《个人所得税法》第六条第二款：劳务报酬所得、稿酬所得、特许权使用费所得以收入减除20%的费用后的余额为收入额，分析筹划后老王负担的个人所得税的节税额。

【案例2】李先生创办了一家个人独资企业，主要经营销售商品和加工、修理两项业务。李先生负责销售，李夫人负责加工、修理。2019年该企业实现销售净收入5万元，取得加工、修理净收入3万元，则该独资企业2019年应缴纳的个人所得税=80 000×10%-1 050=6 950（元）。假定你是税务师，你可以怎样通过组织形式上的设立给李氏夫妇一些建议，达到减少缴纳个人所得税的目的。（李先生和李夫人均有综合所得，故经营所得的应纳税所得额不考虑费用扣除、专项及附加扣除、其他扣除）

【案例3】一对夫妻在武汉居住，以商业贷款购买首套房，并在还贷期间，夫妻有一个孩子正在上小学。丈夫张先生每个月扣除三险一金后的收入为18 000元，妻子肖女士每个月扣除三险一金后的收入为8 000元。在不考虑其他情况下，以全年纳税情况比较，分析子女教育和住房贷款利息支出在夫妻二人之间的不同分配对整个家庭税额的不同影响。

【案例4】2019年小李税前月收入为10 000元，享受子女教育扣除1 000元/月，住房租金扣除1 500元/月，赡养老人扣除1 000元/月，每个月的专项扣除金额为2 200元。2019年12月份发放奖金50 000元，假设年终奖选择并入综合所得和选择单独按照年终奖两种方式计算个人所得税，小李无其他收入。在两种情况下，分别计算2019年小李应纳个人所得税额。

主要税法依据

● 《中华人民共和国个人所得税法》（2018年8月31日中华人民共和国主席令第9号发布）

● 《中华人民共和国个人所得税法实施条例》（2018年12月18日中华人民共和国国务院令第707号）

● 《财政部 人力资源社会保障部 国家税务总局关于企业年金、职业年金个人所得税有关问题的通知》（2013年12月6日财税〔2013〕103号）

● 《国家税务总局关于个体工商户、个人独资企业和合伙企业个人所得税问题的公告》（2014年4月23日国家税务总局公告2014年第25号）

● 《个体工商户个人所得税计税办法》（2014年12月27日国家税务总局令第35号）

● 《财政部 国家税务总局 保监会关于将商业健康保险个人所得税试点政策推广到全国范围实施的通知》（2017年4月28日财税〔2017〕39号）

● 《关于上市公司股息红利差别化个人所得税政策有关问题的通知》（2015年9月7日财税〔2015〕101号）

● 《财政部 国家税务总局 中国证券监督管理委员会关于个人转让全国中小企业股份转让系统挂牌公司股票有关个人所得税政策的通知》（2018年11月30日财税〔2018〕137号）

●《国家税务总局关于股权奖励和转增股本个人所得税征管问题的公告》(2015年11月16日国家税务总局公告2015年第80号)

●《国家税务总局关于全面实施新个人所得税法若干征管衔接问题的公告》(2018年12月17日财税〔2018〕154号)

●《国家税务总局关于自然人纳税人识别号有关事项的公告》(2018年12月17日国家税务总局公告2018年第59号)

●《国家税务总局关于发布〈个人所得税专项附加扣除操作办法(试行)〉的公告》(2018年12月21日国家税务总局公告2018年第60号)

●《国家税务总局关于发布〈个人所得税扣缴申报管理办法(试行)〉的公告》(2018年12月21日国家税务总局公告2018年第61号)

●《国家税务总局关于个人所得税自行纳税申报有关问题的公告》(2018年12月21日国家税务总局公告2018年第62号)

●《财政部 国家税务总局关于个人所得税法修改后有关优惠政策衔接问题的通知》(2018年12月27日财税〔2018〕164号)

●《国家税务总局关于修订个人所得税申报表的公告》(2019年1月31日国家税务总局公告2019年第7号)

●《财政部 国家税务总局关于在中国境内无住所的个人居住时间判定标准的公告》(2019年3月14日财政部 国家税务总局公布〔2019〕34号)

●《财政部 国家税务总局关于非居民个人和无住所居民个人有关个人所得税政策的公告》(2019年3月14日财政部 国家税务总局公布〔2019〕35号)

项目七

其他税种的纳税筹划

项目知识目标

1. 掌握土地增值税纳税筹划的方法；
2. 掌握城镇土地使用税纳税筹划的方法；
3. 掌握印花税纳税筹划的方法；
4. 掌握房产税纳税筹划的方法；
5. 掌握契税纳税筹划的方法。

项目技能目标

1. 能够把握各个税种税额计算的基本技能；
2. 能够熟练运用本章各个税种筹划的基本技能。

工作任务一　土地增值税纳税筹划

案例导入

一家房地产开发企业有可供销售的10 000平方米同档次的商品房两栋，均属于普通商品房。

甲栋每平方米售价10 000元（不含装修费1 000元），转让收入为10 000万元，扣除项目金额为8 350万元，增值额为1 650万元。

乙栋每平方米售价11 000元（含装修费1 000元），转让收入为11 000万元，扣除项目金额为8 380万元，增值额为2 320万元。

该如何进行纳税筹划？

知识导航

一、土地增值税概念

根据规定，转让国有土地使用权、地上的建筑物及其附着物（以下简称转让房地产）并取得收入的单位和个人，为土地增值税的纳税人（以下简称纳税人），应当缴纳土地增值税。纳税人转让房地产所取得的收入，包括货币收入、实物收入和其他收入。

二、计算增值额的扣除项目

计算增值额的扣除项目包括：

（1）取得土地使用权所支付的金额；

（2）开发土地的成本、费用；

（3）新建房的配套设施的成本、费用，或者旧房及建筑物的评估价格；

（4）与转让房地产有关的税金；

（5）财政部规定的其他扣除项目。

三、土地增值税实行四级超额累进税率

增值额未超过扣除项目金额50%的部分，税率为30%；增值额超过扣除项目金额50%、未超过扣除项目金额100%的部分，税率为40%；增值额超过扣除项目金额100%、未超过扣除项目金额200%的部分，税率为50%；增值额超过扣除项目金额200%的部分，税率为60%。

四、有以下情形之一的，免征土地增值税

（一）建造普通标准住宅的税收优惠

纳税人建造普通标准住宅出售，增值额未超过扣除项目金额20%的，免征土地增值税。这里所说的“普通标准住宅”，是指按所在地一般民用住宅标准建造的居住用住宅。高级公寓、别墅、度假村等不属于普通标准住宅。自2005年6月1日起，普通标准住宅应同时满足：住宅小区建筑容积率在1.0以上；单套建筑面积在1.20平方米以下；实际成交价格低于同级别土地上住房平均交易价格1.2倍以下。各省、自治区、直辖市要根据实际情况，制定本地区享受优惠政策普通住房的具体标准。允许单套建筑面积和价格标准适当浮动，但向上浮动的比例不得超过上述标准的20%。纳税人建造普通标准住宅出售，增值额未超过扣除项目金额20%的，免征土地增值税；增值额超过扣除项目金额20%的，应就其全部增值额按规定计税。对于纳税人既建造普通标准住宅，又建造其他房地产开发项目的，应分别核算增值额。不分别核算增值额或不能准确核算增值额的，其建造的普通标准住宅不能适用这一免税规定。对企事业单位、社会团体以及其他组织转让旧房作为公租房房源，且增值额未超过扣除项目金额20%的，免征土地增值税。

（二）国家征用收回的房地产的税收优惠

因国家建设需要依法征用、收回的房地产，免征土地增值税。这里所说的“因国家建设需要依法征用、收回的房地产”，是指因城市实施规划、国家建设的需要而被政府批准征用的房产或收回的土地使用权。

（三）因城市规划、国家建设需要而搬迁由纳税人自行转让原房地产的税收优惠

因城市实施规划、国家建设的需要而搬迁，由纳税人自行转让原房地产的，免征土地增值税。因“城市实施规划”而搬迁，是指因旧城改造或因企业污染、扰民（指产生过量废气、废水、废渣和噪声，使城市居民生活受到一定危害），而由政府或政府有关主管部门根据已审批通过的城市规划确定进行搬迁的情况。因“国家建设的需要”而搬迁，是指

因实施国务院、省级人民政府、国务院有关部委批准的建设项目而进行搬迁的情况。

（四）对企事业单位、社会团体以及其他组织转让旧房作为公共租赁住房房源的税收优惠

对企事业单位、社会团体以及其他组织转让旧房作为公共租赁住房房源的，且增值额未超过扣除项目金额20%的，免征土地增值税。享受上述税收优惠政策的公共租赁住房，是指纳税人的省、自治区、直辖市、计划单列市人民政府及新疆生产建设兵团批准的公共租赁住房发展规划和年度计划，并按照《关于加快发展公共租赁住房的指导意见》（建保〔2010〕87号）和市、县人民政府制定的具体管理办法进行管理的公共租赁住房。

五、企业改制重组土地增值税政策

（1）按照《中华人民共和国公司法》的规定，非公司制企业整体改建为有限责任公司或者股份有限公司，有限责任公司（股份有限公司）整体改建为股份有限公司（有限责任公司），对改建前的企业将国有土地、房屋权属转移、变更到改建后的企业，暂不征收土地增值税。整体改建，是指不改变原企业的投资主体，并承继原企业权利、义务的行为。

（2）按照法律规定或者合同约定，两个或两个以上企业合并为一个企业，且原企业投资主体存续的，对原企业将国有土地、房屋权属转移、变更到合并后的企业，暂不征收土地增值税。

（3）按照法律规定或者合同约定，企业分设为两个或两个以上与原企业投资主体相同的企业，对原企业将国有土地、房屋权属转移、变更到分立后的企业，暂不征收土地增值税。

（4）单位、个人在改制重组时以国有土地、房屋进行投资，对其将国有土地、房屋权属转移、变更到被投资的企业，暂不征收土地增值税。

筹划思路与演练

一、利用分劈手段进行筹划

房地产开发企业的管理通常比较复杂，纳税人可以利用分劈手段，将房地产开发项目进行分解，这样可以有效减轻纳税人的负担。

【案例7-1】某房地产公司出售一栋房屋，房屋总售价为1 000万元，该房屋进行了简单装修并安装了简单必备设施。根据相关税法的规定，该房地产开发业务允许扣除项目金额为400万元，增值额为600万元。该房地产公司应该缴纳土地增值税、增值税、城市维护建设税、教育费附加以及企业所得税。假设该房屋的出售可以分为两个合同：第一个合同为房屋出售合同，不包括装修费用，房屋出售价格为700万元，允许扣除项目金额为300万元；第二个合同为房屋装修合同，装修费用为300万元，允许扣除的成本为100万元。该如何筹划才能节税？

【综合分析】

（1）若就整个开发项目签订合同，则土地增值率为：600÷400×100%=150%。根据《土地增值税暂行条例实施细则》的规定，增值额超过扣除项目金额的100%、未超过

200% 的土地增值税运用速算公式为：增值额×50%-扣除项目金额×15%，因此，应当缴纳的土地增值税=600×50%-400×15%=240（万元）。

（2）如果进行纳税筹划，将该房屋的出售分为房屋出售合同和房屋装修合同，则土地增值率为：400÷300×100%=133%。应当缴纳的土地增值税=400×50%-300×15%=155（万元）。

根据计算结果可以看出，经过纳税筹划的税收负担明显减少。

但是，在实际操作过程中，要达到筹划的效果，还必须注意以下三点：

（1）必须与负责装修工程的装潢企业签订严格的合同或协议，商品房的售价接近或略低于该小区政府公布的平均售价，装潢企业具有合理的利润空间。

（2）应确定一个时间为房屋完工（达到可以入住）时间，然后再发生装修成本。

（3）买房人必须与房地产开发企业和装潢企业分别签订协议或合同。

二、利用项目合并方式进行筹划

由于土地增值税适用四级超额累进税率，其中，最低税率为30%，最高税率为60%，如果对增值率不同的房地产合并在一起核算，就有可能降低高增值率房地产的适用税率，使该部分房地产的税负下降，同时可能会提高低增值率房地产的适用税率，增加这部分房地产的税负。因而，纳税人需要具体测算分开核算与合并核算的相应税额，再选择低税负的核算方法，达到节税的目的。

【案例7-2】某房地产开发公司同时开发A、B两幢商业用房，且处于同一片土地上。销售A房产取得收入300万元，允许扣除的项目金额为200万元；销售B房产取得收入400万元，允许扣除的项目金额为100万元。对这两处房产，公司是分开核算还是合并核算能带来节税的好处呢？

【综合分析】

（1）分开核算时：

A房产的增值率=（300-200）÷200×100%=50%，适用税率30%；

应纳土地增值税=（300-200）×30%=30（万元）。

B房产的增值率=（400-100）÷100×100%＝300%，适用税率60%；

应纳土地增值税=（400-100）×60%-100×35%=145（万元）。

缴纳土地增值税合计175万元。

（2）合并核算时：

两幢房产的收入总额=300＋400=700（万元）；允许扣除的项目金额=200＋100=300（万元）；增值率=（700-300）÷300×100%=133.3%，适用税率50%；应纳土地增值税=（700-300）×50%-300×15%=155（万元）。

通过比较可以看出，合并核算对公司是有利的，因为合并核算比分开核算节税20（175-155）万元。

从上例我们可以看出，由于两类房产增值率相差很大，只要房地产开发公司将两处房产安排在一起开发、出售，并将两类房产的收入和扣除项目放在一起核算，一起申报纳税，就可以达到少缴税的目的。但是，由于低增值率房产的适用税率可能会提高，在实践中必须具体测算后才能做出选择。

三、利用利息扣除项目进行筹划

若某房地产企业主要依靠负债筹资，利息费用所占比例较大，应提供金融机构贷款证明，将利息费用计入房地产开发费用。反之，若主要依靠权益资本筹资，则可以按扣除项目金额的10%列支利息，纳税人可以根据自身状况选择有利的方式。

【案例7–3】某房地产公司2019年4月开发一处房地产，为取得土地使用权支付800万元，为开发土地和新建房及配套设施花费1 400万元，财务费用中可按转让房地产项目计算分摊的利息支出为200万元，不超过商业银行同类同期贷款利率。该公司如何筹划才能节税？

【综合分析】

对于是否提供金融机构证明，公司财务人员通过核算发现：如果不提供金融机构证明，该公司所能扣除费用的最高额=（800+1 400）×10%=220（万元）；如果提供金融机构证明，该公司所能扣除费用的最高额=200+（800+1 400）×5%=310（万元）。

可见，在这种情况下，公司提供金融机构证明是有利的选择。

【案例7–4】某企业2019年以6 000万元购入一块土地，用于建造商业地产，房地产开发成本支出3 000万元，可售面积3万平方米，全部销售完毕，取得销售收入36 000万元，契税4%，利息支出360万元。凡能够按转让房地产项目计算分摊并提供金融机构证明的，房地产开发费用扣除率为5%；凡不能按转让房地产项目计算分摊利息支出或不能提供金融机构证明的，房地产开发费用扣除率为10%。

【综合分析】

按照筹划思路，如果不提供金融机构证明，该企业可扣除期间费用=（6 000+3 000）×10%=900（万元）。

如果提供金融机构证明，该企业可扣除期间费用=360+（6 000+3 000）×5%=810（万元）。

因此，选择不提供金融机构证明，可多扣除90万元。

按照上述筹划思路，企业最终选择不提供金融机构证明，那么在企业所得税汇算清缴时，利息支出如何进行税前扣除呢？按我国现行的以票控税体制，没有取得发票不得企业所得税前扣除，那么是不是为了在土地增值税前多扣除90万元，而在企业所得税前少扣除360万元？

因此，在筹划中有必要指出，税法中允许扣除的利息支出应严格按照《企业会计准则第17号——借款费用》的规定核算利息支出，不按规定核算，一律不得扣除。

工作任务二　城镇土地使用税纳税筹划

案例导入

甲、乙两个人拟投资设立一家新企业，现在有三个地址可供选择：其一是设立在A地，其适用的城镇土地使用税税率为每平方米10元；其二是设立在B地，其适用的城镇土地使用税税率为每平方米7元；其三是设立在C地，其适用的城镇土地使用税税率为每平方米4元。企业需要占地10 000平方米。不考虑其他因素，哪个方案可以节省城镇土地使用税？

知识导航

一、城镇土地使用税概念

根据规定，在城市、县城、建制镇、工矿区范围使用土地的单位和个人，为城镇土地使用税（以下可简称为土地使用税）的纳税人，应当依照规定缴纳城镇土地使用税。

二、相关税收优惠政策

（一）法定免缴城镇土地使用税的优惠

（1）国家机关、人民团体、军队自用的土地。

这部分土地，是指这些单位本身的办公用地和公务用地。如国家机关、人民团体的办公楼用地，军队的训练场用地等。

（2）由国家财政部门拨付事业经费的单位自用的土地。

这部分土地，是指这些单位本身的业务用地。如学校的教学楼、操场、食堂等占用的土地。

（3）宗教寺庙、公园、名胜古迹自用的土地。

宗教寺庙自用的土地，是指举行宗教仪式等的用地和寺庙内的宗教人员生活用地。公园、名胜古迹自用的土地，是指供公共参观游览的用地及其管理单位的办公用地。

以上单位的生产、经营用地和其他用地，不属于免税范围，应按规定缴纳城镇土地使用税。如公园、名胜古迹中附设的营业单位，包括影剧院、饮食部、茶社、照相馆等使用的土地。

（4）市政街道、广场、绿化地带等公共用地。

（5）直接用于农、林、牧、渔业的生产用地。

这部分土地，是指直接从事用于种植养殖、饲养的专业用地，不包括农副产品加工场地和生活办公用地。

（6）经批准开山填海整治的土地和改造的废弃土地，从使用的月份起免缴城镇土地使用税5~10年。

具体免税期限由各省、自治区、直辖市地方税务局在《城镇土地使用税暂行条例》规定的期限内自行确定。

（7）对非营利性医疗机构、疾病控制机构和妇幼保健机构等卫生机构自用的土地，免征城镇土地使用税。

（8）企业办的学校、医院、托儿所、幼儿园，其用地能与企业其他用地明确区分的，免征城镇土地使用税。

（9）免税单位无偿使用纳税单位的土地（如公安、海关等单位使用铁路、民航等单位的土地），免征城镇土地使用税。纳税单位无偿使用免税单位的土地，纳税单位应照章缴纳城镇土地使用税。纳税单位与免税单位共同使用、共有使用权土地上的多层建筑，对纳税单位可按其占用的建筑面积占建筑总面积的比例计征城镇土地使用税。

（10）对行使国家行政管理职能的中国人民银行总行（含国家外汇管理局）所属分支机构自用的土地，免征城镇土地使用税。

（11）为了体现国家的产业政策，支持重点产业的发展，对石油、电力、煤炭等能源用地，民用港口、铁路等交通用地和水利设施用地，三线调整企业、盐业、采石场、邮电等一些特殊用地划分了征免税界限和给予政策性减免税照顾。其具体规定如下：

①对石油天然气生产建设中用于地质勘探、钻井、井下作业、油气田地面工程等施工临时用地，暂免征收城镇土地使用税。

②对企业的铁路专用线、公路等用地，在厂区以外、与社会公用地段未加隔离的，暂免征收城镇土地使用税。

③对企业厂区以外的公共绿化用地和向社会开放的公园用地，暂免征收城镇土地使用税。

④对盐场的盐滩、盐矿的矿井用地，暂免征收城镇土地使用税。

（12）自2016年1月1日起至2021年12月31日止，对专门经营农产品的农产品批发市场、农贸市场使用（包括自有和承租，下同）的房产、土地，暂免征收房产税和城镇土地使用税。对同时经营其他产品的农产品批发市场和农贸市场使用的房产、土地，按其他产品与农产品交易场地面积的比例确定征免房产税和城镇土地使用税。

农产品批发市场和农贸市场，是指经工商登记注册，供买卖双方进行农产品及其初加工品现货批发或零售交易的场所。农产品包括粮油、肉禽蛋、蔬菜、干鲜果品、水产品、调味品、棉麻、活畜、可食用的林产品以及由省、自治区、直辖市财税部门确定的其他可食用的农产品。享受上述税收优惠的房产、土地，是指农产品批发市场、农贸市场直接为农产品交易提供服务的房产、土地。农产品批发市场、农贸市场的行政办公区、生活区，以及商业餐饮娱乐等非直接为农产品交易提供服务的房产、土地，不属于规定的优惠范围，应按规定征收房产税和城镇土地使用税。

（13）到2019年12月31日（含当日），对物流企业自有的（包括自用和出租）大宗商品仓储设施用地和物流企业承租用于大宗商品仓储设施的土地，减按所属土地等级适用税额标准的50%计征城镇土地使用税。物流企业的办公、生活区用地及其他非直接从事大宗商品仓储的用地，不属于优惠范围，应按规定征收城镇土地使用税。符合减税条件的物流企业需持相关材料向主管税务机关办理备案手续。

（14）自2018年10月1日起至2020年12月31日止，对按照去产能和调结构政策要求停产停业、关闭的企业，自停产停业次月起，免征城镇土地使用税。企业享受免税政策的期限累计不得超过2年。按照去产能和调结构政策要求停产停业、关闭的中央企业名单由国务院国有资产监督管理部门认定发布，其他企业名单由省、自治区、直辖市人民政府确定的去产能、调结构主管部门认定发布。认定部门应当及时将认定发布的企业名单（含停产停业、关闭时间）抄送同级财政和税务部门。各级认定部门应当每年核查名单内企业情况，将恢复生产经营、终止关闭注销程序的企业名单及时通知财政和税务部门。企业享受本规定的免税政策，应按规定进行减免税申报，并将房产土地权属资料等留存备查。

（15）自2019年1月1日起至2021年12月31日止，对国家级、省级科技企业孵化器、大学科技园和国家备案众创空间自用以及无偿或通过出租等方式提供给在孵对象使用的土地，免征城镇土地使用税。本规定所称孵化服务，是指为在孵对象提供的经纪代理、经营租赁、研发和技术、信息技术、鉴证咨询服务。国家级、省级科技企业孵化器、大学科技园和国家备案众创空间，应当单独核算孵化服务收入。本规定所称在孵对象，是指符合前款认定和管理办法规定的孵化企业、创业团队和个人。国家级、省级科技企业孵化器、大学科技园和国家备案众创空间，应按规定申报享受免税政策，并将房产土地权属资料等留存备查，税务部门依法加强后续管理。2018年12月31日以前认定的国家级科技企业孵化器、大学科技园，自2019年1月1日起享受规定的税收优惠政策。2019年1月1日以后认定的国家级、省级科技企业孵化器、大学科技园和国家备案众创空间，自认定之日次月起享受规定的税收优惠政策。2019年1月1日以后被取消资格的，自取消资格之日次月起停止享受规定的税收优惠政策。

（二）省、自治区、直辖市税务局确定的城镇土地使用税减免优惠

（1）个人所有的居住房屋及院落用地。

（2）房产管理部门在房租调整改革前经租的居民住房用地。

（3）免税单位职工家属的宿舍用地。

（4）集体和个人开办的各类学校、医院、托儿所、幼儿园用地。

筹划思路与演练

一、利用地点选择进行城镇土地使用税筹划

企业在选址建厂或者有其他需求需要新用地时，可以考虑市郊农村或者内地城市等城镇土地使用税低或者免征的地方。

【案例7-5】某食品厂目前占地6 000平方米，现需要征用新土地4 000平方米来扩大厂区。随着城市化的推进，该厂所在的位置由原来的郊县变成了市区，导致城镇土地使用税剧增，且原材料的供应也不如原来稳定。已知市区的城镇土地使用税为每平方米12元。该食品厂在选择征用土地建设新厂区时应如何决策？

方案一：该食品厂选择在市区就近征用4 000平方米土地建设新厂区。

方案二：假如食品厂选择在农村征用4 000平方米土地建设新厂区，则位于农村的4 000平方米土地不缴纳城镇土地使用税。

【综合分析】

若采用方案一，则食品厂征用土地后每年应缴纳的城镇土地使用税=（6 000+4 000）×12=120 000（元）。

若采用方案二，位于农村的4 000平方米土地不用缴纳城镇土地使用税，则此时应缴纳的城镇土地使用税=6 000×12=72 000（元）。

此外，位于农村的这片土地将来的房产也不征收房产税和城市维护建设税，特别是某些城市在发展过程中形成的“城中村”。

二、利用纳税义务发生时间进行城镇土地使用税筹划

城镇土地使用税的纳税义务发生时间是自土地交付之次月起。因此，企业在签订土地

使用权转让协议之时，如果协议签订日期早于土地的交付日期，而协议未约定具体交付日期，土地使用税应于签订协定之次月起纳税。所以，协议中应明确土地交付日期，这样土地使用税于交付之次月起缴纳，可以达到延期纳税的目的。

【案例7-6】 2019年3月10日，甲企业打算与乙企业签订土地使用权转让协议。甲企业将面积为5 000平方米的土地使用权转让给乙企业。甲企业预计最终交付土地的时间为2019年8月25日。当地规定的土地使用税为每平方米10元。甲企业与乙企业签订土地使用权转让协议时应如何约定以减轻税负？

【综合分析】

甲企业与乙企业签订土地使用权转让协议，如果未约定交付土地的日期，乙企业需要自2019年4月份开始履行土地使用税纳税义务；如果乙企业要求在合同中约定甲企业于8月份向乙企业交付土地，则乙企业自2019年9月份产生土地使用税纳税义务。

当然，乙企业少缴纳土地使用税意味着甲企业多缴纳土地使用税，需要甲、乙双方友好协商。

三、利用税收优惠进行城镇土地使用税筹划

根据城镇土地使用税优惠政策的规定，对企业厂区（包括生产、办公及生活区）以内的绿化用地，应照章征收土地使用税。厂区以外的公共绿化用地和向社会开放的公园用地，暂免征收土地使用税。因此，企业可以把闲置土地改为绿化用地，达到免税的目的。

【案例7-7】 某企业厂区外有一块30 000平方米的空地没有利用，由于该地在厂区后面远离街道、位置不好，目前的商业开发价值不大，所以一直被闲置，目前职工及家属以及周边的居民将其作为休闲娱乐之用。该地区的年城镇土地使用税为每平方米5元，企业需要为该地负担1年的城镇土地使用税为：30 000×5=150 000（元）。采用何种办法可以免缴该部分城镇土地使用税？

【综合分析】

企业把该块空地改造成公共绿化用地，可以植树、栽种花草。根据国税地〔1989〕140号的规定，对企业厂区（包括生产、办公及生活区）以内的绿化用地，应照章征收土地使用税，厂区以外的公共绿化用地和向社会开放的公园用地，暂免征收土地使用税。据初步预算，改造成绿化用地需投资80 000元，假设该企业预计3年后开发该地块，3年可节省城镇土地使用税为：150 000×3−80 000=370 000（元）。

工作任务三　印花税纳税筹划

案例导入

某甲房地产开发公司于2019年1月与某乙建筑安装公司签订A施工合同，金额为8 500万元，合同签订后，印花税已缴纳。由于该工程施工图纸有重大修改，实际工程决算金额为5 500万元。该如何进行纳税筹划？

知识导航

根据规定，印花税的减免税优惠政策主要有：

（1）对已缴纳印花税凭证的副本或者抄本免税。

凭证的正式签署本已按规定缴纳了印花税，其副本或者抄本对外不发生权利、义务关系，只是留存备查。但以副本或者抄本视同正本使用的，则应另贴印花。

（2）对无息、贴息贷款合同免税。

无息、贴息贷款合同，是指我国的各商业银行按照国家金融政策发放的无息贷款，以及由各商业银行发放并按有关规定由财政部门或中国人民银行给予贴息的贷款项目所签订的贷款合同。一般情况下，无息、贴息贷款体现国家政策，满足特定时期的某种需要，其利息全部或者部分是由国家财政负担的，对这类合同征收印花税没有财政意义。

（3）对房地产管理部门与个人签订的用于生活居住的租赁合同免税。

（4）对农牧业保险合同免税。

对该类合同免税，是为了支持农村保险事业的发展，减轻农牧业生产的负担。在商品住房等开发项目中配套建造安置住房的，依据政府部门出具的相关材料、房屋征收（拆迁）补偿协议或棚户区改造合同（协议），按改造安置住房建筑面积占总建筑面积的比例免征印花税。

（5）自2019年1月1日至2021年12月31日，对与高校学生签订的高校学生公寓租赁合同，免征印花税。

高校学生公寓，是指为高校学生提供住宿服务，按照国家规定的收费标准收取住宿费的学生公寓。企业享受本规定的免税政策，应按规定进行免税申报，并将不动产权属证明、载有房产原值的相关材料、房产用途证明、租赁合同等资料留存备查。

（6）对公租房经营管理单位建造管理公租房涉及的印花税予以免征。

对公租房经营管理单位购买住房作为公租房，免征印花税；对公租房租赁双方签订租赁协议涉及的印花税予以免征。

在其他住房项目中配套建设公租房，依据政府提供的相关材料，可按公租房建筑面积占总建筑面积的比例免征建造、管理公租房涉及的印花税。

（7）为贯彻落实《国务院关于加快棚户区改造工作意见》，对改造安置住房经营管理单位、开发商与改造安置住房相关的印花税以及购买安置住房的个人涉及的印花税，自2013年7月4日起予以免征。

（8）自2018年5月1日起，对按万分之五税率贴花的资金账簿减半征收印花税，对按件贴花五元的其他账簿免征印花税。

（9）对全国社会保障基金理事会、全国社会保障基金投资管理人管理的全国社会保障基金转让非上市公司股权，免征全国社会保障基金理事会、全国社会保障基金投资管理人应缴纳的印花税。

筹划思路与演练

一、分开核算进行纳税筹划

从筹划依据的界定中可以看出，同一凭证，因载有两个或两个以上经济事项而适用不同税目、税率，如分别记载金额的，应分别计算应纳税额，相加后按合计税额贴花；如未分别记载金额的，按税率高的计税贴花。根据这一规定，税务主体在书立此种应税凭证时，应当分别记载适用不同税目、税率的经济事项的金额。例如，加工承揽合同的计税依据为加工或承揽收入的金额，合同中如有受托方提供原材料金额，原材料金额应从总收入中剔除，另作购销处理。但同时又规定，受托方提供辅助材料的金额，无论是否与加工费分别记载，均应并入计税金额。面对此问题时，纳税人应该分开进行核算，让合同上不同税目的金额适用不同的税率，以达到节税的目的；否则，将全部按加工承揽合同的高税率计税。

【案例7-8】A公司与B公司打算签订一份加工承揽合同，A公司受B公司委托加工甲产品，且加工所需的原材料和零配件均由A公司提供，A公司向B公司共收取加工费、原材料、零配件费用1 000万元。合同中该如何约定以减轻税负？

【综合分析】

纳税人在订立合同时，应将不同项目分开列示，使不同税目的金额适用不同的税率，从而降低应纳税额。

（1）如果不进行分开核算，根据税法规定，从高适用加工承揽合同0.05%的税率，A公司应纳税额为0.5（1 000×0.05%）万元。

（2）如果进行分开核算，根据税法规定，合同上不同税目的金额适用不同的税率。若原材料费用600万元，零配件费用200万元，加工费200万元，分别适用0.03%、0.05%、0.05%的印花税率，则A公司应纳税额为0.38（600×0.03%+200×0.05%+200×0.05%）万元。可以看出，分开核算比不分开核算要节约税款0.12万元。

因此，纳税人在签订这类合同时，由于原材料适用的税率要比加工承揽合同适用的税率低，可以利用税法的这一规定，采取分别核算的方法来达到合理节税的目的。

二、利用不确定金额和保守金额进行筹划

根据前面筹划依据的有关规定，对于在签订时无法确定计税金额的合同，可在签订时先按定额5元贴花，以后结算时再按实际金额计税，补税贴花。该项规定提供了利用不确定金额筹划的可能性。纳税人在签订金额较大的合同时，可有意识地使合同中所载金额不能明确，从而在签订时应按定额5元贴花，以后结算时再按实际金额计税，补贴印花，进而将实际应缴税额延至结算以后，获取资金的时间价值，以达到少缴印花税税款的目的。

或者，双方在订立合同时，充分考虑以后经济交往中可能会遇到的各种情况，确定比较合理、保守的金额，防止所载金额大于合同履行后的实际结算金额。

【案例7-9】甲公司将办公大楼的第一层800平方米出租给乙公司，双方协定的租金标

准为每月100元/平方米，租期为5年，合同规定总租金为480万元。每年年初支付年租金。

【综合分析】

方案一：如果租赁合同载明租期，则应缴纳的印花税=100×800×12×5×1‰=4 800（元）。同时应在合同签订时一次缴足税款。

方案二：若将合同改为“甲公司出租商铺给乙公司使用，合同规定每月100元/平方米，每月租金为8万元，每年年初预付租金，同时由双方决定是否继续履行本合同。”这样，就符合只是规定了租金标准而没有租赁期限的规定，则在签订合同时可按定额5元贴花，待以后每年结算租金时，再按实际结算金额计算补缴。则每年应缴纳的印花税为960（100×800×12×1‰）元。

经过筹划后，虽然5年的总税额是一样的，都是4 800元，但支付的时间却不一样，方案二对甲公司更有利，因为递延纳税可以获取资金的时间价值，从而达到相对的减轻税负的目的。当然，这种筹划方式有一定的风险，只有在合同金额很大，双方信誉较好时采用，才会利于本企业，否则若对方违约便得不偿失。

三、最少分包筹划

根据印花税的规定，建造安装工程承包合同是印花税的一种应税凭证，应该根据合同上记载的承包金额，按3%的税率缴纳印花税。同时规定，施工单位将自己承包的建设项目分包给其他施工单位所签订的分包合同，应按照新的分包合同上所记载的金额再次计算应缴税额。这是因为印花税是一种行为性质的税种，只要有应税行为发生，就应按税法规定纳税。因此，尽管总承包合同已依法计税贴花，但新的分包合同又是一种新的应税凭证，又发生了新的纳税义务。所以，可以通过减少转包次数，尽可能地少书立应税凭证，达到减轻印花税税负的目的。

【案例7-10】某城建公司A与商城签订了一份建筑合同，总计金额为10 000万元。该城建公司因业务需要又分别与建筑公司B和C签订分包合同，其合同记载金额均为4 000万元，B和C又分别将2 000万元分包给D和E。则各方印花税应纳税额如下：

（1）A与商城签订合同时，双方各应缴纳印花税=10 000×0.3‰=3（万元）。

（2）A与B、C签订合同时，各方应缴纳印花税为：

A应纳印花税=（4 000+4 000）×0.3‰=2.4（万元）

B、C各应纳印花税=4 000×0.3‰=1.2（万元）

（3）B、C与D、E签订合同时，各方应缴纳印花税=2 000×0.3‰=0.6（万元）。

（4）这五家建筑公司应纳印花税合计=3+2.4+1.2×2+0.6×4=10.2（万元）

【综合分析】

如果将这几方进行合理筹划，减少分包环节，采取商城分别与A、B、C、D、E五家建筑公司签订2 000万元承包合同的办法，则这五家建筑公司应纳印花税合计为：2 000×0.3‰×5=3（万元）。

经过分析得知，当选择分别签订分包合同时，商城的纳税义务不变，但五家建筑公司共可以节省7.2万元的税款。

工作任务四 房产税纳税筹划

案例导入

A公司的一处两层楼房位于城市闹市区，专门用于对外出租。因该房屋建于上世纪90年代，设施陈旧，每年只能收取不含税租金60万元。2020年年初，该公司准备花费500万元对房屋进行重新装修改造，预计装修改造后，每年可收取不含税租金200万元。但是，该公司在测算中发现，装修改造前后对比，与租赁收入相关的税收负担也大大加重了。

装修改造前后税费负担对比如下（已知城市维护建设税税率为7%，教育费附加征收率为3%）：

（1）装修改造前的税费负担情况：

应纳增值税=60×5% = 3（万元）

应纳城市维护建设税、教育费附加=3×（7%+3%）= 0.3（万元）

应纳房产税=60×12% = 7.2（万元）

税费负担合计=3+0.3+7.2=10.5（万元）

（2）装修改造后的税费负担情况：

应纳增值税=200×5% = 10（万元）

应纳城市维护建设税、教育费附加=10×（7%+3%）= 1（万元）

应纳房产税=200×12% = 24（万元）

税费负担合计=10+1+24=35（万元）

装修后比装修前增加税费负担为：35−10.5=24.5（万元）。

税费负担增加了24.5万元，该如何进行纳税筹划？

知识导航

房产税的税收优惠是根据国家政策需要和纳税人的负担能力制定的。由于房产税属地方税，因此给予地方一定的减免权限，有利于地方因地制宜地处理问题。

目前，房产税的税收优惠政策主要有：

（1）国家机关、人民团体、军队自用的房产免征房产税。但上述免税单位的出租房产以及非自身业务使用的生产、营业用房，不属于免税范围。

人民团体，是指经国务院授权的政府部门批准设立或登记备案并由国家拨付行政事业费的各种社会团体。自用的房产，是指这些单位本身的办公用房和公务用房。

（2）由国家财政部门拨付事业经费的单位，如学校、医疗卫生单位、托儿所、幼儿园、敬老院、文化、体育、艺术这些实行全额或差额预算管理的事业单位所有的，本身业务范围内使用的房产免征房产税。

（3）宗教寺庙、公园、名胜古迹自用的房产免征房产税。

宗教寺庙自用的房产，是指举行宗教仪式等的房屋和宗教人员使用的生活用房。公园、名胜古迹自用的房产，是指供公共参观游览的房屋及其管理单位的办公用房。宗教寺庙、公园、名胜古迹中附设的营业单位，如影剧院、饮食部、茶社、照相馆等所使用的房产及出租的房产，不属于免税范围，应照章纳税。

（4）个人所有非营业用的房产免征房产税。

个人所有的非营业用房，主要是指居民住房，不分面积多少，一律免征房产税。对个人拥有的营业用房或者出租的房产，不属于免税房产，应照章纳税。

（5）经财政部批准免税的其他房产，主要有：

①对非营利性医疗机构、疾病控制机构和妇幼保健机构等卫生机构自用的房产，免征房产税。

②自2001年1月1日起，对按政府规定价格出租的公有住房和廉租住房，包括企业和自收自支事业单位向职工出租的单位自有住房，房管部门向居民出租的公有住房，落实私房政策中带户发还产权并以政府规定租金标准向居民出租的私有住房等，暂免征收房产税。

③经营公租房的租金收入，免征房产税。

公共租赁住房经营管理单位应单独核算公共租赁住房租金收入，未单独核算的，不得享受免征房产税优惠政策。

（6）自2018年10月1日至2020年12月31日，对按照去产能和调结构政策要求停产停业、关闭的企业，自停产停业次月起，免征房产税、城镇土地使用税。企业享受免税政策的期限累计不得超过2年。按照去产能和调结构政策要求停产停业、关闭的中央企业名单由国务院国有资产监督管理部门认定发布，其他企业名单由省、自治区、直辖市人民政府确定的去产能、调结构主管部门认定发布。认定部门应当及时将认定发布的企业名单（含停产停业、关闭时间）抄送同级财政和税务部门。各级认定部门应当每年核查名单内企业情况，将恢复生产经营、终止关闭注销程序的企业名单及时通知财政和税务部门。企业享受规定的免税政策，应按规定进行减免税申报，并将房产土地权属资料、房产原值资料等留存备查。

（7）自2019年1月1日至2021年12月31日，对国家级、省级科技企业孵化器、大学科技园和国家备案众创空间自用以及无偿或通过出租等方式提供给在孵对象使用的房产免征房产税。本规定所称孵化服务，是指为在孵对象提供的经纪代理、经营租赁、研发和技术、信息技术、鉴证咨询服务。国家级、省级科技企业孵化器、大学科技园和国家备案众创空间，应当单独核算孵化服务收入。本规定所称在孵对象，是指符合前款认定和管理办法规定的孵化企业、创业团队和个人。国家级、省级科技企业孵化器、大学科技园和国家备案众创空间应按规定申报享受免税政策，并将房产土地权属资料、房产原值资料、房产土地租赁合同、孵化协议等留存备查，税务部门依法加强后续管理。2018年12月31日以前认定的国家级科技企业孵化器、大学科技园，自2019年1月1日起享受规定的税收优惠政策。2019年1月1日以后认定的国家级、省级科技企业孵化器、大学科技园和国家备案众创空间，自认定之日次月起享受规定的税收优惠政策。2019年1月1日以后被取消资格的，自取消资格之日次月起停止享受规定的税收优惠政策。

（8）自2019年1月1日至2021年12月31日，对高校学生公寓免征房产税。本规定所称高校学生公寓，是指为高校学生提供住宿服务，按照国家规定的收费标准收取住宿费的学生公寓。企业享受本规定的免税政策，应按规定进行免税申报，并将不动产权属证明、载有房产原值的相关材料、房产用途证明、租赁合同等资料留存备查。

筹划思路与演练

一、利用房产原值的概念进行房产税筹划

房产税的核算和申报，主要应在以下几个方面下功夫：房产概念要清晰；房产原值要核算准确；征免界线要明确；如实、及时申报。

1.应纳房产税的房产概念要清晰

（1）应税的房产。房产，是指以房屋形态表现的财产。房屋，是指有屋面和围护结构（有墙或两边有柱），能够遮风避雨，可供人们在其中生产、工作、学习、娱乐、居住或储藏物资的场所。

（2）不属房产的建筑物。独立于房屋之外的建筑物，如围墙、烟囱、水塔、变电塔、油池油柜、酒窖菜窖、酒精池、糖蜜池、室外游泳池、玻璃暖房、砖瓦石灰窑以及各种油气罐等，不属于房产。（单独取得建造结算凭证的，可单独核算）

（3）分别设置账簿。作为企业，应税房产与不属于房产的建筑物，应分别在“固定资产”账簿内单独设置明细账。

2.房产的原值要准确核算

房产原值是自用于经营的房产计算房产税的依据。国家税务总局（86）财税地字第008号文规定，房产原值是指纳税人按照会计制度规定，在账簿“固定资产”科目中记载的房屋原价。

房产原值应包括与房屋不可分割的各种附属设备或一般不单独计算价值的配套设施。关于房屋附属设备的解释，主要有：暖气、卫生、通风、照明、煤气等设备；各种管线，如蒸气、压缩空气、石油、给水排水等管道及电力、电讯、电缆导线；电梯、升降机、过道、晒台等。

属于房屋附属设备的水管、下水道、暖气管、煤气管等从最近的探视井或三通管算起。电灯网、照明线从进线盒联接管算起。

如果房产的原价不能全面、准确地核算，将作为所得税与房产税的违法行为进行处理。

3.土地使用权的受让支出应单独核算

企业的土地使用权的受让支出，无房产的场地部分属于无形资产的范畴，不同于房产的核算，计提折旧费的年限也有所区别。

但有的企业会计人员也会将取得建房的土地使用权的受让支出，无房产的场地不单独核算，笼统地加在房产原值中统计、申报。这样，既混淆了固定资产和无形资产的折旧依据，造成错误计提折旧费，同时也多交了房产税。

【案例7-11】某建材企业欲建一工厂，总计造价为100 000 000元，其中，厂房、办公用房92 000 000元，厂区围墙、水塔、变电塔、停车场、露天凉亭、游泳池、喷泉设施等建筑物8 000 000元。该企业经营时间以20年计算。

【综合分析】

（1）若不单独核算：

此种情况下，该企业自工厂建成的次月起就应缴纳房产税，其扣除比例为30%：

每年应纳房产税=100 000 000×（1-30%）×1.2%=840 000（元）

（2）若单独核算：

若该企业把停车场、游泳池都建成露天的，并且把这些独立建筑物的造价同厂房、办公用房的造价分开，在会计账簿中单独记载，那么这部分建筑物的造价不计入房产原值，不需要缴纳房产税。则该企业每年应缴纳的房产税为：

每年应纳房产税=92 000 000×（1-30%）×1.2%=772 800（元）

由此我们可以看出，该企业通过单独核算，每年就可以少缴纳房产税67 200（840 000-772 800）元。若该企业经营时间以20年计算，就可以累计少缴纳房产税1 344 000（67 200×20）元。

二、利用巧选厂址进行筹划

房产税的征收范围为：城市、县城、建制镇和工矿区。

（1）城市，是指国务院批准设立的市。

（2）县城，是指县人民政府所在地的地区。

（3）建制镇，是指经省、自治区、直辖市人民政府批准设立的建制镇。

（4）工矿区，是指工商业比较发达、人口比较集中、符合国务院规定的建制镇标准但尚未设立建制镇的大中型工矿企业所在地。开征房产税的工矿区须经省、自治区、直辖市人民政府批准。

房产税的征收范围不包括农村，这主要是为了减轻农民的负担。因为农村的房屋，除农副业生产用房外，大部分是农民居住用房。对于农村房屋不纳入房产税征税范围，有利于农业发展，繁荣农村经济，并有利于社会稳定。

如果企业在设立时能考虑到这一点，将会为企业节省不少的税收。根据我国现行税法的规定，将企业建在乡、村所在地，不仅可以免交房产税，还可以免交城镇土地使用税并且可以按最低的税率1%缴纳城市维护建设税。不仅如此，将企业建在农村，可带动当地经济的发展，会得到国家和政府的大力支持。

另外，随着我国农村道路的建设，现在农村的交通也比较发达，有利于企业的货物运输，更利于企业今后的扩建和发展。

【案例7-12】某市一家加工企业，在选址时就充分考虑了税负问题。经咨询有关税务专家，该企业决定将企业设在离某镇几公里远的农村，假设该厂房原值为2 000万元，占地面积为15 000平方米，平均每年应缴纳增值税800万元。

【综合分析】

每年应纳的房产税为零，应纳的城镇土地使用税为零，应纳的城市维护建设税为：800×1%＝8（万元）。

如果企业建在镇上，应纳的房产税为：2 000×（1-30%）×1.2%＝16.8（万元），应纳的城镇土地使用税为：15 000×3＝4.5（万元）（该镇的城镇土地使用税征收标准为3元/平方米），应纳的城市维护建设税为：800×5%＝40（万元）。

通过比较分析发现，与将加工企业建在镇上相比，建在农村少交了53.3（（16.8+4.5+40）-8）万元的税。

当然，企业设在农村会影响企业的业务发展和客户群体，对此，我们建议其在市区设立业务部开拓业务，弥补消息不充分、交通不便利的限制条件。

三、利用房产联营房产税筹划

税法规定，纳税人将拥有的房产投资于他人，或与他人联营，如果投资者共担风险，则从价计征房产税；如果投资者不承担风险，只收取固定资金，那么从租计征房产税。

这里提供了一个可供选择的计税方法，我们会发现选择共同承担风险模式或不共同承担风险模式这两种方法的纳税效果是不一样的。

【案例7-13】光华公司用原价800万元的房产与青龙公司联营，如果光华公司每年能从联营公司收回利润为80万元。在不考虑其他税收因素的情况下，只从房产税角度思考，比较一下共同承担风险和不共同承担风险两种方式下，企业应该缴纳的房产税税额有什么不一样？（假定当地的扣除率标准为30%）

【综合分析】

（1）如果光华公司与青龙公司采用风险共担的模式，那么，应按从价计征的方法计征房产税，年应纳的房产税为：800×（1-30%）×1.2%=6.72（万元）。

（2）如果光华公司与青龙公司采用不共同承担风险的模式，那么，应采取从租计征的方法计征房产税，年应纳的房产税为：80×12%=9.6（万元）。

我们可以看到，共同承担风险模式比不共同承担风险模式要节省将近3万元的税款，但共同承担风险会提高纳税人的风险程度，所以在选择这种筹划方法来筹划房产税的同时，应该从企业整体的战略高度考虑。

四、利用租赁或仓储的选择进行纳税筹划

根据暂行条例第三条，房产税依照房产原值一次减除10%至30%后的余值计算缴纳。具体减除幅度，由省、自治区、直辖市人民政府规定。没有房产原值作为依据的，由房产所在地税务机关参考同类房产核定。房产出租的，以房产租金收入为房产税的计税依据。

【案例7-14】甲公司为一内资企业，拥有一处闲置库房（该库房为“营改增”之后取得），原值1 000万元，净值800万元。2019年乙公司拟承租该库房，初步商定年租金为80万元（不含税）。甲公司的管理层发现，对每年的租金收入除了要缴纳9%的增值税和相应的城市维护建设税、教育费附加外，还要缴纳12%的房产税，即80×12%=9.6（万元）。甲公司认为税负较高，因此谋求节税。

【综合分析】

甲公司与乙公司协商，将房屋的租赁行为改为仓储业务，即由甲公司代为保管乙公司原准备承租房屋后拟存放的物品，从而将原来的租金收入转化为仓储收入。在此方案下，仓储业增值税税率为6%，甲公司缴纳的增值税、城市维护建设税和教育费附加降低，房产税从价计征，假设该地从价计征房产税扣除比例为30%，从价计征的房产税金额为：1 000×70%×1.2% = 8.4（万元）。

相比前面的9.6万元，减少了1.2万元的纳税义务，同时少缴纳了增值税及其附加。显然，这是一个值得采纳的筹划方案。

五、将免租期扩大到合同租赁期筹划

在一些厂房租赁业务中，由于存在承租方需入场装修，一时无法正常使用的原因，出租方常会给予承租方一定期限的免租期。

【案例7-15】2020年A公司向B公司出租厂房3年，年租金不含税100万元，每年年末支付。承租方B公司需要入场装修，向A公司提议6个月的免租期，免租期不收取房租，免租期之后，年租金100万元，A公司出租给B公司的房产原值为3 000万元。A公司和B公司该如何签署合同可以节税？

【综合分析】

根据规定，对出租房产，租赁双方签订的租赁合同约定有免收租金期限的，免收租金期间由产权所有人按照房产原值缴纳房产税。

方案一：合同条款中签署免租期6个月，免租期不收取房租，免租期之后，年租金100万元。上述租赁行为，A公司除了要按房产租金收入计价征收12%房产税外，免租期间还要按照房产原值缴纳房产税12.6（3 000×0.7×1.2%÷12×6）万元（A企业所在地房产税依照房产原值一次减除30%后的余值计算缴纳）。

方案二：A公司和B公司在签署合同时，可以把免租期扩大到合同租赁期内，即删除免租期条款，而延长租赁合同期限。上例中，免租期条款可签订为A公司向B公司出租厂房3.5年，前1.5年租金100万元，后2年每年租金100万元。A公司只需按租金收入计价缴纳房产税，节约了房产税支出12.6万元。

工作任务五　契税纳税筹划

案例导入

武汉红叶实业公司有一化肥生产车间拟出售给武汉金星化工公司，该化肥生产车间有一幢生产厂房及其他生产厂房附属物，附属物主要为围墙、烟囱、水塔、变电塔、油池油柜、若干油气罐、挡土墙、蓄水池等，化肥生产车间总占地面积为3 000平方米，整体评估价为600万元（其中生产厂房评估价为160万元，3 000平方米土地评估价为240万元，其他生产厂房附属物评估价为200万元）。武汉金星化工公司按整体评估价600万元购买，应缴纳契税24（600×4%）万元。该如何进行纳税筹划？

知识导航

一、纳税义务人和征税范围

（一）纳税义务人

契税的纳税义务人，是指境内转移土地、房屋权属，承受的单位和个人。境内，是指

中华人民共和国实际税收行政管辖范围内。土地、房屋权属，是指土地使用权和房屋所有权。单位，是指企业单位、事业单位、国家机关、军事单位和社会团体以及其他组织。个人，是指个体经营者及其他个人，包括中国公民和外籍人员。

（二）征税范围

契税是以在中华人民共和国境内转移土地、房屋权属为征税对象，向产权承受人征收的一种财产税。其具体征税范围包括以下内容：

1.国有土地使用权出让

国有土地使用权出让，是指土地使用者向国家交付土地使用权出让费用，国家将国有土地使用权在一定年限内让与土地使用者的行为。

国有土地使用权出让，受让者应向国家缴纳出让金，以出让金为依据计算缴纳契税。不得因减免土地出让金而减免契税。

2.土地使用权的转让

土地使用权的转让，是指土地使用者以出售、赠与、交换或者其他方式将土地使用权转移给其他单位和个人的行为。土地使用权的转让不包括农村集体土地承包经营权的转移。

3.房屋买卖

房屋买卖，即以货币为媒介，出卖者向购买者过渡房产所有权的交易行为。以下几种特殊情况，视同房屋买卖：

（1）以房产抵债或实物交换房屋。经当地政府和有关部门批准，以房产抵债和实物交换房屋，均视同房屋买卖，应由产权承受人按房屋现值缴纳契税。

例如，甲某因无力偿还乙某债务，而以自有的房产折价抵偿债务。经双方同意，有关部门批准，乙某取得甲某的房屋产权，在办理产权过户手续时，按房产折价款缴纳契税。如以实物（金银首饰等等价物品）交换房屋，应视同以货币购买房屋。

对已缴纳契税的购房单位和个人，在办理房屋权属变更登记前退房的，退还已纳契税；在办理房屋权属变更登记后退房的，不予退还已纳契税。

（2）以房产作投资、入股。这种交易业务属房屋产权转移，应根据国家房地产管理的有关规定，办理房屋产权交易和产权变更登记手续，视同房屋买卖，由产权承受方按契税税率计算缴纳契税。

例如，甲企业以自有房产投资于乙企业取得相应的股权。房屋产权变为乙企业所有，故产权所有人发生变化。因此，乙企业在办理产权登记手续后，按甲企业入股房产现值（国有企事业房产须经国有资产管理部门评估核价）缴纳契税。如丙企业以股份方式购买乙企业房屋产权，丙企业在办理产权登记后，按取得房产买价缴纳契税。

以自有房产作股投入本人独资经营的企业，免纳契税。因为以自有的房地产投入本人独资经营的企业，产权所有人和使用权使用人未发生变化，不需办理房产变更手续，也不办理契税手续。

（3）买房拆料或翻建新房，应照章征收契税。

例如，甲某购买乙某房产，不论其目的是取得该房产的建筑材料或是翻建新房，实际构成房屋买卖。甲某应首先办理房屋产权变更手续，并按买价缴纳契税。

4.房屋赠与

房屋赠与，是指房屋产权所有人将房屋无偿转让给他人所有。其中，将自己的房屋转交给他人的法人和自然人，称为房屋赠与人；接受他人房屋的法人和自然人，称为房屋受赠人。房屋赠与的前提必须是产权无纠纷，赠与人和受赠人双方自愿。由于房屋是不动产，价值较大，故法律要求赠与房屋应有书面合同（契约），并到房地产管理机关或农村基层政权机关办理登记过户手续，才能生效。如果房屋赠与行为涉及涉外关系，还需公证处证明和外事部门认证，才能有效。房屋的受赠人要按规定缴纳契税。

5.房屋交换

房屋交换，是指房屋所有者之间互相交换房屋的行为。随着经济形势的发展，有些特殊方式转移土地、房屋权属的，也将视同土地使用权转让、房屋买卖或者房屋赠与。一是以土地、房屋权属作价投资、入股的；二是以土地、房屋权属抵债的；三是以获奖方式承受土地、房屋权属的；四是以预购方式或者预付集资建房款方式承受土地、房屋权属的。

二、计税依据

契税的计税依据为不动产的价格。由于土地、房屋权属转移方式不同，定价方法不同，因而具体计税依据视不同情况而定。

（1）国有土地使用权出让，土地使用权出售、房屋买卖，以成交价格为计税依据。成交价格，是指土地、房屋权属转移合同确定的价格，包括承受者应交付的货币、实物、无形资产或者其他经济利益。

（2）土地使用权赠与、房屋赠与，由征收机关参照土地使用权出售、房屋买卖的市场价格核定。

（3）土地使用权交换、房屋交换，为所交换的土地使用权、房屋的价格差额。也就是说，交换价格相等时，免征契税；交换价格不等时，由多交付的货币、实物、无形资产或者其他经济利益的一方缴纳契税。

（4）以划拨方式取得土地使用权，经批准转让房地产时，由房地产转让者补交契税。计税依据为补交的土地使用权出让费用或者土地收益。

为了避免偷、逃税款，税法规定，成交价格明显低于市场价格并且无正当理由的，或者所交换土地使用权、房屋价格的差额明显不合理并且无正当理由的，征收机关可以参照市场价格核定计税依据。

（5）房屋附属设施征收契税的依据。

①不涉及土地使用权和房屋所有权转移变动的，不征收契税。

②采取分期付款方式购买房屋附属设施土地使用权、房屋所有权的，应按合同规定的总价款计征契税。

③承受的房屋附属设施权属如为单独计价的，按照当地确定的适用税率征收契税；如与房屋统一计价的，适用与房屋相同的契税税率。

（6）个人无偿赠与不动产行为（法定继承人除外），应对受赠人全额征收契税。在缴纳契税时，纳税人须提交经税务机关审核并签字盖章的《个人无偿赠与不动产登记表》，税务机关（或其他征收机关）应在纳税人的契税完税凭证上加盖“个人无偿赠与”印章，在《个人无偿赠与不动产登记表》中签字并将该表格留存。

筹划思路与演练

一、利用权属等价交换进行筹划

契税暂行条例规定，土地使用权、房屋交换，其契税的计税依据为所交换的土地使用权、房屋的价格差额。该规定使得利用房屋交换进行纳税筹划成为可能，因为进行房屋交换所纳契税远远低于普通的房屋购置，那么纳税人就可以将原来不属于交换的行为，通过合法的途径变为交换行为，减轻税负。

在此情况下，如果双方当事人进行交换的房屋或者土地价格相等，即差价为零，那么交易双方都不用缴纳契税。所以当纳税人交换土地使用权或者房屋所有权的时候，如果能让价格差额尽可能缩小甚至为零，就达到了节税的目的。

【案例7-16】刘某拥有一套价值800 000元的公寓房，但因距工作单位较远，上下班不便，计划卖掉该公寓，以变价款在其单位附近购买一套类似规格标准的住房。当地政府规定的契税税率为3%。如果新购房与原住房等值，那么刘某应缴纳的契税为：800 000×3%=24 000（元）。

【综合分析】

若刘某通过房地产中介机构的介绍与居住在工作单位附近的居民拥有的一套公寓进行等价交换，则此项房产交换不存在价格差额，交易双方都无需缴纳契税。

【案例7-17】甲公司有一块土地价值3 000万元，拟出售给乙公司，然后从乙公司购其另外一块价值3 000万元的土地。假设缴纳契税的税率为4%，甲公司和乙公司双方签订一份土地销售合同与一份土地购买合同，两份合同约定的销售价格均为3 000万元，则应纳契税为：甲公司应纳契税120（3 000×4%）万元，乙公司应纳契税120（3 000×4%）万元。

【综合分析】

若甲公司与乙公司改变合同订立方式，签订土地使用权交换合同，合同约定以3 000万元的价格等价交换双方土地。故甲、乙交换价格是相等的，系免征契税，即节省双方各自的120万元契税。

二、充分利用改变投资方式进行筹划

非公司制企业，按照《中华人民共和国公司法》的规定，整体改建为有限责任公司（含国有独资公司）或股份有限公司，或者有限责任公司整体改建为股份有限公司的，对改建后的公司承受原企业土地、房屋权属，免征契税。

【案例7-18】王明有一幢商品房价值500万元，李立有货币资金300万元，两人共同投资开办新华有限责任公司。新华公司注册资本为800万元，该公司接受房产投资后应缴纳的契税为：500×4%=20（万元）。该如何筹划？

【综合分析】

第一步，王明到工商局注册登记成立王明个人独资公司，将自有房产投入王明个人独资公司，由于房屋产权所有人和使用人未发生变化，故无需办理房产变更手续，不需缴纳

契税。

第二步，王明对其个人独资公司进行公司制改造，改建为有限责任公司，吸收李立投资，改建为新华有限责任公司，改建后的新华公司承受王明个人独资公司的房屋，免征契税，新华公司减少契税支出20万元。

三、充分利用税收优惠进行筹划

【案例7-19】张先生欲购买一普通住房作为家庭的唯一住房，有两套房子可供选择。方案一是位于城郊的95平方米的普通住房，价值200万元；方案二是位于市区的同等价值的85平方米的普通住房。当地政府规定的契税税率为3%。从契税的角度考虑，张先生应如何选择？

【综合分析】

方案一：根据契税的有关规定，对个人购买普通住房，且该住房属于家庭唯一住房的，减半征收契税。所以，张先生应缴纳的契税为：200×3%÷2=3（万元）。

方案二：根据契税的有关规定，对个人购买90平方米及以下普通住房，且该住房属于家庭唯一住房的，减按1%税率征收契税。所以，张先生应缴纳的契税为：200×1%=2（万元）。

由此可以看出，若不考虑其他因素，选择方案二可以少缴契税1万元。

技能训练

参考答案

【案例1】两个自然人A和B创办了一家咨询公司，员工有5人，为节省费用，A用自家的住房注册了办公地点。公司登记成立后，A和B到地税机关办理税务登记，税务人员发了一张下月需要缴纳税款的申报表，其中房产税税款预计高达1.68万元。公司的注册资本就10万元，办理各种登记已经花了5 000多元，现在一分钱还没挣，就要缴纳1.68万元的房产税。A不解地提出："房屋还是原来的房屋，以前一直都不缴税，怎么用其办了一个执照，每年就得缴纳这么多税？"税务人员解释说："A的房产购入价达200万元，属于个人非营业用房产，按规定免缴房产税。现在将其用来开公司，已经变成了营业用房，按房产税暂行条例的规定，需要缴纳房产税。"也就是说，将房产无偿提供给公司使用，需要按房产余值计算房产税。房产余值为房产原值减去30%计算，税率为1.2%。A的房产原值为200万元，则房产余值为140万元，需要缴纳的房产税就是每年1.68万元。该案例是否有筹划的空间？

【案例2】有甲、乙、丙三位经济当事人，甲和丙均拥有一套价值500万元的房屋，乙想购买甲的房屋，甲想购入丙的房屋后将其出售。如果不进行筹划，甲购入丙的房屋，应缴纳的契税为：500×5%=25（万元）。同样，甲向乙出售其住房，乙也应缴纳契税，税款为25万元。如何进行筹划可以使三人所交契税最少？

【案例3】甲公司拥有一写字楼，配套设施齐全，对外出租。全年租金为3 000万元，其中含代收的物业管理费300万元、水电费500万元。

方案一：甲公司与承租方签订租赁合同，租金为3 000万元。应纳房产税是多少？

方案二：将各项收入分别由各相关方签订合同，如物业管理费由承租方与物业公司签订合同，水电费按照承租人实际耗用的数量和规定的价格标准结算并代收代缴。应纳房产税是多少？

主要税法依据

●《关于高校学生公寓房产税、印花税政策的通知》（财税〔2019〕14号）

●《财政部 国家税务总局关于继续实施企业改制重组有关土地增值税政策的通知》（财税〔2018〕57号）

●《财政部 国家税务总局关于继续支持企业事业单位改制重组有关契税政策的通知》（财税〔2018〕17号）

●《财政部 国家税务总局关于对营业账簿减免印花税的通知》（财税〔2018〕50号）

●《关于物流企业承租用于大宗商品仓储设施的土地城镇土地使用税优惠政策的通知》（财税〔2018〕62号）

●《关于承租集体土地城镇土地使用税有关政策的通知》（财税〔2017〕29号）

项目八

纳税筹划中的风险及防范

项目知识目标

1. 了解纳税筹划中风险的定义；
2. 掌握纳税筹划中的风险类型；
3. 掌握纳税筹划中的风险应对。

项目技能目标

1. 掌握纳税筹划中的风险；
2. 掌握纳税筹划中的风险防范。

工作任务一 纳税筹划中的风险

案例导入

某物资企业主营业务是经销生铁，每年为某铸造厂采购大量的生铁并负责运输。为了减少按销售额征收的地方税收附加和降低增值税税收负担，该公司设计了这样的纳税筹划方案：将为铸造厂的采购生铁改为代购生铁。由物资公司每月为铸造厂负责联系5 000吨的生铁采购业务，向其收取每吨10元的中介手续费用，并将生铁从钢铁厂提出运送到铸造厂，每吨收取运输费40元。通过该方案可以节省因近亿元销售额产生的地方税收附加，同时，由于手续费和运输费征收低税率的增值税，也节省了大量的税费支出。

年末，该市税务局稽查局在对某物资经销实业公司年度纳税情况进行检查时，经过比较、核对发现，该公司该年度生铁销售收入比去年同期有巨大额度的减少；检查该公司“其他业务收入”账簿，又发现其他业务收入比上年有大幅增加，并且每月都有一笔固定的5万元手续费收入和20万元运输费收入。经询问记账人员，得知该收入是为铸造厂代购生铁取得的手续费和运输费；经进一步到银行查询该公司资金往来情况，证实了该公司经常收到铸造厂的结算汇款，且该公司也有汇给生铁供应厂某钢铁厂的货款，但二者之间没有观察到存在直接的对应关系。因此，检查人员认为该公司代购生铁业务不成立，涉嫌偷税，并要求该物资公司补交近千万元的增值税。

知识导航

纳税筹划风险，是指由于纳税筹划活动中因为各种不确定因素或原因的存在，使得纳税人为发生税收损失而付出的代价。由于纳税筹划经常在税法规定性的边缘操作，而纳税筹划的根本目的在于使纳税人实现税后利益最大化，这必然蕴藏着较大的风险。

一、风险的定义

风险大致有两种：一种强调了风险表现为不确定性；而另一种则强调风险表现为损失的不确定性。若风险表现为不确定性，说明风险只能表现出损失，没有从风险中获利的可能性，属于狭义风险；而风险表现为损失的不确定性，说明风险产生的结果能带来损失，也可能带来获利，或者无损失也无获利，属于广义风险，金融风险属于此类。风险和收益成正比，所以一般积极、进取的投资者偏向于高风险，是为了获得更高的利润，而稳健型的投资者则着重于安全性的考虑。

风险可以通过时间的预期结果与实际结果之间的变动程度来衡量，变动程度越大，风险越大；反之，风险则越小。这里强调了风险与变动程度之间的相关性。

二、纳税筹划风险的特征

（一）边缘性

纳税筹划风险，指的是企业在开展纳税筹划活动中，由于各种不可预料或者控制的因素存在，使企业通过纳税筹划得到的实际收益与预计收益不一致，从而导致收益的不确定性。纳税筹划经常是在税法规定性的边缘操作，而纳税筹划的根本目的在于纳税人实现税后利益最大化，这必然存在较大的风险。

（二）不确定性

对于纳税筹划，更应该从理财的角度考虑，纳税筹划也是有成本的，应该被看作一项投资，收益能否实现，成本能否收回，决定这些结果的因素有很多不确定性，使纳税筹划风险更加明显，在风险与收益的权衡过程中，更多的是需要经验和实践，来把握纳税筹划的度。

（三）客观性

企业在运用税收政策开展纳税筹划的过程中，风险是客观存在的，也是不可避免的，而且这种风险可能会伴随企业生产经营过程的始终。纳税筹划风险的高低依赖于筹划者对现行税制和纳税人涉税经济行为了解程度的多少，依赖于筹划者对各项税收政策应用所产生的税后收益是否有正确的评估，依赖于筹划者对筹划中提供的纳税模式的运行效率及被税务机关认可的程度是否有准确的把握。

纳税筹划的风险直接制约着筹划的效果，在筹划中引入风险意识已成为业内的共识。纳税筹划发展到现在已经引起了税务机关的高度关注，所以现阶段的纳税筹划工作不仅仅是要求有一个什么样的纳税方案能够多节税，而是要考虑有什么样的纳税方案能使企业实现涉税零风险，风险的关注程度已经大过了节税所取得的收益，再也不会有人认为只有纳税筹划才能取得税收收益。

三、纳税筹划风险的类型

（一）政策性风险

政策性风险，主要是指纳税人进行纳税筹划时，由于筹划方案与现行的税法政策和规定冲突，导致纳税人经济利益的流出或承担法律责任，给纳税人带来负面影响的风险。其具体可分为：

（1）税收政策理解偏差引起的风险。由于筹划人员受到专业的局限，对相关法律条款的理解可能相对不够准确，因而难免在具体操作上出现偏差，引发纳税筹划的政策风险。税收执法机关与纳税人对税收政策理解上的差异，也会带来纳税人纳税筹划的风险。

（2）税收政策调整引起的风险。如果纳税筹划方案不能跟上国家最新的税收调整政策，那么可能由合法变为不合法。税收政策的时效性增加了纳税人纳税筹划的难度，甚至失败。因此，税收政策的时效性将会带来筹划风险。

（3）政策模糊风险。我国现有的税收法律法规层次较多，大量的由有关税收管理职能部门制定的税收行政规章不够明晰，如果依据这些行政规章开展纳税筹划，就可能产生税法精神理解错误而导致筹划失败。

（二）经营性风险

在市场经济条件下，纳税人面临着各种经营性风险。其具体有：

（1）投资决策引起的风险。作为国家经济调控的杠杆，税收政策的制定必然存在导向性差异，这些差异成为纳税人进行纳税筹划的切入点。如果忽视相关因素的分析，则会给纳税人带来损失的可能性。

（2）成本开支引起的风险。纳税筹划是在相应成本的基础上争取税收利益。很多纳税筹划方案在理论上具有可行性，但在实践中，会有许多影响因素，使得筹划成本明显增加。如果忽视了成本，则可能取得适得其反的效果。

（3）方案实施风险。科学的纳税筹划方案必须通过有效的实施来实现。科学的纳税筹划方案，在实施过程中如果没有严格的实施措施，或者没有得力的实施人才，或者没有完善的实施手段，都有可能导致整个筹划的失败。

（三）成本性风险

纳税筹划的目的是为了达到纳税主体的税后利润最大化以及所纳税额的最小化，因此应当遵循成本-效益原则。纳税人在进行纳税筹划活动时，不但要考虑纳税筹划的收益，更要着重考虑成本问题。在进行纳税筹划活动时，必然会发生一定的成本支出，一旦纳税筹划的收益低于所发生的成本，成本风险就产生了。纳税筹划对纳税筹划人员和决策管理层都有较高的要求，想要获得成功，必须要熟悉税法、财务制度的相关规定，了解税收征管活动流程和行政处罚条例，同时还应掌握财务管理各环节的重点。如果管理人员自身素质不能胜任纳税筹划项目，纳税人常常需要聘请专业的纳税筹划人员或者寻找培训机构对现有人员进行相关知识的培训，进行上述筹划所产生的机会成本就是筹划成本。只有这些成本费用低于纳税筹划本身所取得的收益时，才可以说该项纳税筹划方案是成功的。还应注意的是，随着税收政策的变化和企业生产经营环境的变化，原来成功的纳税筹划方案也有可能不再适合，其所获得的收益与支出不再能够适当配合，从而导致另一种形式的成本性风险。

（四）认定风险

纳税筹划的认定风险，是指在对某一项纳税筹划方案进行认定时，纳税人和税务部门彼此存在认知上和理解上的差异，从而导致税务部门在对纳税筹划方案及其处理进行认定时存在合法与否的疑问。简单来说，就是纳税人认为自己的纳税筹划方案合法而税务部门却持相反意见。在这种情况下，纳税人很有可能主观上并没有要偷税的倾向，然而却因为种种原因被税务机关认定为违法，并且需要受到不应有的损失和处罚。加之地方税务机关的执法人员专业素质可能参差不齐，因而导致税务执法人员在对筹划方案进行认定时与纳税人发生偏差。所以，在主观因素的影响下，并不能百分之百保证合理的方案能够通过税务机关的认定。

四、纳税筹划风险产生的原因

（一）纳税筹划具有主观性

纳税筹划涉及税收、法律、金融、管理、会计等多个领域，这要求筹划人员要全面掌握相关领域的政策与技能。对于税收政策等的理解、认识与判断以及纳税筹划人员自身的业务素质、知识层面和理解能力等都直接影响纳税筹划方案的设计。因此，纳税筹划方案从最初的设计、选择到实施都取决于筹划人员以及纳税人的主观判断，具有很大的主观性。

（二）纳税筹划具有条件性

纳税筹划方案的设计和实施都以特定的条件作为前提。这些前提条件包括纳税人自身的条件和外部社会条件。当纳税人自身的条件或者外部社会条件发生变化时，将直接影响纳税人纳税筹划目标的实现。

（三）征纳双方认定的差异

合法性是纳税筹划的最本质特征。我国税法的某些规定具有一定的伸缩性，对某些具体的界定不明确，纳税筹划方案究竟是否符合税法规定，能否实现纳税筹划的目的在很大程度上取决于当地税务机关的认定。即使没有直接与税法相抵触，但不符合税法精神，税务机关可能会视其为非法的行为。

筹划思路与演练

随着我国经济的不断进步，税制的不断改革，尤其是“营改增”的全面开展，纳税筹划作为能够使企业合理避税的重要方式，在财务管理领域占有越来越重要的地位。而在实际操作中，如何管控风险，优化纳税筹划方案，增加收益，就不能无视纳税筹划中的风险，应该对其进行科学的管控，如果企业随意进行应纳税所得额的抵减，将可能因为偷税、漏税而承担巨额的罚款。因此，纳税筹划在实际操作中如何规范、有效地进行风险管控、分析，显得日益重要。

【案例8-1】2019年，某公司股东兼任董事长的王某还有3个月（工龄30年）到退休年龄，月工资为10 000元。为了节省个人所得税和企业所得税，他找关系开出了一张身体患病不适的证明并以此来解除劳动合同，单位补偿其300万元。公司会计人员根据现行税法，依法扣缴个人所得税。同时，该年度在计算企业所得税时，企业对这笔补偿款作了全额扣除。该公司所在市上年的人均工资为8万元。

【综合分析】

第一，这300万元的解除劳动合同补偿金不能在企业所得税税前列支。

根据《企业所得税法》（主席令第63号）第四十七条规定："企业实施其他不具有合理商业目的的安排，而减少其应纳税收入或者所得额的，税务机关有权按照合理方法调整。"

同时，根据《企业所得税税前扣除办法》（国税发〔2000〕84号）第六条第一款规定："除条例第七条的规定以外，在计算应纳税所得额时，下列支出也不得扣除：贿赂等非法支出。"此处的法指税法或其他部门的法，如《劳动合同法》等。

根据《劳动合同法》第四十七条规定："经济补偿按劳动者在本单位工作的年限，每满一年支付一个月工资的标准向劳动者支付。劳动者月工资高于用人单位所在直辖市、设区的市级人民政府公布的本地区上年度职工月平均工资三倍的，向其支付经济补偿的标准按职工月平均工资三倍的数额支付，向其支付经济补偿的年限最高不超过十二年。"

根据《合同法》（主席令1999年第15号）第五十六条规定："无效的合同或者被撤销的合同自始没有法律约束力。合同部分无效，不影响其他部分效力的，其他部分仍然有效。"

根据上述文件的规定，根据税法的立法精神，当某项支出不受其他法规（如《合同法》）所认可时，税法应考虑该项支出的合法性。可以合理推断：企业与个人签订的此合同属双方真实的意思表示，只不过超过《合同法》规定的部分金额不受法律保护，按《合同法》规定，合同部分有效（企业应支付王某的补偿金最高为24万元）。企业在税前列支的超过《合同法》规定的补偿金额的支出326万元（此部分支出不受法律保护），不得在企业所得税税前扣除。

第二，因双方存在避税嫌疑，税务机关可能会因企业与王某的特殊关系做出的决定不予认可。根据《合同法》（主席令1999年第15号）第五十二条规定："有下列情形之一的，合同无效：

（1）一方以欺诈、胁迫的手段订立合同，损害国家利益；

（2）恶意串通，损害国家、集体或者第三人利益；

（3）以合法形式掩盖非法目的；

（4）损害社会公共利益；

（5）违反法律、行政法规的强制性规定。"

因此，双方为达到避税目的所做的安排是无效的。

第三，税务机关可根据《企业所得税法》（主席令第63号）第四十八条："税务机关依照本章规定做出纳税调整，需要补征税款的，应当补征税款，并按照国务院规定加收利息。"的规定进行处罚。

工作任务二　纳税筹划中的风险防范

案例导入

某县税务局纳税评估人员在对某企业纳税评估时发现，该企业2019年1—6月的增值税纳税申报存在明显的税负偏低现象。经过纳税人对增值税税负低的现象进行举证及对纳税人的财务人员和老板进行约谈后发现，该企业存有如下税收违法行为：该企业1—6月每月进项税额和销项税额基本相差不大，实际上是该企业的财务经理"筹划"的结果。该企业的财务经理通过参加培训班后听信某"专家"的"纳税筹划"方法，将企业当月实现销售收入与企业进项税额对比，将多出进项税额的部分转移到下月作收入，以达到"避税"的目的。

知识导航

风险防范，是指某一行动有多种可能的结果，而且事先估计到采取某种行动可能导致的结果以及每种结果出现的可能性，但行动的真正结果究竟如何不能事先知道。

风险防范通常可以从制度、检察和自律管理等方面着手，以达到消除或减缓风险发生的目的。因此，纳税筹划中的风险防范是有目的、有意识地通过计划、组织、控制和检查等活动来防范风险损失的发生，削弱损失发生的影响程度，以获取最大利益。

筹划思路与演练

企业要在激烈的市场竞争中取胜，一个重要因素在于企业能否有效利用税收政策以降低税负，进而降低企业成本，这些都与纳税筹划有关。随着市场经济的不断发展，纳税筹划日益成为一种普遍现象，并且受到越来越多企业的重视。然而，由于纳税筹划是在税法规定的边缘操作，其风险无时不在，但企业却常常忽视这种风险，致使纳税筹划收效甚微，甚至失败。因此，企业不仅要重视纳税筹划，更要重视纳税筹划中的风险及其防范。

一、正确认识纳税筹划风险并树立风险意识

税务机关和纳税人都应当对纳税筹划及其可能产生的风险有一个积极正确的认识。需要认识到，由于生产经营环境的多变性和复杂性，在纳税筹划风险客观存在的前提下，给予纳税筹划可能产生的风险足够的重视。但是还应认识到，纳税筹划即使做得再好，也只能在一定的经济政策条件下，在一定的地域范围内产生作用，不存在普适的纳税筹划方案，不能对其期望过高。从事纳税筹划的人员，首先要树立起纳税筹划的风险意识，在实际操作中，要注意将企业的具体实际带入到相关政策中，尽可能地降低纳税筹划的风险。另外，从纳税筹划的实效性看，更要意识到风险的存在。如果以纳税筹划名义进行逃税，那么就没有纳税筹划可言，属于违法行为。当纳税筹划可能存在潜在风险时，应能及时寻找导致风险产生的根源，使纳税人能够制定有效的措施，遏制风险的发生。

【案例8-2】甲公司将一栋闲置的厂房租赁给乙公司，约定租金1 000万元，根据房产税的相关规定，企业需缴纳房产税120万元。筹划人员提出方案：该1 000万元的租金应该由三部分构成，即房屋租金、场地使用费、设备租金。

【综合分析】

税务机关提出根据《国家税务总局关于进一步明确房屋附属设备和配套设施计征房产税有关问题的通知》，出租房屋附带的不可随意移动的附属设备和配套设施，应以出租房产计税。

二、建立风险控制机制

纳税筹划存在潜在风险，风险的发生必将危及企业的生存与发展，所以企业管理层必须对纳税筹划的风险给予足够的关注，对纳税筹划风险的形式、状态进行动态监控，对可能发生与预期筹划结果不符的情况要及时反馈、适时调整，将不确定性因素给企业带来的风险降到最低。

（一）纳税筹划风险的事前控制

（1）加强纳税筹划信息管理。

纳税筹划活动的首要环节是收集信息，既包括国家税收政策内容，也包括筹划主体过去、现状及其所处的环境。这样才能在充分了解现状的基础上借鉴合理的方法、技术进行筹划，以保证纳税筹划方案的有效实施，避免在实施过程中造成不必要的损失。

（2）加强纳税筹划人员素质教育。

纳税筹划活动的科学实施离不开高素质的筹划人员，鉴于企业内部纳税筹划人员对企业的基本情况比较熟悉，从长远发展角度考虑，企业应该培养自己的纳税筹划人员。为提高纳税筹划人员的业务素质，企业必须聘用精通纳税筹划的专门人才或者对现有财务人员进行培训和继续教育，从而为实现既定的筹划目标服务。

【案例8-3】中国X单位与北京Y公司房屋租赁纠纷案中，双方的纳税筹划人员有意将每年100万元租金，分别确定为年租金4万元，以及管理费、清洁费、消防安全费96万元，最终按4万元申报房产税。

【综合分析】

税务机关认为，所谓房租，除应包括按租房面积计算的租金外，与租赁有关的其他费用，如管理费、清洁费、消防安全费也应计算在租金范围内；同时，根据文件精神，双方均有义务按现行标准调整租金和修改合同。税务机关对这种避税行为做出的反应是补征中国X单位房产税11 520元。

（二）纳税筹划风险的事中控制

（1）注重整合纳税筹划目标与财务管理目标。

纳税筹划的规则决定了依法筹划是纳税筹划工作的基础。纳税筹划风险控制首先必须坚持合法性原则，离开这个基本点，风险控制就无从谈起。一项违法的纳税筹划，无论其成果如何显著，注定是要失败的。同时，企业应重视纳税筹划目标与财务管理目标的整合，将纳税筹划活动有机地融入财务管理活动中。因为在税法规范的前提下，企业往往面临不同的纳税筹划方案的选择，不同纳税筹划方案的税负差异影响着企业未来的现金流量，进而影响企业的盈利能力、偿债能力以及投资经营风险。因此，企业应注重在依法纳税的前提下主动利用税收杠杆维护自己的合法权益，尽量选取相对确定性的筹划技术，有效控制纳税筹划风险和财务风险。

（2）加强与税务机关的沟通。

纳税筹划认定风险的存在使得企业主观上的纳税筹划行为在一定程度上受到行政限制，因此企业在纳税筹划过程中应加强与当地税务机关的联系，充分了解当地税务征管的特点和具体要求，争取得到税务机关对企业纳税筹划行为的认可。事实上，如果企业不能适应主管税务机关的管理特点，或者纳税筹划方案不能得到当地主管税务部门的认可，就难以体现其应有的收益。因此，企业应该确立正确的沟通观念，与税务机关进行诚心交流和沟通，以自身诚信纳税的行为树立良好的纳税信誉和形象，并在设计与选择纳税筹划方案时诚心地向税务机关咨询，以达成筹划方式意见上的一致，实现企业与税务机关的“双赢”。

（3）充分利用税务代理的专业化服务优势。

纳税筹划作为一项高层次的理财活动，要求筹划人员具有很高的综合素质。而实际上，企业纳税筹划人员无论从专业素质还是控制风险的能力都与专业机构的纳税筹划人员存在着很大差异。因此，在企业无能力独立应对纳税筹划风险时，有必要寻求专业的税务代理机构对企业进行纳税指导，从而有效控制纳税筹划风险。

【案例8-4】高尔夫球场水面办渔业养殖公司规避城镇土地使用税。江苏某公司购置土地3 000亩进行高尔夫球场开发，中间有一大块水面600亩，城镇土地使用税成为公司纳税较大的税种。

【综合分析】

税务代理公司提供筹划方案：将该公司分立成两家公司，一家承续原高尔夫俱乐部的业务，另一家作为渔业养殖公司，利用高尔夫球场水面养鱼。根据相关的税收优惠，农林牧渔所用的土地免征城镇土地使用税。

这一筹划方案的风险点有：

（1）3 000亩土地使用权是否为高尔夫公司所有，若是，根据《城镇土地使用税暂行条例》第三条，城镇土地使用税以纳税人实际占用的土地面积为计税依据，依照规定税额计算征收。实际占用就应缴纳城镇土地使用税。

（2）如果600亩水面使用权人变更为渔业养殖公司，即由高尔夫用地变为农业用地，政府是否能够批准，其招商引资结果变了。

（3）即便600亩水面已经为渔业养殖公司所有，改为农业用地。但由于处于高尔夫球场中间，如何证明高尔夫球场未使用。如果税务机关有证据证明其被高尔夫球场经营使用，一样要补缴城镇土地使用税。

（4）城镇土地使用税是地方收入，地方政府是否认可这种做法。

（5）假设以上都成立，地方政府和税务机关认可这种做法，那么高尔夫公司何不再分立一个种草公司，高尔夫球场的草坪占地都不用缴纳城镇土地使用税了。

（三）纳税筹划风险的事后控制

纳税筹划方案的设计、实施和评估作为一个完整的系统，对企业整个纳税活动进行有效的控制和监管，使之处于合法规范的有序运作之中。在这一动态循环中，绩效评估处于承上启下的重要地位，既是本次循环的结束，又连接着下次循环的开始。一般来说，企业可以根据成本-收益原则对纳税筹划的绩效进行评估。根据成本-收益原则，如果“成本”小于“收益”，纳税筹划是成功的；反之，则是失败的。成功的纳税筹划方案可以为企业以后的筹划方案设计提供经验借鉴；而失败的纳税筹划方案则要求企业寻求方案失败的原因，进而在下一次纳税筹划设计时接受教训，有效规避纳税筹划风险，以保证纳税筹划方案的有效设计与实施。

三、规范会计核算基础工作

企业经营决策层必须树立依法纳税的理念，这是成功开展纳税筹划的前提。纳税筹划可以在一定程度上减轻企业的税收负担，提高企业的经营业绩，但它只是全面提高企业财务管理水平的一个环节，不能将企业的盈利空间寄希望于纳税筹划。因为经营业绩的提高要受到市场变化、商品价格、商品质量和经营管理水平等诸多因素的影响，而纳税筹划也是建立在企业生产经营的良性循环的基础上，许多纳税筹划方案的实现都是建立在企业预期经济效益能够实现的前提条件下，才能达到预期的目的。所以，依法设立完整规范的财务核算体系，建立完整的会计信息披露制度，正确进行会计核算才是企业进行纳税筹划的基本前提。纳税筹划是否合法，首先管理创新必须能保证企业正确的核算和符合税收政策的规定，作为企业会计核算的账务处理、会计凭证、账簿、票据都能经得住税务部门的纳税检查。因此，中小企业应正确核算企业的经营行为，规范会计基础工作，为提高纳税筹划的效果提供可靠的依据。

【案例8-5】

1.业务背景及描述

XX公司，纳税人识别号略。其经营范围：木材、石材加工；园林绿化工程、道路绿化工程、防火工程、道路工程施工；林木育苗；造林和更新；民用型煤炭加工、销售；建筑材料、钢材、水暖配件批发、零售；造林苗、经济林苗、城镇绿化苗、花卉种植、批发兼零售；林业有害生物防治服务。2017年3月，该公司被认定为增值税一般纳税人。

2019年8月2日，该公司与YY开发有限公司签订合同，合同总价款6 837.83万元。2019年9月，公司陆续收到三笔预收款：9月3日收到预收款783.3529万元，9月30日收到预收款1 267.9958万元，9月30日再次收到预收款147.2443万元。

2.税收政策

《财政部 国家税务总局关于全面推开营业税改征增值税试点的通知》财税〔2016〕36号文附件1《营业税改征增值税试点实施办法》第五章纳税义务、扣缴义务发生时间和纳税地点、第四十五条第（二）项规定，纳税人提供建筑服务、租赁服务采取预收款方式的，其纳税义务发生时间为收到预收款的当天。

3.企业会计及税务处理

2019年9月3日收到预收款，企业的会计处理为：

借：银行存款　　7 833 529.20

　贷：预收账款　　7 833 529.20

2019年9月30日收到预收款，企业的会计处理为：

借：银行存款　12 679 958.40

　贷：预收账款　12 679 958.40

2019年9月30日再次收到预收款，企业的会计处理为：

借：银行存款　1 472 442.60

　贷：预收账款　1 472 442.60

收到预收款时，企业未作税务处理。

【综合分析】

对以上疑点问题，主管税务机关于2020年1月9日对该企业下达《税务约谈通知书》。2020年1月12日与该公司财务部门有关人员进行了约谈并对相关资料进行了核实，同时将相关政策对企业财务人员作详细辅导。企业财务人员表示，这三笔预收款虽然在收到时未确认为收入纳税，但在2019年11月将这三笔预收款确认了收入并开具了增值税专用发票。经核查企业相关的账面、凭证、票据、报表，该企业确实已经在2019年11月开具发票并确认收入，并于2019年12月进行了纳税申报。

1.税务机关处理结果

上述三笔预收款，企业在2019年11月开具发票并确认收入，于2019年12月进行了纳税申报。

2.行业风险延伸

（1）潜在风险企业范围。

建筑企业采取预收款方式的，存在不及时确认纳税人义务发生的风险。

（2）具体核查路径。

在“金三”系统中通过财务报表申报查询模块查询建筑企业资产负债表的预收账款变化情况。

（3）其他注意事项。

税务人员较关注建筑企业资产负债表的预收账款变化情况，每月申报定期会同专人查询相关数据信息。

四、贯彻成本-效益原则

中小企业在选择纳税筹划方案时，必须遵循成本-效益原则，才能保证纳税筹划目标的实现。任何一项筹划方案的实施，纳税人均会在获取部分税收利益的同时，为实施该方案付出纳税筹划成本，以及因选择该筹划方案而放弃其他方案所损失的相应的机会利益。如原材料进项税额抵扣与原材料资金占用之间就存在着矛盾，仅仅考虑进项税额抵扣而大量购进原材料，必然以增大原材料资金占用费用（包括占用资金机会成本、原材料仓储保管费、原材料变质损失费等）为代价。因此，只有在充分考虑筹划方案中的直接成本和隐含成本的条件下，且纳税筹划成本小于所得的收益时，该项纳税筹划方案才是合理的和可以接受的。企业进行纳税筹划，不能仅考虑个别税种的税负高低，需要着眼于企业整体税负的减轻。一项成功的纳税筹划方案必然是多种税收方案优化选择的结果，优化选择的标准不是税收负担最小而是在税收负担相对较小的情况下，企业整体利益最大化。在选择纳税筹划方案时，不能把眼光仅盯在某一时期纳税最少的方案上，而应考虑服从企业长期发展战略，选择能实现企业整体效益最大化的纳税筹划方案。

五、完善内部管理控制

企业会计核算中不相容业务必须分离，要进一步提高会计核算整体水平和会计信息质量，切实加强对企业内部的管理控制，比如仓库的存货管理与物料会计的存货记账不能由同一人兼任。一个好的内部控制制度可以从根本上防止失真会计信息的产生，从而避免纳税筹划风险的发生。因此，管理控制制度的健全、科学，既是企业纳税筹划的基础，也是规避税务风险发生最基本、最重要的保证。此外，及时掌握税收政策的更新变化至关重要，对税收政策的理解不能仅停留在文本表面，要正确把握税收政策实质，进行纳税筹划时必须以合法为前提，要全面深入地了解并熟练地运用税收法律的相关规定，这对企业财务主管人员的素质提出了更高的要求。纳税筹划风险案例中，企业往往由于有关税收政策精神理解不到位，纳税操作程序不规范，导致税务风险的发生，造成事实上的偷税，受到税务机关的处罚。可见，只有以完善的内部控制为依托，在充分把握税法实质，熟悉纳税程序的前提下进行的筹划才能使企业在最大程度上规避税收风险。

总之，纳税人在进行纳税筹划时，不应仅关注其带来的税收利益，应当对其风险进行分析，合理利用优惠政策，遵守法律法规，全面了解我国税法体系，获取最新的政策信息，从而尽可能规避风险。同时，在防范风险以及防止方案失败的过程中，一定要针对自身的具体实际，结合当前的经济形势和政策要求进行分析，切忌盲目照搬。由于纳税筹划是一个长期性的工作，因此，企业应当将纳税筹划的风险管控及规避作为一项企业的长期行为进行处理，增强风险意识。从战略角度着眼，与企业发展战略结合起来，服务于企业总体的管理决策，选择能使企业总体收益最大的方案，这才是纳税筹划风险规避的最终目的。

技能训练

参考答案

【案例1】某公司为增值税小规模纳税人，截止到本年9月底，应纳增值税销售额已达510万元，按规定应在10月份纳税申报期后15日内办理增值税一般纳税人的资格登记。本年10月，该公司在办理增值税一般纳税人资格认定时，税务会计向财务主管提出以下纳税筹划：尽快将价值10万元（含增值税）的库存生产用原材料退还给供货企业（增值税一般纳税人），等该公司取得增值税一般纳税人资格后再将该材料购回，供货商开具增值税专用发票，该批材料的进项税额尽可以抵扣，为企业节税。试分析退货重购有哪些筹划风险。

【案例2】某公司为增值税一般纳税人，2015年2月销售一台2008年12月购买的已使用的车辆，参照《国家税务总局关于增值税简易征收政策有关管理问题的通知》（国税函〔2009〕90号）和《关于简并增值税征收率有关问题的公告》（国家税务总局公告2014年第36号）的规定，增值税一般纳税人销售自己使用过的属于增值税暂行条例第十条规定不得抵扣且未抵扣进项税额的固定资产，“按简易办法依3%征收率减按2%征收增值税政策”。请问减1%的税额需要并入所得缴纳企业所得税吗？

【案例3】2020年4月，某税务机关在对2019年所得税检查中，发现某企业一项非正常会计分录，即借：银行存款；贷：其他应付款。经查证为该企业出售下脚料的业务，共计936 000元，税务机关责令该企业补缴增值税、企业所得税等。假设不考虑城市维护建设税、教育费附加以及滞纳金和罚款等。该企业为增值税一般纳税人，所得税税率为25%，采用资产负债表债务法进行所得税会计处理。请问该企业应如何进行账务调整？如果不进行账务调整，对纳税有什么影响？

主要税法依据

●《财政部 国家税务总局关于全面推开营业税改征增值税试点的通知》（财税〔2016〕36号）

●国家税务总局关于发布《纳税人跨县（市、区）提供建筑服务增值税征收管理暂行办法》的公告（国家税务总局公告2016年第17号）

●《中华人民共和国房产税暂行条例》（1986年9月15日国发〔1986〕90号）

●《中华人民共和国企业所得税法实施条例》（中华人民共和国国务院令第512号）

●《中华人民共和国企业所得税法》（中华人民共和国主席令第63号）

主要参考文献

[1] 翟继光.企业合理节税避税经典案例讲解 [M].上海：立信会计出版社，2019.
[2] 盖地.税务会计与纳税筹划 [M].14版.大连：东北财经大学出版社，2019.
[3] 宋燕.新个人所得税法下居民个人纳税筹划 [J].财政监督，2019（10）.
[4] 梁文涛.纳税筹划 [M].北京：中国人民大学出版社，2019.
[5] 翟继光.新税法下企业纳税筹划 [M].5版.北京：电子工业出版社，2018.
[6] 蔡昌.纳税筹划：理论、实务与案例 [M].2版.北京：中国人民大学出版社，2018.
[7] 刘初旺.纳税筹划 [M].北京：清华大学出版社，2016.
[8] 宋燕.纳税筹划结果判定标准探讨 [J].当代经济，2015（31）.
[9] 刘彩霞.纳税筹划项目化教程 [M].南京：南京大学出版社，2013.